CHARLES HUMBERT
SÉNATEUR DE LA MEUSE

L'Œuvre française

aux Colonies

PARIS
ÉMILE LAROSE, LIBRAIRE-ÉDITEUR
11, Rue Victor-Cousin, 11
—
1913

L'Œuvre française

aux Colonies

CHARLES HUMBERT
SÉNATEUR DE LA MEUSE

L'Œuvre française aux Colonies

PARIS
ÉMILE LAROSE, LIBRAIRE-ÉDITEUR
11, Rue Victor-Cousin, 11

1913

PRÉFACE

J'apporte ici une très modeste, mais enthousiaste collaboration à l'œuvre admirable que la France, depuis un quart de siècle, accomplit hors de France.

Lorsque j'ai écrit, pour la *Grande Revue*, les premiers des articles qui, refondus et augmentés, forment les divers chapitres de ce livre, je n'imaginais assurément pas que j'en viendrais à présenter au public une étude d'ensemble sur notre empire d'outre-mer et notre politique coloniale en général. Au milieu des discussions, parfois vives, que provoquaient les affaires intérieures de certaines de nos possessions, j'avais voulu, par un travail direct et consciencieux, me former une opinion sur les hommes et les choses ; amené, par la sincérité même de cet effort, à prendre la défense d'une personnalité et d'une œuvre hautement estimables, — j'ai nommé M. le Gouverneur général Merlin et l'ingrate et belle tâche qu'il a assumée en Afrique Équatoriale, — je me suis senti séduit, entraîné par mon sujet, j'ai désiré compléter mon enquête. Et tandis que je portais mes investigations successivement sur toutes les parties de notre immense domaine extérieur, je voyais se préciser peu à peu devant mes yeux l'image grandiose et simple de la France civilisatrice, consciente de sa mission, sûre de ses moyens et de son but.

Pour beaucoup de nos concitoyens, notre soudaine expansion, alors que nous venions à peine de réparer nos désastres, a été une œuvre de fortune, un dérivatif aux préoccupations européennes, le luxe superficiel d'un pays qui ne veut pas paraître déchoir : nous nous sommes donné la façade d'un immense empire extérieur, sans savoir exactement quelle en serait l'utilité ; nous manquions, pensait-on, des qualités les plus indispensables pour en tirer parti ; et aujourd'hui encore, après un quart de siècle, cette pompeuse suite de possessions qui accompagne désormais la France dans le cours de ses destinées, n'est guère, aux yeux de la plupart de nos compatriotes, qu'un cortège d'apparat.

Combien cette ignorante et dédaigneuse appréciation est éloignée de la réalité ! Sans doute la tâche immense qui consistait à conquérir, à pacifier, à organiser, à aménager ce vaste domaine, a été accomplie au milieu d'une indifférence presque complète de l'opinion. Quelques succès militaires, obtenus avec des moyens infimes dans des conditions ingrates, ont, de loin en loin, fait vibrer la fierté nationale. Mais que d'injustices aussi dans les jugements prématurément portés, lorsqu'une difficulté passagère retenait un instant l'attention du pays, lorsqu'il fallait demander au Parlement, je ne dirai pas même des sacrifices, mais simplement un peu de confiance et le crédit permettant d'aller jusqu'au bout d'un effort commencé ! L'initiateur de cette merveilleuse expansion, Jules Ferry, est mort dans l'oubli et l'ingratitude. Et si la nation s'est éveillée, de temps à autre, pour applaudir ses soldats, elle demeurait dans la plus complète ignorance de ce qu'accomplissaient après eux, dans le silence et le recueillement, ses administrateurs. Quelques moqueries, par-ci par-là, sur nos « colonies de fonctionnaires », quelques attaques passionnées contre une bureaucratie représentée comme ignorante et paresseuse, comme abusant de sa toute-puissance pour jouir en paix de ses grasses satrapies, comme livrant bassement des pays entiers à la rapacité des aventuriers d'affaires, voilà tout l'encouragement que l'opinion, pendant longtemps, donna aux organisateurs d'un empire immense, qui constitue aujourd'hui la véritable réserve de force, de richesse et d'avenir de la France !

Heureusement, le murmure de vie qui s'élève de plus en plus distinctement de ces pays en pleine fermentation de prospérité, commence à se faire entendre de la métropole. En 1900, grâce à M. Paul Doumer, elle prenait conscience de cette Indo-Chine qui devenait un des grands États de l'Extrême-Orient ; un peu plus tard, le général Galliéni parvenait à l'intéresser à Madagascar ; puis, elle apprenait vaguement que ses possessions du Soudan et de la côte d'Afrique sortaient du chaos ; la prospérité de la Tunisie, les complications marocaines appelaient ses regards et sa sympathie sur cette Afrique du Nord, indispensable complément de la puissance française sur l'autre rive de la Méditerranée. Aujourd'hui, la grande masse de la nation a le sentiment obscur que la patrie ne s'arrête plus aux Vosges ou à l'Atlantique, que ses destinées se jouent sur une scène plus large que le traditionnel théâtre de nos ambitions européennes; mais elle ne sait pas encore assez ce que les meilleurs de ses enfants accomplissent en son nom dans ces Frances nouvelles.

Il faut que cette œuvre soit connue; elle doit remplir d'orgueil le pays tout entier, elle doit exercer une saine et réconfortante influence sur son esprit public; elle doit lui donner une juste conception de ses responsabilités, de son rôle de peuple souverain, de ses devoirs envers lui-même et envers ses sujets.

Ce qui m'a le plus frappé, tandis que je poursuivais mon étude modeste et consciencieuse sur la situation de nos colonies, c'est de constater à quel point nos conceptions traditionnelles se sont assouplies au contact des réalités, quels progrès nous avons accomplis dans la connaissance pratique des choses sociales, quelle maturité politique dénote l'organisation vraiment remarquable de cet empire immense et divers. Car vraiment certaines de nos institutions coloniales modernes sont un modèle de sagesse, de simplicité, d'habileté; et si cette perfection a pu être réalisée en si peu d'années qu'on chercherait vainement dans l'histoire un pareil exemple de sûreté de vues et de promptitude dans l'action, c'est aux qualités fondamentales de notre race qu'il faut en faire remonter le mérite. Jamais la clarté, la précision, l'élégance rationnelle du génie français n'ont été illustrées par des preuves aussi éclatantes. Partout on en trouve les signes; on voit que dans cette œuvre colossale, la part du hasard a été nulle; des intelligences pénétrantes et sûres ont examiné le problème, en ont analysé les conditions avec perspicacité, ont dégagé les solutions utiles ; et le programme lumineusement tracé a été exécuté avec ces dons d'enthousiasme, de confiance communicative, d'accueillante sociabilité qui nous ont si souvent attiré les sympathies des autres peuples. Sans doute, il y a quelques ombres à ce tableau ; si promptes qu'aient été les réalisations, quelques tâtonnements ont été nécessaires avant de mettre au point nos méthodes ; nous avions de plus, nous avons encore à liquider un lourd passé d'erreurs presque toutes antérieures à ce réveil de l'expansion française. Mais l'ensemble n'en demeure pas moins digne d'admiration ; et, ce qui est plus précieux encore, nous sommes aujourd'hui en pleine possession de conceptions justes, fondées sur l'expérience, et qu'il nous suffira de généraliser pour faire disparaître les derniers détails défectueux.

C'est cette constatation que j'ai surtout retenue et dont je voudrais faire part à mes compatriotes : nous n'allons pas à l'aventure, nous savons ce que sont nos colonies, ce qu'elles doivent devenir, par quels moyens nous hâterons cette évolution ; en un mot, nous avons une doctrine coloniale. Cette doctrine, je voudrais la rendre sensible par des exemples de fait, et montrer comment elle doit inspirer notre action partout où elle n'a pas encore été suffisamment appliquée : c'est là l'objet de ce livre, dont le plan, comme on pourra le voir, est des plus simples. Tout d'abord je présenterai un aperçu de celle de nos grandes colonies dans laquelle notre réussite a été la plus rapide et la plus complète, l'Afrique Occidentale ; nous y saisirons sur le vif cette notion qui se fait jour de plus en plus, que la colonisation est avant tout une œuvre sociale, l'organisation et l'éducation d'un peuple, la création d'un État nouveau, l'utilisation de ce trop-plein d'activité, de richesse et de force dont une puissance civilisée ne trouve plus suffisamment l'emploi en elle-même ; nous y étudierons des institutions toutes orientées vers cette grande tâche d'assistance humaine ; nous verrons comment on édifie une administration, des finances, comment on anime peu à peu de respiration économique un corps politique ; et nous remarquerons les modalités nécessaires de cette intervention, la méthode d'autonomie, la décentralisation, la solide constitution de la vie régionale, la concentration des forces par l'unité de direction supérieure, le juste équilibre que doivent conserver entre eux les divers éléments d'un tel ensemble. J'examinerai ensuite celle de nos colonies où la réparation de fautes anciennes est poursuivie par une application rationnelle et voulue de ces mêmes principes, l'Afrique Équatoriale. Puis je montrerai l'Indo-Chine prête à se rapprocher de ce même type, et certaine de donner ainsi un définitif essor à ses merveilleuses ressources, momentanément paralysées par quelques erreurs de détail. Madagascar, nos anciennes et nos petites colonies nous seront une occasion de faire ressortir comment cette souple méthode peut se plier aux conditions les plus diverses. L'Algérie nous présentera l'exemple d'un admirable pays trop longtemps entravé dans son évolution par les idées arbitraires et fausses qui dénaturaient jadis nos entreprises coloniales ; nous la verrons amenée par la force des choses à se rapprocher du modèle juste, mais lente pourtant à accomplir cette transformation si nécessaire, dont il serait cependant aisé d'indiquer sûrement les voies. La Tunisie, organisée avec un plus exact sentiment des réalités, sans que toutefois nous y ayons complètement pris conscience des nécessités de notre effort, nous offrira précisément la preuve que les vérités coloniales sont partout les mêmes, et que, par des chemins divers, nous nous trouvons sans cesse ramenés aux mêmes conclusions. Ainsi la France, dans sa tâche civilisatrice, nous apparaîtra telle qu'elle s'est traditionnellement révélée au monde dans tous les domaines de l'activité humaine, — comme la patrie des idées claires, le glorieux pays dont la pensée s'élève au-dessus des faits, et qui sait non seulement agir, mais formuler et livrer à l'univers les secrets de l'action.

Et je suis heureux, en traçant ce tableau d'une main insuffisamment habile, d'apporter un légitime tribut d'admiration aux bons ouvriers de notre plus belle œuvre nationale. Aux hommes qui ont consacré leurs forces, leur intelligence, leur foi ardente et leur dévouement à la grandeur de la France, c'est l'approbation de la France qui est due. Puissent-ils, dans les difficultés et parfois, hélas! les déboires de leur tâche, avoir le réconfort de trouver l'opinion enfin attentive à leurs efforts, de sentir l'âme profonde de la nation enfin émue de leur enthousiasme. Ce qu'il faut à notre pays pour être tout à fait le grand instrument de progrès universel qu'il a commencé à être, c'est cette conscience « impériale » qui, en Angleterre, fait frémir le plus humble des sujets à la seule évocation de la puissance britannique. Ne nous lassons donc point de raconter à nos concitoyens ce qui se fait de grand en leur nom de par le monde ; essayons de leur persuader que la création de pays nouveaux, l'éducation d'humanités barbares, sont choses infiniment plus importantes que le lancement d'une mode ou la chute d'un cabinet.

L'instinct national s'est naguère réveillé dans toute sa vivacité, dès qu'il s'est agi de porter atteinte à notre patrimoine d'au delà les mers. Heureux symptôme ! C'est un patriotisme nouveau qui a commencé à prendre conscience de lui-même, le patriotisme de la plus grande France.

L'ŒUVRE FRANÇAISE
AUX COLONIES

CHAPITRE PREMIER

L'Afrique Occidentale

L'Afrique Occidentale, type achevé de la colonie française moderne. — Sa formation territoriale ; unité de vues, de plan et de méthode, dans l'effort de conquête et l'action diplomatique. — L'organisation administrative ; décentralisation ; structure fédérale ; principes caractérisant l'institution du gouvernement général ; l'organisation financière parallèle à l'organisation administrative ; simplicité et équité du système fiscal. — L'œuvre de M. Roume et l'œuvre de M. W. Ponty. — La pacification ; la concentration des ressources ; la puissance financière de l'Afrique Occidentale, constituant son crédit, autorisant les emprunts et les grands projets. — Création de l'outillage public ; les chemins de fer. — L'œuvre indigène, objet ultime de la colonisation. — Comment on constitue un peuple ; commandement, assistance, éducation, progrès social. — Les résultats économiques. Essor commercial de l'Afrique Occidentale. — Conclusion.

Lorsque les historiens futurs, jugeant les faits avec le recul du temps, se demanderont quel a été le grand titre de gloire de la France républicaine, ils devront certainement se répondre à eux-mêmes que ce fut son œuvre coloniale : et s'ils cherchent un exemple qui, plus que tout autre, rende saisissantes et l'immensité de la tâche, et la sûreté de la méthode, et la beauté des résultats, ils choisiront, j'en suis certain, l'Afrique Occidentale.

Assurément, dans d'autres parties du monde, d'éminents administrateurs ont largement donné la mesure de l'intelligence française. Pourtant, aucun de ces exemples n'est absolument complet ; tantôt nous nous trouvions en présence de pays déjà riches, préparés par des siècles d'efforts personnels à passer d'un état de civilisation relative à la pleine activité moderne : tantôt, au contraire, nos ambitions trop hâtives s'épuisaient à vouloir forcer le succès par des moyens artificiels ; ici, des fautes avaient été commises tout d'abord ; là au contraire, un successeur insouciant allait dilapider les moyens d'action sagement préparés par l'initiateur.

En Afrique Occidentale, rien de tel : aucune terre plus ingrate peut-être n'avait jamais provoqué notre habileté colonisatrice ; dans aucune la besogne n'était plus lourde, par l'immensité du pays, par les obstacles naturels qui rendaient la pénétration impossible sans un aménagement préalable, par la barbarie primitive où végétaient les populations ; or, toutes les difficultés ont été abordées successivement, et successivement vaincues ; le fanatisme et la sauvagerie ont dû plier devant nos armes, la nature rebelle, devant notre science ; un monde nouveau est sorti du chaos ; il s'organise sans précipitation comme sans lenteurs ; et par un bonheur presque unique dans l'histoire, aux hommes nécessaires ont succédé d'autres hommes nécessaires, sans que jamais s'interrompe la continuité de l'effort collectif. Ainsi l'évolution de l'Afrique Occidentale est comme une avenue droite, aux nobles perspectives, où tout apparaît à sa place et conduit le regard vers l'horizon large ouvert.

C'est pourquoi, dans ce livre consacré à l'étude des idées et des méthodes qui doivent inspirer notre politique coloniale moderne, je crois devoir donner la première place à l'œuvre accomplie dans cette grande colonie : nous y trouverons à la fois le meilleur enseignement expérimental et le modèle le plus complet qui puisse nous permettre d'apprécier ensuite le sens et la nature des efforts à tenter dans d'autres régions.

* *

Je ne puis retracer ici en détail les débuts de notre colonisation en Afrique Occidentale ; il m'en faut cependant dire quelques mots pour relier le présent au passé, et faire ressortir l'unité de plan qui, par un enchaînement logique, nous a conduits aux résultats de l'heure actuelle.

L'unité, elle apparaît tout d'abord dans la constitution territoriale elle-même de notre empire de l'ouest africain. Depuis Faidherbe, qui avait entrevu, avec une sorte de prescience, que l'avenir du Sénégal devait être cherché dans l'hinterland soudanais, nos explorateurs et nos soldats n'ont eu qu'un seul objectif : la vallée du Niger. Nous possédions sur la côte des comptoirs et des factoreries ; pour créer un grand édifice social ample et durable, il fallait pénétrer dans l'intérieur, dans ce monde encore inconnu et mystérieux, d'où refluaient jusqu'à nos postes les remous d'une agitation confuse — migrations, conquêtes, créations et écroulements d'empires éphémères —. On a parfois critiqué cet entraînement héroïque qui, d'année en année, d'expédition en expédition, amenait nos vaillants officiers toujours plus loin, toujours plus avant dans cette Afrique où il ne semblait qu'il n'y eût pour eux qu'une moisson de lauriers à conquérir, pour le pays qu'une occasion de vaine gloire et de stériles efforts. Que de sages censeurs ont demandé qu'on mît un frein à cet enthousiasme aventureux ! Quels arguments de bon sens n'ont-ils pas invoqués à l'appui de leurs conseils de prudence : nous allions imprudemment remuer le fanatisme de populations qui ne demandaient qu'à nous ignorer ; nous allions soulever contre nous l'Islam tout entier ; nous avions assez à faire de mettre en valeur les régions déjà conquises, pour ne pas nous lancer dans des entreprises lointaines, dont aucun profit immédiat n'était à attendre ! Fort heureusement, l'élan était trop grand pour pouvoir être arrêté par ces lamentations timorées, et la force des choses nous obligeait, pour protéger les résultats acquis, à les dépasser. Heureusement, dis-je : car la sagesse des timides a toujours tort ; car, en matière coloniale comme en toute autre, la véritable économie d'efforts consiste non pas à restreindre ses moyens et à limiter son objectif, mais à faire résolument l'acte d'énergie nécessaire et suffisant qu'on n'aura plus ensuite à renouveler. C'est folie que de s'installer dans un pays sans s'y assurer une complète et définitive sécurité ; et dans des régions barbares où n'existe aucune puissance organisée avec laquelle on puisse au besoin composer et traiter, la seule solution consiste à aller de suite jusqu'au bout de la tâche, par une conquête assez complète pour être pacificatrice. Nos territoires de l'Afrique Occidentale, grâce à cette méthode, forment un bloc que nous avons pu travailler et dégrossir à loisir.

Ce n'est pas tout d'ailleurs. Nous n'étions pas les seuls engagés dans cette course à la suprématie africaine. Nous avions d'actifs rivaux. Nous avons su les gagner de vitesse. Tandis qu'ils s'attardaient dans les régions maritimes, plus faciles à atteindre, nous allions de l'avant, nous les gagnions de vitesse ; nous les dépassions aussi en prévoyance ; car, constamment préoccupés d'atteindre le Soudan, ce centre vers lequel convergeaient, de tous les points de la côte, nos efforts de pénétration, nous préparions la future unité de notre empire noir.

Les négociations diplomatiques secondaient d'ailleurs l'œuvre de nos pionniers ; dans tous nos accords avec nos concurrents, nous avons sagement sacrifié l'immédiat au futur, nous avons tout subordonné au souci dominant d'assurer la jonction de nos diverses colonies, en arrière des autres établissements européens. Il nous fallait l'espace pour y définir, à larges traits, l'œuvre grandiose du lendemain. Et notre Afrique Occidentale française s'est ainsi trouvée constituée dans sa pleine et vigoureuse unité ; les quatre colonies côtières, Sénégal, Guinée, Côte d'Ivoire, Dahomey, rayonnent autour de la colonie continentale, le Haut-Sénégal et Niger, qui forme le corps commun dont elles sont les membres ; et malgré l'activité de nos rivaux, malgré les concessions que nous avons dû leur faire, l'ouest africain a pris la figure d'un immense empire français dans lequel les établissements étrangers sont de simples enclaves.

*
* *

L'organisation administrative a suivi le même plan. Et c'est une remarque intéressante à faire, que les institutions ont toujours été exactement en rapport avec le degré de pénétration effective du pays. De même que les colonies particulières se sont rejointes dans une grande unité territoriale, de même les Gouvernements particuliers constitués dans chacune d'elles se sont soudés dans un organisme plus vaste, le Gouvernement général. Celui-ci n'avait d'abord été qu'une simple expression administrative : le Gouverneur du Sénégal était investi d'un vague contrôle sur ses collègues et sur les autorités tant civiles que militaires de la région soudanaise. C'est seulement à partir de 1902 que cette informe ébauche se dégrossit ; grâce à l'initiative du Gouverneur général Roume, une œuvre admirable s'accomplit. En deux années, cet éminent administrateur édifie un ensemble d'institutions politiques et financières qui font de l'Afrique Occidentale le modèle de l'organisation coloniale.

A la base du système, nous trouvons le principe fécond de la décentralisation et de l'autonomie régionale. L'Afrique Occidentale comprend, politiquement comme géographiquement, cinq territoires distincts, — ceux que j'ai énumérés déjà plus haut ; chacun de ces territoires a son administration propre, centralisée entre les mains d'un lieutenant-gouverneur, chef responsable, disposant du budget local. Le Gouvernement général est la fédération de ces diverses unités, — fédération dans laquelle leurs forces s'unissent sans que leurs personnalités se confondent. Le Gouverneur général, assisté d'un nombre relativement restreint de fonctionnaires investis d'attributions de contrôle et non de commandement, devient ainsi un organe supérieur de régulation et de haute direction ; il dispose d'un budget général, budget de superposition dans lequel se traduisent les intérêts collectifs et la vie d'ensemble de la fédération.

Cette organisation, réalisée par le décret du 18 octobre 1904, a été justement admirée comme un modèle de simplicité, d'harmonie et d'équilibre.

Dans des pays neufs, en pleine évolution, il faut avant tout rapprocher l'autorité, l'initiative et la décision des terrains d'action où elles ont à s'exercer. C'est pourquoi, en Afrique Occidentale, le commandement demeure aux mains du chef local, le lieutenant-gouverneur; et ce qui rend son autorité effective et réelle, c'est qu'il est l'ordonnateur du budget du territoire placé sous ses ordres, budget qui supporte toutes les dépenses de l'administration locale.

Mais une telle décentralisation deviendrait de l'anarchie si la pensée métropolitaine ne se faisait à chaque instant sentir, si les intérêts généraux et communs du groupe n'étaient incarnés en une personnalité plus haute que celle des colonies particulières. Le Gouvernement général est cet organe de jonction, d'unification, de coordination. Vis-à-vis de la mère patrie, c'est en quelque sorte un ministère extériorisé : le haut fonctionnaire qui est, à Dakar, dépositaire des pouvoirs de la République, représente en Afrique Occidentale la souveraineté française, la volonté permanente et constamment attentive du gouvernement central. Vis-à-vis des colonies particulières, il est à la fois et l'organe de contrôle, et celui qui donne les grandes impulsions d'ensemble, dépassant la portée des conceptions purement locales.

L'organisation financière se moule sur cette structure politique. Aux budgets locaux sont attribués les produits des impôts directs ; l'indigène voit dépenser sous ses yeux, en œuvres immédiates d'administration, de police, de civilisation effective, les ressources prélevées sur son activité. Au budget général sont affectés les produits des impôts indirects : ceux-ci, prélèvement fait dans un intérêt commun sur le mouvement général de la vie économique, sur la circulation des richesses, servent ainsi à gager les dépenses des services généraux, et surtout les frais nécessaires à la constitution d'un outillage public, dépassant les moyens restreints et les vues limitées des colonies particulières.

Une pareille clarté se retrouve jusque dans le système fiscal lui-même : tout l'édifice financier de l'Afrique Occidentale repose en effet sur deux sortes d'impôts seulement : d'une part l'impôt de capitation, d'autre part les droits d'entrée et de sortie ; les quelques autres taxes que l'on pourrait mentionner sont en effet d'un produit insignifiant en comparaison de ces deux grandes sources de revenus. Or, ces impôts sont à la fois les plus justes et les plus commodes.

L'impôt de capitation est la forme la plus normale de l'impôt direct dans un pays où la richesse constituée est presque inexistante, où un homme en vaut un autre, où le vrai capital producteur, c'est la population elle-même. La perception de cette taxe est de plus un acte naturel d'administration, qui rapproche constamment le chef de circonscription de ses administrés ; et l'obligation d'acquitter régulièrement la dette, d'ailleurs minime, qui lui est annuellement imposée [1], est un stimulant puissant pour l'indigène, un élément moralisateur qui combat son apathie naturelle.

Quant aux droits d'entrée et de sortie, ils constituent également le système le plus équitable d'impôt indirect, quand toute la vie économique se traduit en mouvements d'importation et d'exportation. Rien de plus facile, d'autre part, que de percevoir ces taxes sur les quelques points par où s'opère tout le trafic

1. Le taux de l'impôt de capitation en Afrique Occidentale varie, selon les cercles, de 0 fr. 10 à 4 fr. 50.

du pays ; et rien de plus naturel que de demander au commerce les ressources qui serviront précisément à lui ouvrir de nouvelles voies, à lui offrir de nouveaux instruments, à diminuer enfin les charges qui pèsent sur lui.

*
* *

On pouvait craindre que, par un entraînement malheureusement habituel à notre esprit unificateur et systématique, l'organe de haute direction n'absorbât peu à peu en lui-même toutes les forces vives et ne réduisît les autorités locales à un rôle de plus en plus effacé. C'est, comme on le verra plus loin, ce qui s'est notamment produit en Indo-Chine. L'Afrique Occidentale a été heureusement protégée contre ces maux.

Le grand organisateur que fut M. Roume évita soigneusement de donner une trop forte constitution aux services centraux. En dehors du secrétariat général, destiné à assister le Gouverneur général dans tous ses actes administratifs, il ne voulut, auprès de lui, que des services d'inspection générale, capables d'exercer, chacun selon sa compétence propre, un contrôle efficace sur les administrations locales, mais hors d'état de se substituer à celles-ci et d'évoquer au chef-lieu le règlement effectif et direct de toutes les affaires.

Son successeur, M. W. Ponty, a heureusement persévéré dans cette voie. Sans doute, il puisait dans son expérience antérieure de lieutenant-gouverneur du Haut-Sénégal et Niger un juste sentiment des bienfaits de la décentralisation. Loin de s'écarter des vues très sages de son prédécesseur, il a au contraire accentué encore les précautions prises dans cet ordre d'idées. C'est ainsi que le secrétariat général du Gouvernement général, service central qui aurait pu, par un développement naturel de ses attributions, restreindre progressivement la liberté d'action des lieutenants-gouverneurs, a été, à sa demande, supprimé par un décret du 22 juillet 1909, qui institue simplement auprès du Gouverneur général une direction des finances et de la comptabilité ; M. Ponty créait d'autre part un service des affaires générales, de sorte que l'ancien secrétariat général voit ses attributions scindées entre deux organes, qui ne trouvent leur unité que dans la personne même du chef suprême de la fédération. En même temps, le rôle des services généraux d'inspection était défini à nouveau, en s'inspirant toujours de la même prudente pensée, afin de les maintenir dans leur rôle de surveillance et de contrôle.

Ainsi l'institution du Gouvernement général demeure ce qu'elle doit être : l'incarnation de l'intérêt collectif des colonies groupées, le moyen de dégager et d'appliquer à la transformation économique du pays les ressources surabondantes des divers territoires.

La principale utilité du budget général a été en effet d'asseoir sur des bases solides le crédit de l'Afrique Occidentale. Deux emprunts successifs, l'un de 65, l'autre de 100 millions, contractés sous l'administration de M. Roume, sont aujourd'hui dépensés en travaux d'aménagement. Et aussitôt, dès le premier jour, quelle transfiguration ! L'immense pays inerte, amas confus de déserts et de forêts vierges, sans voies naturelles, sans rivières vraiment navigables, s'ouvre sous la poussée patiente des ingénieurs. Des ports sont créés, des chemins de fer allongent chaque jour plus avant leur ruban métallique ; le long de ces fleuves artificiels, où coule le courant fécondant de la civilisation, les cultures naissent, les villes sortent de terre. Une ère de prospérité nouvelle est commencée ; les échanges s'activent, la vie économique s'organise, et déjà cette richesse naissante autorise des projets plus vastes.

Au budget général viennent s'annexer les budgets d'exploitation des chemins de fer, puis le budget autonome du port de Dakar, créé par décret du 18 février 1910. Tous ces organes financiers, en pleine prospérité, augmentent le volume des ressources dont dispose l'Afrique Occidentale, et un nouveau projet d'emprunt, portant sur une somme de 150 millions, est actuellement prêt d'aboutir.

Sous cette vigoureuse influence, une transformation profonde s'opère. Non seulement le pays s'ouvre de toutes parts à la pénétration féconde du commerce et de l'activité économique, mais une évolution parallèle s'opère dans les populations soumises. Rassurées par les bienfaisants effets de notre domination, elles sont décidément mises en confiance ; elles nous fournissent elles-mêmes les troupes nécessaires au maintien de l'ordre ; bien plus, elles deviennent un merveilleux réservoir de puissance militaire, où nous n'avons qu'à puiser ; ces malheureuses races décimées par les fléaux naturels et par des siècles de barbarie, se transforment à notre contact ; c'est par elles que s'achèvera notre œuvre, c'est pour elles qu'elle doit d'abord produire ses bienfaits : pacifiés, protégés, assistés et enfin éduqués, nos sujets doivent devenir un peuple nombreux, actif, heureux, évoluant librement sous la lumière du génie français. Cette vaste commandite d'une nation nouvelle, c'est là toute la colonisation.

*
* *

J'ai essayé d'ébaucher, en ces quelques pages, le plan général de l'œuvre qui se poursuit en Afrique Occidentale. Occuper, pacifier, organiser, tels ont été les trois actes consécutifs de la prise de possession; utiliser l'élan acquis pour aller toujours plus loin, associer immédiatement nos sujets à la tâche entreprise, décupler notre effort en suscitant le leur, tel est le programme qu'il faut maintenant mener à bien. Je voudrais montrer rapidement, comment, de jour en jour, l'esquisse se précise et s'achève.

Si complète en effet qu'ait été l'œuvre dès ses débuts, elle comportait forcément des lacunes : il avait fallu faire vite, délimiter et façonner l'ensemble à larges traits, quitte à parfaire ensuite les détails. La pacification, la conquête même du pays, dans toutes ses parties, étaient loin d'être achevées quand l'unité de l'Afrique Occidentale a été constituée. La préoccupation la plus pressante était de terminer la pénétration militaire des régions provisoirement laissées de côté.

Dans la majorité des colonies du groupe, le calme n'a cessé de régner — à peine interrompu par des événements d'importance secondaire. Le Sénégal est depuis longtemps invariablement paisible. Chose curieuse, le belliqueux Dahomey, où nos armes n'avaient pénétré qu'avec tant de peine, n'a pas été moins tranquille. La Guinée n'avait donné lieu à aucune inquiétude, jusqu'à la malheureuse affaire de Goumba, rapidement suivie d'une répression décisive. Dans le Haut-Sénégal et Niger, où des incidents sans importance ont un instant occupé nos troupes, le calme est si grand que M. W. Ponty a pu, par deux arrêtés du 22 juin 1910, étendre le régime de l'administration civile à la région de Tombouctou et à la partie des cercles de Gao, Tillabéry et Djerma, située sur la rive droite du Niger. Le territoire militaire se trouve donc reporté vers le nord et vers l'est : son chef-lieu devient Zinder, et ce remaniement, en consacrant la pacification des pays de la boucle du Niger, destinés à un essor économique prochain, permet au commandant du territoire militaire de reporter ses efforts sur l'hinterland, toujours menacé par des incursions de nomades.

Si la forte organisation du Sud-Algérien et Tunisien nous met à l'abri des hordes qui s'y formaient jadis, notre colonie n'en a pas moins à défendre ses confins contre les pillards marocains ou tripolitains. Au cours des dernières années, des engagements des plus sérieux ont prouvé que notre vigilance ne devait pas se relâcher de ce côté. M. W. Ponty a d'ailleurs marqué, dans cet ordre d'idées, la plus sage prudence, en recommandant aux officiers de s'abstenir de toute chevauchée inutile, de toute expédition dépassant la portée d'une simple opération de police nécessaire.

Une intervention plus énergique a été nécessaire pour assurer la sécurité de la colonie dans la région mauritanienne, où l'hostilité sans cesse renaissante des tribus de l'Adrar nous obligeait à un état de paix armée infiniment plus coûteux en hommes et en argent qu'une expédition.

La campagne de pacification de l'Adrar fut admirablement conduite par le colonel Gouraud, aujourd'hui général, l'un de nos plus brillants officiers de l'armée coloniale. Parti le 6 décembre 1908 de Moudjeria, point de concentration de ses troupes, il entra dans Atar, capitale de l'Adrar, le 9 janvier 1909. Mais les éléments hostiles à notre pénétration, retirés dans le Nord, à l'extrême limite des pâturages, lançaient encore des rezzous contre nos soldats. Le colonel Gouraud entreprit alors une série d'opérations de tous points remarquables, avec sa petite colonne de 1.500 hommes, à 600 kilomètres du Sénégal, dans ce pays manquant de vivres et d'eau. Les victoires de Ksar-Terchane, d'El-Maha et de Tourine forcent nos adversaires, désorganisés, à fuir vers le Nord. Les derniers rebelles déposent les armes le 14 octobre 1909.

Aujourd'hui, nos plus opiniâtres ennemis sont tombés entre nos mains.

Sous l'administration du lieutenant-colonel Patey, successeur du colonel Gouraud, les derniers dissidents ayant demandé l'aman, les troupes furent progressivement ramenées vers le Sénégal ; et les guerriers maures désormais soumis suffiront, sous la surveillance et avec l'appui de nos méharistes, à assurer la protection des tribus maraboutiques.

La seule zone où notre action armée continue à s'exercer est donc la Côte d'Ivoire, et l'on ne saurait trop louer le Gouverneur général, son collaborateur le lieutenant-gouverneur Angoulvant, de s'être déterminés à une opération nécessaire. Notre souveraineté dans la plus grande partie de cette colonie était en effet demeurée jusqu'à ce jour plus nominale que réelle ; si, dans le Nord, les pays de savanes avoisinant Kong et Bondoukou sont peuplés d'indigènes paisibles et dociles, dans le Sud une bande forestière de 300 kilomètres de large sert d'abri à des peuplades belliqueuses, qui sont devenues arrogantes et menaçantes dès qu'à nos explorateurs isolés ont succédé des administrateurs désireux d'obtenir une soumission effective et son signe le plus certain, le paiement de l'impôt. Cette situation n'était pas tolérable ; elle retardait l'essor d'une des plus riches colonies du groupe, et mettait même en péril les travaux commencés pour la pénétration par la voie ferrée.

Le soulèvement des Abbeys, en janvier 1910, suivi de l'assassinat d'un Européen et de 300 Sénégalais, et l'investissement du poste d'Agboville par les révoltés, précipitèrent les événements. La répression, conduite avec fermeté et mesure, sera suivie d'une occupation méthodique du pays. Grâce à un réseau de postes s'élargissant progressivement, l'ensemble du pays pourra être pacifié d'ici peu, avec désarmement des tribus belliqueuses.

Cet effort était nécessaire. Des répressions, même violentes, sont inutiles si elles ne sont pas suivies d'une occupation effective. Le seul moyen d'affirmer sans conteste la souveraineté de la nation civilisatrice, est de montrer la force de ses armes. Les voyages des explorateurs, les négociations amicales et tout l'attirail de la « pénétration pacifique », s'ils paraissent au début donner des résultats remarquables à peu de frais, n'amènent jamais une domination effective ; tôt ou tard, les exigences de la colonisation heurtent les habitudes des populations, et il faut après coup recourir à des moyens de pression plus énergiques. Ceux-ci sont d'autant moins coûteux et d'autant moins pénibles pour les populations mêmes sur qui ils s'exercent, qu'ils sont dès l'abord plus francs et plus décisifs.

Et c'est dans les régions mêmes où nous avons au début rencontré le plus de résistances, que les résultats sont par la suite les plus remarquables. C'est déjà aménager un pays que d'y faire les dépenses d'une conquête ; et nos meilleurs auxiliaires sont souvent des peuplades qui avaient assez de fermeté et d'énergie combative pour ne s'incliner que devant une supériorité démontrée.

Le Haut-Sénégal et Niger, le Dahomey, où nous avons dû faire un effort réel, sont infiniment plus calmes, plus sûrs et en meilleure voie de civilisation, que le Congo, acquis par la propagande et la foi persuasive de l'illustre de Brazza. Sans médire de l'œuvre admirable des pionniers pacifiques de la colonisation, il est permis d'affirmer que les résultats qu'ils obtiennent ne sont jamais décisifs ni complets.

Nos armes d'ailleurs ont apporté dans l'Afrique Occidentale, jadis ravagée par les marchands d'esclaves et les conquérants noirs, une paix dont nos sujets apprécient profondément les bienfaits. Quelle preuve meilleure en pourrait-on donner que leur ardent loyalisme, qui nous permet de trouver parmi eux les merveilleux soldats de nos troupes africaines, — ceux qui, dans la Chaouïa, faisaient l'admiration de la légion étrangère elle-même, — ceux qui, aux côtés du regretté colonel Moll, refoulaient l'attaque d'un ennemi dix fois supérieur en nombre, malgré la mort de leur chef, malgré des pertes atteignant presque la moitié de leur effectif ? Mieux que personne, M. W. Ponty connaît les ressources d'hommes que l'Afrique Occidentale peut offrir à la France, et il écrivait, le 4 novembre 1910 :

> Si le gouvernement estime que le moment est venu de faire appel à nos admirables troupes africaines pour renforcer la défense nationale, *je me déclare en mesure de faire lever tous les contingents qui me seront demandés*, et je réponds qu'aucune difficulté ne se produira de ce côté.

C'est à son instigation qu'a été organisée la mission confiée au colonel Mangin, qui, parti le 20 mai 1910, a passé cinq mois en Afrique Occidentale pour y inventorier les contingents dont il serait possible de disposer éventuellement. On connaît le résultat : cet officier distingué, accueilli partout avec enthousiasme par les populations noires, déclare qu'il est possible de trouver annuellement dans notre grande colonie 40.000 engagés volontaires pour 4 ans. Le quart seulement de cet effectif suffirait pour entretenir les 20.000 tirailleurs déja existants et créer, dans un délai de 4 ans, une force égale.

Déjà le gouvernement s'est décidé à puiser, quoique bien timidement, dans ce vaste réservoir d'hommes. Il faut persévérer, il faut élargir l'expérience. A l'augmentation incessante des effectifs allemands, il faut répondre par la constitution franche et décidée de l'armée noire.

L'Afrique Occidentale n'est pas seulement un élément de prospérité pour la France ; elle apparaît dès aujourd'hui comme une garantie de sécurité nationale, comme un moyen de pallier les effets désastreux que notre propre dépopulation pourrait avoir pour notre puissance militaire.

⁂

Les finances de l'Afrique Occidentale, déjà prospères sous l'administration de M. Roume, n'ont cessé de se développer. L'ensemble des ressources du groupe, qui n'atteignait pas 11 millions de francs en 1895, et qui alimentait en 1902 des budgets s'élevant globalement à 26 millions, se traduisait en 1907 par les chiffres suivants :

	Recettes	Dépenses	Excédent de recettes
	francs	francs	francs
Budget général......	19.187.134 25	17.293.342 68	1.893.791 57
Budgets locaux......	29.867.783 28	28.332.620 70	1.535.162 58
Budgets des chemins de fer............	5.391.463 83	4.711.550 83	679.913 »
Totaux.........	54.446.463 36	50.337.514 21	4.108.867 15

Les résultats de l'exercice 1911 peuvent se résumer comme suit :

	Recettes	Dépenses	Excédent de recettes
	francs	francs	francs
Budget général......	27.000.000	22.500.000	4.500.000
Budgets locaux......	39.092.000	37.624.000	1.468.000
Budg. des chem. de fer et du port de Dakar.	9.740.000	6.295.000	3.445.000
Totaux.........	75.832.000	66.419.000	9.413.000

L'avoir des caisses de réserve, qui était en 1895 de 1.860.143 fr. 59, passait, à la fin de 1907, à 16.740.050 fr. 58, dépassant ainsi le maximum, fixé à 16.500.000 francs. Des mesures partielles ont, depuis, reporté cette limite à 19.000.000 francs ; elle est encore trop étroitement calculée pour des excédents de recettes qui ne cessent de se renouveler, et bien

u'il en ait été régulièrement réincorporé chaque année
ne forte partie au budget de l'exercice suivant le total
e ces réserves s'élève aujourd'hui à **22.830.000** francs.

* *
*

L'emploi judicieux des ressources dans la constitu_
ion d'un outillage public, a eu pour effet immédiat
'activer la prospérité et d'assurer de nouvelles
lus-values. L'œuvre capitale de M. Roume, dans cet
rdre d'idées, a été, en dehors de l'aménagement de
akar dont je dirai quelques mots plus loin, la créa-
ion d'un réseau de voies ferrées suppléant à l'insuf-
isance des voies naturelles. On ne saurait mieux défi-
ir la nécessité de cet effort qu'en citant ces lignes,
crites par son meilleur collaborateur en matière de
ravaux publics, le colonel Cornille :

> La conviction est faite actuellement dans tous les esprits
> u'aucun progrès matériel et moral n'est possible sans les
> oies ferrées dans nos colonies d'Afrique : pacification
> ssurée, accélération des échanges commerciaux, dévelop-
> ement des productions agricoles, diminution progressive
> u portage à tête d'homme, modification profonde de
> 'état social des indigènes par la facilité qu'aura de plus en
> lus l'homme libéré d'aller louer son travail dans les cen-
> res actifs de la colonie, tels sont les bienfaits de la voie
> errée dont on peut dire qu'elle est, en ces pays, non seu-
> ement un instrument d'administration et de progrès ma-
> ériel, mais encore un outil de progrès social et véritable-
> nent une œuvre d'humanité.

Et M. Roume esquissait ainsi, à larges traits, le
programme à exécuter :

Le Gouvernement général comprend quatre colonies côtières : le Sénégal, la Guinée, la Côte d'Ivoire et le Dahomey, séparées les unes des autres sur le littoral par l'interposition des colonies étrangères, mais qui ont toutes un hinterland commun constitué par le bassin du Niger, depuis sa source jusqu'à son entrée dans le territoire britannique de la Nigeria. L'objectif qui se présente avec évidence consiste à faire partir d'un point convenablement choisi sur le littoral de chacune des quatre colonies côtières une ligne de pénétration aboutissant au bassin du Niger. On peut concevoir ensuite que les extrémités de ces quatre lignes seront réunies ultérieurement par une ligne transversale qui sera leur base commune.

La voie de pénétration du Sénégal, conçue depuis 1882, devait être formée de deux tronçons, réunis par le cours du fleuve Sénégal, navigable pendant une partie de l'année : la ligne Dakar Saint-Louis (264 km.), depuis longtemps en exploitation, et la ligne Kayes-Niger (555 km.), construite grâce à l'aide de la métropole, — après de nombreuses erreurs et bien des mécomptes —, et qui allait être terminée lorsque M. Roume prit la direction du Gouvernement général. La ligne de la Guinée, Konakry-Niger, avait été commencée grâce à des emprunts propres de la colonie ; mais celle-ci manquait de ressources pour achever une œuvre de cette envergure.

Grâce aux emprunts de 65 et de 100 millions, une somme globale de 105 millions put être consacrée aux chemins de fer. De 1902 à 1907, 892 kilomètres de voie ferrée furent ajoutés aux 594 kilomètres déjà existants, portant le réseau total à 1.486 kilomètres, dont 747 en exploitation. La ligne de la Guinée activement poursuivie, les lignes de la Côte d'Ivoire et du Dahomey poussées jusqu'aux premières régions utiles, le programme d'ensemble affirmé dans toutes ses parties, tel est le bilan remarquable de l'œuvre de M. Roume.

Son successeur a merveilleusement développé ces résultats. Fin 1909, le résultat total était porté à 1.905 kilomètres, dont 1.725 en exploitation. Fin 1911, le total des lignes en exploitation atteignait 2.169 kilomètres. La ligne de la Guinée, complètement terminée sur les 588 kilomètres du projet primitif, va être poussée, grâce aux ressources de l'exploitation, jusqu'à Kankan, et prolongée de là vers Beyla, amorçant ainsi le grand transafricain qui réunira, comme l'indiquait M. Roume, les voies de pénétration des diverses colonies. D'autre part, une ligne continue, de Dakar au Niger, sera bientôt substituée à la voie de pénétration insuffisante du Sénégal, — deux tronçons réunis par le cours d'un fleuve intermittent —. Le projet, consistant dans l'établissement d'un embranchement du Dakar-Saint-Louis, de Thiès à Kayes, va être prochainement exécuté sur environ 200 kilomètres, dont la plus grande partie (182 km.) est dès à présent en exploitation.

Rien ne saurait mieux faire ressortir l'influence civilisatrice de ces grands travaux que quelques faits significatifs.

Au cours de la construction du chemin de fer de la Guinée, les indigènes, sollicités de fournir la main-d'œuvre nécessaire, envoyèrent leurs captifs sur les chantiers. Largement rémunérés grâce à un salaire de 1 franc par jour, alors que le coût moyen de la vie est de 0 fr. 30, ces indigènes, ou se libérèrent selon la coutume moyennant le paiement d'une indemnité à leurs anciens maîtres, ou, profitant de notre protection, qui ne reconnaissait pas leur condition servile, fondèrent des villages nouveaux aux environs de nos postes.

Lorsque le premier tronçon du Thiès-Kayes commença à s'ébaucher, l'on vit arriver, de plus de 300 kilomètres à la ronde, des indigènes en haillons : ces malheureux, ayant appris la nouvelle de la construction du chemin de fer, venaient pour créer des cultures et profiter de la voie commerciale dont ils connaissaient d'avance les bienfaisants effets. Mais ils étaient venus trop tard ; les cultures ne pouvaient plus être commencées, et le chemin de fer n'était pas encore en exploitation ; ils durent repartir. On craignait que cet échec n'eût une fâcheuse répercussion dans l'esprit des populations : erreur ! Ils revinrent plus nombreux l'année suivante, et s'installèrent.

Déjà, le long du Thiès-Kayes, un phénomène déjà constaté jadis autour du Dakar-Saint-Louis et plus récemment auprès du Kayes-Niger, se produit avec intensité. Le pays, véritable désert aride, se transforme à vue d'œil : d'immenses champs d'arachides couvrent la plaine. Cette voie, conçue comme le trait d'union entre Kayes et Dakar, apparaît aujourd'hui comme un instrument de mise en valeur des régions traversées.

En 1909, on constatait que le Kayes-Niger avait atteint une recette nette de 1.950 francs par kilomètre, — le Konakry-Niger, de 3.730 francs, — le Thiès-Kayes, de 4.392 francs. Les lignes de la Côte-d'Ivoire et du Dahomey, quoique moins productives, étaient en situation très satisfaisante. Quant au Dakar-Saint-Louis, exploité par une Compagnie, il rapportait à l'État plus d'un million par an et faisait en 1909 une recette kilométrique de 16.050 francs. Ces résultats ont encore été dépassés depuis. Et l'on entrevoit dès à présent, grâce au rendement merveilleux de ces lignes, la possibilité d'utiliser leurs excédents, soit en travaux de prolongement, soit en aménagements de routes ou d'embranchements latéraux, destinés à desservir plus complètement la région traversée.

Le brillant succès des chemins de fer n'a d'ailleurs pas fait perdre de vue d'autres grands travaux utiles. L'Afrique Occidentale possède aujourd'hui en Dakar un port de premier ordre, — port militaire et port de commerce, — pourvu d'un outillage moderne, avec des bassins et un avant-port couvrant 462.000 mq. et des quais spacieux, desservis par des voies ferrées. De 77.423 tonnes en 1902, le trafic s'est élevé, en huit années, à un chiffre cinq fois plus élevé. Les autres ports de la colonie n'ont pas été négligés : les quais de Saint-Louis sont en voie de réfection, les wharfs de Grand-Bassam et de Cotonou ont reçus d'importantes réparations, le chenal d'accès de Konakry a été dragué.

Enfin, le réseau télégraphique ne cesse de se développer, et je m'en voudrais de passer sous silence les importants aménagements de télégraphie sans fil, qui mettent déjà en communication Port-Étienne, en Mauritanie, et Rufisque, au Sénégal, avec Oran et Bizerte. De nouveaux postes sont en voie d'achèvement à Dakar et Konakry; ultérieurement, une puissante station sera installée à Tombouctou, et formera l'un des relais du réseau général qui, rattaché par Colomb-Béchar à la Tour Eiffel, reliera nos diverses colonies entre elles et avec la métropole.

Ce tableau rapide ne montre-t-il pas l'étonnante transformation qui s'opère incessamment dans ce vaste pays, hier inconnu, impénétrable, monde de ténèbres et de barbarie, — aujourd'hui champ de la plus belle expérience sociale et politique qui ait jamais été tentée, — demain peut-être foyer de prospérité, de progrès et de civilisation ?

*
* *

Le but essentiel de notre occupation, c'est en effet de former un peuple. Dans ces régions où l'Européen ne peut se fixer et faire souche, rien de durable ne peut être accompli que par l'intermédiaire de l'indigène. Développer les races locales, les faire évoluer vers une civilisation qu'elles n'ont pas su entrevoir elles-mêmes, voilà quel doit être notre objectif constant, notre plus haute préoccupation. L'œuvre essentielle de la colonisation, c'est l'œuvre sociale indigène.

Plus que tout autre assurément, M. W. Ponty s'était pénétré de cette vérité, alors qu'il administrait le Haut-Sénégal et Niger. Les *Instructions* qu'il rédigeait alors à l'usage des administrateurs placés sous ses ordres, et qui sont devenues l'indispensable *vade mecum* du fonctionnaire africain, demeureront comme un modèle de sagesse politique et de philanthropie active ; je ne connais point de plus beau livre de philosophie coloniale, malgré une forme volontairement administrative et une froideur officielle, — aucun qui fasse plus honneur au génie humanitaire de la France.

« Apprivoiser » l'indigène, comme un grand enfant sauvage qu'il faut d'abord rassurer avant de l'éduquer, le maintenir dans son milieu traditionnel, ne heurter ni ses habitudes, ni ses traditions, ni ses coutumes, — respecter les groupements ethniques, les cultiver isolément par l'action des chefs de leur race, — relever insensiblement le niveau social, par le développement des œuvres sanitaires, des institutions d'assistance, des écoles, faire régner partout une justice paternelle :

voilà les principes ; mais ce n'est rien que de les exposer ainsi en résumé ; tout le mérite consiste à les appliquer, et c'est dans le détail qu'il faudrait analyser ces *Instructions*, pleines de vues judicieuses, de remarques fécondes, de conseils comme pouvait seul les donner un homme ayant longuement vécu avec les noirs, ayant pénétré leur mentalité, sachant par expérience les secrets de leur pensée et de leur cœur.

Grâce à cette profonde connaissance de l'âme de nos sujets, M. W. Ponty pouvait, dès 1901, entreprendre une lutte prudente et heureuse contre l'esclavage, et, sans heurt, sans difficultés, — contrairement à toutes les opinions des professionnels, — en déterminer la disparition progressive.

M. Roume, avec sa claire intelligence des problèmes coloniaux, devait imprimer à l'œuvre du relèvement indigène sa marque personnelle : il mit le doigt sur la plaie la plus grave, celle qu'il nous faut guérir avant toute autre, — les désastreuses conditions sanitaires où végètent les noirs, dévastés par des fléaux qui, malgré la natalité élevée, empêchent l'accroissement numérique de la population. De grands travaux d'assainissement, — la création d'un service d'assistance médicale indigène, avec un personnel spécial de médecins civils et d'infirmiers indigènes, — le développement des formations sanitaires, laboratoire bactériologique, hôpitaux et dispensaires, — tel est, en raccourci, le programme dont M. Roume avait heureusement commencé l'exécution. M. W. Ponty ne pouvait manquer de développer ces institutions. Deux nouveaux laboratoires bactériologiques ont été fondés, à Bingerville et Bamako, et deux stations vaccinogènes créées, en pleins centres indigènes, à Kindia et

Abomey ; l'hôpital indigène de Dakar est terminé ; le personnel des médecins a été augmenté : de nombreux dispensaires ont été organisés, portant le total de ces établissements à 91 fin 1910. Le nombre des consultations et journées de traitement aux indigènes, qui s'était élevé à 734.197 en 1907, a passé à 1.123.632 en 1910. Si sensibles d'ailleurs que soient ces résultats, ils sont encore peu de chose eu égard à la tâche nécessaire, et le Gouverneur général ne négligera rien pour les développer.

A côté des soins physiques, les soins intellectuels doivent certainement être la préoccupation principale d'une administration soucieuse du relèvement des indigènes. M. W. Ponty s'exprimait à cet égard, tout récemment, en ces termes :

> La condition primordiale du succès de notre domination, de sa durée, réside dans l'usage plus ou moins rapide de notre langue par les indigènes. Notre Administration comme notre Justice risqueront de rester méconnues jusque dans leurs plus louables intentions, tant que l'emploi de l'interprète restera à leur base. C'est pour cela que j'attache un si haut intérêt au développement de l'enseignement et plus spécialement à la multiplication des écoles de village, simples écoles de langage où les enfants apprennent à comprendre le français et à le parler.

De 146 en 1907, le nombre des écoles officielles avait été porté à 187 en 1909 ; il était de 201 en 1911 : 11.000 élèves les fréquentent ; de plus, il existe 46 écoles libres, réunissant environ 2.600 élèves. Des cours normaux, destinés à former des moniteurs, ont été créés à Konakry, Kayes et Bingerville. Au Sénégal, un arrêté du 14 avril 1910 a organisé une école secondaire, préparatoire aux établissements d'instruction métropolitaine. La dépense de l'instruction élémentaire et primaire s'élève, aux divers budgets locaux, à un total de plus d'un million de francs.

L'Ecole professionnelle Pinet-Laprade, transférée à Dakar, l'École de Pupilles mécaniciens, dans la même ville, ont reçu diverses améliorations. Le Gouverneur général a également apporté ses soins à faire évoluer, dans un sens conforme aux intérêts de notre domination, l'enseignement donné dans les médersas du Sénégal et du Haut-Sénégal et Niger : il faut, pense-t-il, y faire une large place à l'étude des coutumes locales, que nous devons « maintenir et au besoin régénérer en face et si possible au-dessus de la loi coranique », exploitée trop souvent contre nous par le cléricalisme musulman.

Mais quelque intéressants que soient ces efforts, il est certain que longtemps encore notre action la plus large et la plus certaine sur les indigènes sera celle qu'exercent quotidiennement nos administrateurs, nos colons et nos commerçants, par le contact immédiat de nos institutions et de notre activité. Les œuvres d'assistance et d'éducation ont toujours forcément un caractère un peu artificiel ; rien ne vaut, pour développer et relever une race, l'influence naturelle d'un état de prospérité grandissant : le travail qu'accomplissent les grandes forces économiques, au sein de la masse, est à lui seul plus fécond que tous les efforts administratifs, et le véritable esprit de gouvernement consiste à faciliter l'éveil des sentiments d'intérêt, qui seront toujours le plus puissant moteur des énergies humaines. Dans cet ordre d'idées, je dois signaler tout particulièrement l'initiative infiniment heureuse du Gouverneur général Ponty qui a provoqué la promulgation d'un décret du 20 juin 1910 réglementant l'institution, en Afrique Occidentale, de sociétés indigènes de prévoyance et de crédit agricole. Ces sociétés doivent avoir pour but de constituer des approvisionnements de graines en vue des semailles, d'acheter pour les sociétaires des instruments agricoles, de leur venir en aide en cas de maladie ou d'accidents, de les prémunir contre les conséquences de la sécheresse, des inondations, des épizooties et autres fléaux naturels. De semblables institutions, dont l'Algérie et la Tunisie nous offrent une première ébauche, sont appelées à prendre un grand développement chez les noirs, où l'idée de la solidarité entre membres d'une même collectivité, est si profondément enracinée. Chose curieuse, les deux premières sociétés de ce genre qui ont été fondées ont leur siège dans le Baol et la Sine-Saloum, ces régions hier désertiques pénétrées par le Thiès-Kayes, et que l'activité spontanée des indigènes les plus pauvres a commencé à transformer : peut-on donner meilleur exemple de l'intelligence de ces populations, empressées à profiter de tous les moyens que la civilisation met à leur disposition ? Un an et demi après la promulgation du texte qui devait provoquer la constitution de ces sociétés, on en comptait 10 au Sénégal et 4 en Guinée. D'autres sont en formation.

*
* *

Il est un moyen plus sûr que tout autre de constater les progrès d'un pays, c'est de regarder le mouvement de ses échanges. Si vraiment l'Afrique Occidentale est pénétrée d'une vitalité nouvelle, si vraiment nos efforts n'y demeurent point superficiels, nous devrons nous en apercevoir par la simple inspection de ses statistiques commerciales.

La réponse sera décisive. Je n'ai qu'à laisser parler les chiffres.

Le commerce général de l'Afrique Occidentale s'élevait en 1895 à 78.777.356 francs ; il atteignait en 1902, à l'arrivée de M. Roume, 130.910.784 francs. En 1907, il passait à 177.440.316 francs ; en 1910, il a dépassé 274 millions de francs. Il a donc plus que doublé en huit ans, et l'administration de M. W. Ponty est marquée par une avance de près de 100 millions.

L'ascension a été aussi sensible dans les exportations que dans les importations ; elle n'est donc ni accidentelle, ni artificielle. Les importations, de 73.490.992 francs en 1902 ont atteint 97.010.200 francs en 1907 et 153 millions en 1910; les exportations, de 57.419.792 fr. en 1902, se sont élevées à 80.430.116 fr. en 1907 et à 131 millions de francs en 1910.

La statistique des quantités confirme d'ailleurs la statistique des valeurs : ainsi l'exportation des arachides avait porté en 1907 sur 155.000 tonnes ; en 1909, elle porte sur 228.000 T. ; les amandes de palme figurent aux sorties pour 27.000 T. en 1907 et pour 43.000 T. en 1909. Ce sont bien les facultés de production du pays qui se sont développées.

Et je ne saurais passer ici sous silence que si l'on importait en Afrique Occidentale 7.146.248 litres d'alcool en 1899, il n'en entrait plus que 3.035.000 en 1909.

La part prise par la France, dans ce beau mouvement commercial, mérite d'être signalée. Son commerce particulier avec la colonie, qui était de 37.837.531 francs en 1895, passait à 65.190.109 francs en 1902, à

89.987.899 francs en 1907 et enfin à 122.340.321 francs en 1909.

Ce résultat doit être retenu d'autant plus que l'Afrique Occidentale a heureusement échappé au régime néfaste d'assimilation douanière décidé par la loi du 11 janvier 1892. La métropole n'y a pas appliqué l'étroit protectionnisme qui étouffe la plupart de nos autres colonies. Il en est résulté ce phénomène : sans doute, elle ne bénéficie que de 53 °/₀ du mouvement général des échanges de la colonie ; mais ce mouvement a quadruplé ; ailleurs, elle s'est réservé la presque totalité du commerce, mais celui-ci est demeuré à peu près stationnaire ; au lieu d'obtenir artificiellement, par une contrainte néfaste à la prospérité de sa possession, un commerce double de ce qu'il était initialement, elle a naturellement réalisé un mouvement d'échanges quatre fois plus considérable : elle a donc gagné, elle aussi, au régime de la liberté commerciale. Et cette indication est la meilleure preuve qu'il n'est possible de travailler utilement à la prospérité de la métropole qu'en ayant pour premier et principal objectif la prospérité de la colonie.

Je termine ici cette étude rapide. Je ne saurais lui donner une meilleure conclusion que celle à laquelle s'arrêtait, il y a peu d'années, un publiciste anglais, peu suspect d'excès de bienveillance à l'égard des œuvres coloniales françaises. Ce publiciste, M. Morel, s'exprimait en ces termes:

Aucune de nos colonies ne peut faire preuve de progrès aussi rapides que ceux de leurs rivales celtiques...

Il est certain que la plupart des Anglais ignorent de façon navrante ce qu'ont fait les Français dans l'Afrique Occidentale et Centrale, et l'on voit même des écrivains réputés persister à fermer les yeux sur les changements considérables, — presque une révolution, — qu'une expérience chèrement achetée a fait subir aux conceptions coloniales de nos voisins. Nous n'avons pas su, en tant que nation, rendre justice à l'œuvre des Français en Afrique. Nous avons contesté leurs facultés colonisatrices, et nous n'avons pas voulu admettre, dans les conseils de leur Gouvernement, l'existence d'un plan initial mûrement réfléchi... Et nous persistons maintenant à ne pas voir que la France apporte au développement économique de ses vastes territoires, le zèle et la clairvoyance qu'elle a mis constamment à les conquérir et à les annexer.

Ce jugement si flatteur pour notre amour-propre national, n'est que l'exacte expression de la vérité. Oui, il est temps de mettre fin à ces légendes, qui nous représentent comme incapables de toute œuvre sérieuse et durable de colonisation ; il est temps de répondre aux critiques intéressées de certains étrangers, qui vont prétendant que la France immobilise sous sa domination d'immenses territoires pour les fermer aux influences bienfaisantes des courants universels du progrès et en écarte toute concurrence sans savoir elle-même en tirer profit.

Ce qu'il faut au contraire affirmer bien hautement, c'est qu'aucun peuple, en aucun temps, n'a accompli si promptement un effort semblable à celui que nous avons accompli en quelques années dans les colonies de l'Ouest africain.

Ce qu'il faut proclamer surtout, c'est que ces grandes choses ne sont pas nées de la poussée inconsciente des événements, mais qu'elles ont été voulues, conçues et rationnellement exécutées.

En ce domaine, comme en tant d'autres, le génie français a donné la mesure de ses admirables facultés de lucidité et de concentration intellectuelle. Notre race a trop souvent les défauts de ses qualités, pour que nous omettions de dire aussi ce que sont ces qualités, lorsqu'elles atteignent leur plein développement. Le don qu'elle possède, par-dessus tous les autres peuples, de dégager du tumulte confus des faits la claire et simple beauté de l'idée, lui permet d'aller droit au but, d'éviter les tâtonnements, de trouver d'emblée la méthode juste et la solution élégante. Son œuvre en Afrique Occidentale a ces nobles caractères : elle a compris que la colonisation moderne consiste à prendre en tutelle un peuple enfant, à le mettre en état de jouer le rôle d'une nation organisée, et que toute la tâche se résume à lui faire accomplir, grâce à nos réserves d'expérience, de richesse et de force, l'évolution qu'il n'a su accomplir par ses propres moyens. De cette idée centrale, tout se déduit, tout s'enchaîne, comme j'ai essayé de le montrer. Et maintenant que nous connaissons le but, que nous possédons la méthode, il suffira de l'adapter aux conditions particulières de nos différentes possessions, pour obtenir dans chacune les mêmes succès et y répandre les mêmes bienfaits.

CHAPITRE II

L'Afrique Equatoriale

L'œuvre de M. Merlin en Afrique Equatoriale : comment l'application des saines méthodes de gouvernement assure le salut d'une colonie sacrifiée. — L'ancien Congo Français ; ses causes de langueur ; parcimonie de la métropole, absence de tout effort de conquête ; servitudes internationales paralysant l'essor du pays ; régime des grandes concessions. Effets néfastes de ces erreurs. — La liquidation du passé ; réforme du système concessionnaire ; difficultés éprouvées dans cette tâche essentielle. — L'Afrique Equatoriale, formée sur le modèle de l'Afrique Occidentale. L'occupation militaire et la pénétration administrative. L'aide de la métropole pour l'emprunt destiné aux efforts du premier établissement et aux études économiques. Nos grands travaux futurs. — Les finances de l'Afrique Equatoriale ; leur débilité. — L'œuvre indigène. — Le traité franco-allemand ne doit pas faire obstacle au développement normal de l'Afrique Equatoriale régénérée. — Conclusion.

Lorsque M. le Gouverneur général Merlin fut appelé, au commencement de l'année 1908, à prendre la haute direction des affaires de l'Afrique Équatoriale, encore dénommée alors Congo Français, l'espoir unanime était que cette grande colonie, trop longtemps laissée à l'abandon, allait enfin secouer sa torpeur.

Tour à tour, l'Indo-Chine, Madagascar, l'Afrique Occidentale, grâce à une impulsion énergique, avaient en quelques années opéré une transformation remarquable.

Le Congo allait-il prendre le même essor ? On devait l'espérer, si l'on ne considérait que le passé administratif de M. Merlin et les éminents services qu'il avait déjà rendus à la cause coloniale. On en pouvait douter, si l'on se rendait exactement compte de la situation profondément misérable dans laquelle la métropole avait jusqu'alors laissé végéter cette possession.

Assurément, le haut fonctionnaire qui, comme gouverneur de la Martinique, puis comme secrétaire général du Gouvernement général à Dakar, avait largement donné la mesure de ses qualités, était l'homme que tout désignait pour accomplir au Congo l'œuvre nécessaire. Mais il trouvait aussi une situation singulièrement difficile ; le Congo n'avait pas seulement été négligé, il avait été sacrifié ; la France ne s'était pas bornée à n'y rien faire, elle y avait commis les erreurs les plus lourdes. Ainsi, ce n'est pas assez dire que tout était à faire ; il faut ajouter que d'abord tout était à défaire.

Depuis qu'il s'est passionnément consacré à cette tâche ingrate et complexe, quels résultats a obtenus M. Merlin ? C'est ce qu'il me paraît intéressant de rechercher ici, afin d'essayer d'en tirer un enseignement d'une portée générale ; nul exemple en effet ne saurait mieux nous montrer l'excellence de ces principes que j'ai essayé de dégager dans le précédent chapitre, et qui peuvent trouver leur application dans toutes nos colonies.

J'examinerai successivement l'état déplorable dans lequel languissait le Congo, l'effort accompli pour le libérer d'un passé néfaste, et enfin l'œuvre nouvelle qui s'y dessine vigoureusement.

*
* *

J'ai montré comment l'organisation rapide et systématique de l'Afrique Occidentale, de 1902 à 1908, sous l'impulsion éclairée de M. Roume, avait été une admirable leçon pratique de colonisation rationnelle, et avait définitivement fixé les principes à appliquer en terre africaine. Grâce à une constitution administrative simple et forte, consacrant la souplesse et la diversité dans l'unité, grâce à des instruments financiers d'un maniement prompt et aisé, il avait été possible de poursuivre l'œuvre essentielle de la colonisation, qui consiste tout entière à ses débuts en un large crédit de puissance et d'argent fait par la métropole à sa possession. Dans ces pays vides et ingrats, où la nature est rebelle, où l'Européen ne peut faire souche, où l'indigène est misérable, clairsemé, attardé dans la barbarie primitive, tout l'effort utile doit en effet converger vers le relèvement et l'organisation de cette humanité incapable par elle-même de secouer son inertie ; il faut l'atteindre, la pénétrer pour la protéger, la défendre contre les fléaux naturels ou sociaux qui la déciment, il faut l'amener à consommer pour la pousser à produire, faciliter la circulation fécondante des richesses, lui donner enfin, par le libre jeu des forces économiques, ce besoin de prospérité qui est le moteur de toute civilisation.

L'essor merveilleux de l'Afrique Occidentale, M. Merlin, qui, on le sait, avait été le collaborateur immédiat et le plus précieux de M. Roume, en connaissait, mieux que quiconque, toutes les raisons intimes. Il possédait, dans tous ses détails, la méthode consacrée par un si éclatant succès. Mais précisément aussi allait-il trouver au Congo le terrain le moins préparé à la mise en pratique de ces mêmes idées.

Parmi toutes les causes de l'état de langueur dans

lequel se trouvait le Congo, j'en retiendrai essentiellement trois : l'insuffisance de l'effort de colonisation, conséquence d'une acquisition trop aisée, — les servitudes internationales résultant des actes diplomatiques qui ont conditionné l'établissement de notre souveraineté dans le pays, — enfin le régime des grandes concessions territoriales.

J'examinerai tout d'abord la plus paradoxale de toutes. Le Congo souffre de ne nous avoir coûté, pour ainsi dire, ni hommes ni argent pour sa conquête.

Il semble à première vue que cette économie d'efforts aurait dû motiver une générosité exceptionnelle de la métropole dans les dépenses de premier établissement. Il n'en est rien, et, à y bien réfléchir, cela est assez naturel. Notre politique coloniale, à ses débuts, conduite au hasard des initiatives individuelles, au milieu de l'indifférence de l'opinion et de l'hostilité de parlementaires à courtes vues, avait un caractère précaire : c'est pour ainsi dire par surprise que nous nous sommes trouvés engagés, tantôt sur un point, tantôt sur un autre, et c'est seulement lorsque l'honneur de nos armes ou de notre drapeau exigeait un effort, que le Gouvernement osait solliciter les crédits nécessaires, et que le Parlement, placé en face du fait accompli, n'osait plus les refuser. C'est, hélas ! l'histoire de toutes nos conquêtes coloniales, et les événements relativement récents encore du Ouadaï sont là pour nous prouver que les temps ne sont guère changés. Ah ! si de Brazza avait subi quelque lamentable désastre, si quelques vaillants officiers étaient tombés victimes de la coupable imprévoyance du Gouvernement central, peut-être aurait-on fait au Congo le nécessaire. Mais non, cette magnifique colonie a été acquise sans luttes, en quelques voyages, grâce au talent, à l'endurance et à la foi d'un missionnaire de la civilisation. Dès lors, pourquoi dépenser, pourquoi solliciter d'un Parlement maussade les fonds qu'il n'accordait qu'en cas de détresse ? Aussi, tandis qu'en Indo-Chine, à Madagascar, en Afrique Occidentale, les expéditions militaires entraînaient des envois d'hommes et d'approvisionnements, créaient un courant d'activité qui devait ensuite se régulariser avec l'occupation, au Congo, l'occasion de cette première mise de fonds a toujours manqué.

Sans parler ici des expéditions proprement dites, dont le bilan serait intéressant à établir, on constate que, de 1895 à 1908, la métropole avait dépensé, pour l'entretien de ses forces d'occupation, 302.746.816 fr. à Madagascar, 212.813.100 francs en Afrique Occidentale, et seulement 44.237.290 francs au Congo. De la médiocrité de l'effort initial a naturellement découlé l'insignifiance de l'effort ultérieur de pénétration. M. Merlin, au moment où il prenait ses fonctions faisait ressortir que l'Afrique Occidentale, avec une superficie de 2.000.350 kilomètres carrés et une population évaluée à 8.800.000 âmes, disposait de 8.316 officiers et soldats, de 2.883 hommes composant les forces de police locale, et de 717 administrateurs ou agents civils ; Madagascar, avec 585.533 kilomètres carrés et 2.700.000 âmes, était occupée par 10.650 officiers et soldats, 2.223 gardes indigènes, 308 administrateurs et agents civils ; au Congo, par contre, pour un territoire de 1.800.000 kilomètres carrés et une population d'environ 8.000.000 d'âmes, on ne trouvait que les effets suivants : 2.040 officiers et hommes de troupe, à peu près exclusivement concentrés dans la région du Tchad, 1.647 gardes de police, 214 administrateurs et agents civils. Quoi d'étonnant, dans ces conditions, que l'on pût établir à ce même moment comme il suit le bilan de notre pénétration : sur les 1.800.000 kilomètres carrés que comprenait le territoire de notre colonie équatoriale, 544.500, soit 30,5 %, étaient occupés, ou à peu près ; 224.500, soit 13 %, étaient vaguement sous notre influence administrative ; 1.023.000 enfin, soit 56,5 %, — plus de la moitié, — étaient inoccupés et absolument étrangers à l'action officielle ; les populations des régions soi-disant occupées, surtout celle du pays pahouin, étaient d'ailleurs fort loin de reconnaître effectivement notre autorité.

Ces quelques chiffres suffisent à caractériser l'état d'impuissance où l'excessive parcimonie de la métropole laissait se débattre l'administration locale. Sans moyen d'action sur les populations, celle-ci ne pouvait leur demander d'ailleurs les ressources contributives qu'une meilleure organisation, en Afrique Occidentale et à Madagascar, leur fait produire.

Une autre cause grave venait d'ailleurs s'ajouter à cette raison initiale de stagnation : incapable d'instituer l'impôt direct, l'administration était également bridée dans l'établissement des impôts indirects, et cela, par les stipulations d'actes internationaux. Notre souveraineté au Congo, instituée sans conquête, avait pu s'y asseoir à la faveur des dispositions de l'Acte de Berlin du 26 février 1885, complété par l'Acte général et la Déclaration de Bruxelles du 2 juillet 1890 et par le Protocole de Lisbonne du 8 avril 1892.

Or, que disposent ces textes ?

« Le commerce de toutes les nations jouira d'une complète liberté », dit l'article 1er de l'acte de Berlin. « Tout « traitement différentiel est interdit à l'égard des navires

« comme des marchandises », ajoute l'article 3. « Toute
« puissance, dit enfin l'article 5, qui exerce ou exercera
« des droits de souveraineté dans les territoires susvisés,
« ne pourra y concéder ni monopole ni privilège d'aucune
« espèce en matière commerciale. »

Enfin, pour couronner l'œuvre, on dispose que pendant une durée de vingt ans *les marchandises importées dans ces territoires resteront affranchies de droits d'entrée et de transit.*

La Déclaration de Bruxelles apporte, il est vrai, un tempérament à la rigueur de ces dispositions, mais en le limitant expressément. Voici les termes de cet acte :

« Les puissances signataires ou adhérentes qui ont des
« possessions ou exercent des protectorats dans le bassin
« conventionnel du Congo, pourront, pour autant qu'une
« autorisation leur soit nécessaire à cette fin, y établir
« sur les marchandises importées des droits dont le tarif
« ne pourra dépasser un taux équivalent à 10 % de la
« valeur au port d'importation.

« Il est néanmoins entendu qu'aucun traitement diffé-
« rentiel ni droit de transit ne pourront être établis. »

Voici donc la position toute spéciale dans laquelle, seule de toutes nos colonies, se trouve placée celle du Congo : l'exercice de notre souveraineté s'y trouve limité par des stipulations expresses, dont il faut retenir tout d'abord celle qui nous prive de la liberté de taxation du mouvement des échanges. Or, comme le faisait récemment observer M. Merlin, « il est un fait notoire, c'est que tous les pays neufs vivent exclusivement de leurs droits d'entrée et de leurs droits de sortie, et que limiter arbitrairement leurs tarifs en cette matière au lieu de laisser ce soin au jeu normal des forces économiques, c'est les condamner à la stagnation ». Comme on le verra plus loin d'ailleurs, ce n'est pas la seule conséquence fâcheuse des Actes de Berlin et de Bruxelles.

Le régime des conventions internationales dont je viens de rappeler les grandes lignes, ne s'applique qu'à la partie de territoire dénommée « bassin conventionnel du Congo », dont les limites laissent en dehors une portion importante de notre colonie, notamment le Gabon et les territoires du Tchad. Il en résulte que la France a pu, par une conception au moins étrange, comprendre le Gabon au nombre des possessions où s'applique le tarif douanier métropolitain ; cette disposition, édictée par la loi du 11 janvier 1892, a pour conséquence de scinder le Congo en deux régions soumises respectivement aux régimes les plus contradictoires : dans l'une, la partie maritime du pays, les tarifs différentiels de notre étroit protectionnisme s'appliquent dans toute leur rigueur, paralysant l'essor naturel du commerce ; dans l'autre, le vaste hinterland qui s'étend sur les rives du Congo et de l'Oubangui jusqu'au Soudan, aucune taxe différentielle ne peut être établie, et la faculté même d'établir des impôts purement fiscaux est restreinte en principe. Comment réaliser l'unité des territoires soumis à des conditions aussi opposées ? Le Gabon vit ainsi d'une existence distincte, encerclé par une barrière excessive ; le Moyen-Congo et l'Oubangui-Chari-Tchad, par contre, n'ont de relations avec l'extérieur qu'en faisant transiter les produits par le Congo belge, et en supportant ainsi une fâcheuse sujétion économique.

A tous ces éléments vient enfin s'ajouter l'erreur la plus désastreuse de toutes, celle qui a été commise en 1899 par l'institution, à l'imitation des méthodes employées dans l'Etat libre voisin, du régime des grandes concessions. Le Gouvernement, croyant impossible d'obtenir du Parlement les crédits nécessaires à la mise en valeur du Congo, pensa pouvoir se décharger de ce soin sur des Compagnies privées, qui feraient l'avance des capitaux nécessaires à l'aménagement du pays, et seraient rémunérées par le privilège, pendant trente années, de l'exploitation des produits naturels du sol ; pour les inciter à faire œuvre durable, on leur promettait en outre, au terme du contrat, la toute propriété des régions où elles auraient édifié des constructions, créé des plantations ou des pâturages, ou régulièrement exploité des lots de forêts.

Comme le rappelait une brochure publiée en 1908 par l'Union des Sociétés concessionnaires, le Congo « devint l'objet d'un engouement subit, suscité en partie par la constatation des progrès matériels réalisés dans l'État voisin, sous l'énergique impulsion du roi des Belges, mais surtout par l'annonce qu'un grand syndicat de capitalistes belges s'était mis en instance en vue d'obtenir une vaste concession sur notre territoire. A cette époque[1], personne ou presque personne ne songea à se demander si les procédés employés par les collaborateurs du roi Léopold étaient compatibles avec les traditions coloniales de la France et avec l'esprit de ses institutions politiques. Il fallait avant tout, disait-on, écarter cette mainmise étrangère ». Déplorable exemple du manque de fermeté et d'esprit de suite, dont trop de fois ont eu à souffrir nos colonies, du fait de l'incompétence foncière des ministres et de l'instabilité d'une politique sans traditions, girouette affolée à tous les vents de l'opinion !

1. En 1899

La presque totalité des territoires utilisables du Gabon, du Moyen-Congo, de la Sangha et de l'Oubangui, se trouva ainsi concédée, en 1899, à quarante-deux sociétés, sur des demandes faites par des particuliers qui, pour la plupart, ne savaient pas exactement où ils allaient, et en vertu d'un cahier des charges rédigé par des fonctionnaires éminents, dont la seule faute était de tout ignorer du pays dont ils déterminaient les conditions d'exploitation.

L'expérience ne devait pas tarder à faire apparaître les vices du système.

Les auteurs des contrats de 1899 s'étaient flattés de tout prévoir ; leurs règlements minutieux, parfaitement équilibrés dans le monde des abstractions, n'avaient hélas ! oublié que la principale inconnue du problème : la main-d'œuvre ; peut-être bien aussi l'avaient-ils intentionnellement éliminée de leurs préoccupations.

Deux systèmes en effet, diamétralement opposés, mais cohérents l'un et l'autre, eussent été possibles : le premier, — celui qui est conforme à nos traditions et à notre génie, — eût été, comme en Afrique Occidentale, de féconder le pays par le moyen des hommes, de créer un peuple pour provoquer l'exploitation normale du sol, et de laisser la liberté commerciale faire le reste ; le second au contraire, — appliqué non sans succès par d'autres nations, — eût consisté à remettre aux Sociétés concessionnaires, en même temps que le privilège d'exploitation du sol, les droits régaliens leur permettant une action directe sur les indigènes. Par avarice et par négligence, on avait renoncé à la première solution ; par manque de fermeté, on se laissait aller à la seconde ; par crainte, on s'arrêtait cependant à mi-chemin, on reculait devant la réprobation qu'eussent justement soulevée des contrats livrant nos protégés à la mainmise des intérêts privés. On aboutissait ainsi à un système bâtard, hypocrite et ruineux.

Très rapidement en effet, les sociétés s'apercevaient qu'elles ne pouvaient rien sans la main-d'œuvre indigène. Là où existaient des rudiments d'organisation elles tournaient la difficulté en s'adressant aux chefs, dont la cupidité faisait de faciles instruments de domination. Partout ailleurs, c'est-à-dire dans la très grande majorité des régions concédées, elles se retournaient vers l'administration, et réclamaient d'elle le moyen d'exécuter leurs contrats : puisque celle-ci avait donné les concessions, inutilisables sans le concours des indigènes, et s'était réservé toute souveraineté sur ceux-ci, n'était-ce pas à elle de les inviter au travail ? Les dépêches ministérielles, les instructions et les circulaires de l'époque traduisent l'extrême embarras de l'administration devant les obligations morales, qu'elle se trouvait avoir ainsi implicitement contractées. Il faut l'avouer, elle ne se préoccupa guère que de sauver les apparences, et sous les dehors d'une impartialité supérieure, elle fit pression sur les indigènes dans le sens désiré par les concessionnaires. C'était affaire de mesure d'ailleurs. Mais la mesure juste ne fut presque jamais observée ; tantôt on la dépassait, tantôt on restait en deçà ; selon les idées personnelles ou les caprices de tel ou tel administrateur, les sociétés se voyaient au comble de leurs désirs ou à la veille d'une ruine irrémédiable.

Une telle instabilité engendra chez les concessionnaires une excessive prudence. Qui pourrait s'en étonner ? Titulaires d'un privilège temporaire, limitées dans la jouissance de ces biens précaires par une administration honteuse de son œuvre, les sociétés évitèrent les grosses dépenses, et au lieu de travailler à la mise en valeur vigoureuse que l'on attendait d'elles, elles se bornèrent à profiter de leur monopole pour faire un commerce factice et improductif. Les auteurs des contrats de 1899 s'étaient représenté, avec une imagination touchante et naïve, des sociétés hardies et puissantes, dépensant largement, ouvrant des routes, fondant des centres, créant des exploitations durables, — et abandonnant, au terme de leur concession, d'importants travaux d'utilité publique. La réalité nous montra des compagnies timides et avares, expédiant quelques agents européens dans des paillotes pompeusement dénommées factoreries, et offrant aux indigènes des marchandises dépréciées, en échange de boules de caoutchouc et de pointes d'ivoire.

Les contrats de 1899 se trouvaient ainsi détournés de leur but. On avait voulu faire exploiter les richesses naturelles et donner un privilège domanial aux sociétés; celles-ci le convertissaient en un banal monopole commercial. Leur raisonnement était d'ailleurs d'une extrême simplicité et d'une parfaite rigueur : concessionnaires de tous les produits naturels, elles étaient, de par leur contrat, propriétaires de droit de tout le caoutchouc contenu dans les arbres, de tout l'ivoire sur pied; tout indigène qui coagulait du latex ou abattait un animal, devenait porteur d'un bien leur appartenant; il ne pouvait le remettre qu'à elles, et recevoir en échange, non le prix du produit, mais la rémunération de sa peine. Et comme le pays ne comporte d'autre article d'échange que des produits naturels, et spécialement le caoutchouc et l'ivoire, aucun commerce n'était possible en dehors des sociétés.

Cette interprétation était doublement fâcheuse. Tout d'abord elle permettait aux Compagnies de réclamer et d'obtenir le déguerpissement des maisons de commerce déjà établies dans le pays. La concurrence ainsi supprimée, le Congo se trouvait souffrir de tous les désavantages des monopoles : fixation artificielle des prix, stagnation économique, arrêt général de développement. D'autre part, les pays signataires des Actes de Berlin et de Bruxelles étaient en droit de dénoncer l'incompatibilité d'une telle formule d'exploitation avec les stipulations expresses de ces textes, garantissant la liberté commerciale. L'Angleterre, dont ressortissaient les négociants lésés, protesta énergiquement ; une discussion diplomatique s'engagea, qui devait aboutir, en mai 1906, au paiement d'une indemnité de 1.500.000 francs, et à l'attribution de 30.000 hectares de concessions à deux maisons anglaises évincées par les concessionnaires.

Ce régime, à tous égards désastreux pour la colonie, assurait-il au moins la prospérité des bénéficiaires ? Nullement. Presque toutes les sociétés, dès leurs débuts, se heurtaient à des difficultés extrêmes et éprouvaient des pertes ; plusieurs étaient contraintes de renoncer bientôt à exploiter des territoires sans valeur ; d'autres fusionnaient pour éviter un désastre immédiat ; bref, fin 1907, il ne restait plus que 32 des 40 sociétés créées en 1899, et par conséquent 34 en comptant deux entreprises analogues antérieurement constituées [1]. Sur ce nombre, six ou sept tout au plus réalisaient des bénéfices appréciables ; les autres végétaient, la plupart n'avaient d'autre perspective qu'une ruine plus ou moins prochaine.

C'est donc à ce lamentable résultat qu'aboutissait la politique imprévoyante et incapable suivie par la

---

1. Haut-Ogoué et Kouilou-Niari.

France au Congo : la colonie, anémiée dans ses origines par des conventions restrictives, abandonnée à elle-même sans la dot de premier établissement consentie à ses aînées, se trouvait immobilisée, pour trente ans, aux mains d'exploitants en général malheureux et hors d'état d'y rien entreprendre de sérieux et d'utile.

C'est ce pays sacrifié, où l'on avait comme accumulé à plaisir toutes les chances d'insuccès, que le Gouvernement confiait, au début de 1908, à la sollicitude éclairée de M. Merlin.

*
* *

Avec une remarquable sûreté de vues, le nouveau Gouverneur général arrêtait immédiatement, dans son esprit, les grandes lignes de l'œuvre à entreprendre. Avant tout il fallait, dans la mesure du possible, dégager la colonie de son passé, desserrer l'étreinte des contrats qui l'étouffaient, ouvrir de nouveau ses territoires au commerce ; peut-être alors, grâce à la satisfaction ainsi donnée aux puissances signataires des Actes de Berlin et de Bruxelles, serait-il loisible d'atténuer les exigences restrictives de ces conventions, et de donner à la colonie, avec la liberté relative de ses tarifs, les moyens de se créer des ressources. C'était là, tracée avec une profonde justesse de vues, l'indispensable *partie destructive* du programme ; quant à la *partie constructive*, dont la réalisation pouvait d'ailleurs se poursuivre parallèlement à cette tâche de déblaiement, elle consistait à instaurer au Congo un système administratif semblable à celui de l'Afrique Occidentale, — à obtenir de la métropole les subsides nécessaires pour achever la pénétration des territoires échappant encore à notre influence, et les moyens de contracter un emprunt, grâce auquel les premiers rudiments d'un outillage public, jusqu'alors inexistants, pourraient être constitués, — enfin à doter la colonie d'une organisation financière lui permettant de poursuivre d'elle-même ses progrès.

J'examinerai successivement les résultats obtenus dans ces divers ordres d'idées.

La tâche sans contredit la plus délicate était celle qui consistait à restreindre les privilèges des sociétés concessionnaires. Comment s'attaquer à ces intérêts privés, qui sauraient se défendre, et que des contrats protégeaient efficacement ? Je n'ignore pas que cette difficulté n'était pas pour embarrasser les éminents professeurs de colonisation en chambre, qui critiquent aujourd'hui l'œuvre accomplie : si les contrats sont gênants, pensaient-ils, l'Etat souverain n'a qu'à les dénoncer, ou à rendre l'exécution impossible aux Compagnies. L'un des plus passionnés adversaires des concessions, M. Challaye, reconnaissait lui-même la difficulté d'une telle politique, en ces termes :

> Certes, on aurait le droit de souhaiter qu'au nom de la justice, supérieure à la loi, l'Etat puisse rompre immédiatement les contrats injustes qui le lient aux compagnies, supprimer leur monopole, rétablir l'absolue liberté du commerce. Mais, pour agir sur le réel, il faut tenir compte du réel ; c'est un fait que notre conscience publique n'est pas encore assez révolutionnaire pour admettre cette solution simple, définitive et parfaite.

A supposer même que cette solution « simple, définitive et parfaite » eût été possible, j'aime à penser que ni M. Merlin ni le Gouvernement de la République n'eussent voulu y recourir ; par-dessus le Congo, il y a notre empire colonial tout entier, qui ne peut prospérer que si les initiatives et les capitaux français ont la certitude d'une protection efficace et tout au moins du respect des engagements pris par la puissance publique ; et par-dessus notre empire colonial, il y a la République, qui ne peut forfaire à sa signature, sans ruiner dans la conscience nationale les bases de toute morale et toute organisation.

Mais, disent encore nos critiques, l'administration trouvait dans le cahier des charges même des sociétés le moyen de prononcer leur déchéance. Pourquoi n'en a-t-elle pas usé ?

Une telle question ne peut être que le fait d'une ignorance profonde des contrats de 1899.

D'abord la procédure de déchéance ne peut être engagée contre les sociétés qui, tant bien que mal, satisfont à leurs engagements et poursuivent leur exploitation. Il n'en saurait donc être question, ni vis-à-vis des sociétés prospères, qui détiennent précisément les territoires les plus riches, ni vis-à-vis des sociétés moins heureuses, qui sont parvenues à trouver, soit auprès de leurs voisines, soit ailleurs, le crédit et l'appui nécessaires pour continuer à faire figure. Or ces deux groupes occupent près des huit dixièmes des territoires concédés.

En second lieu, la procédure de déchéance est longue et périlleuse ; même en cas de succès, elle n'aboutirait à un résultat effectif qu'après des délais de plusieurs années.

Enfin, et cette considération est entre toutes décisive, la déchéance, aux termes des cahiers des charges de 1899, entraîne la mise en adjudication des territoires concédés aux sociétés déchues, et le versement du prix d'acquisition aux liquidateurs de celles-ci : ainsi, loin de rendre les territoires au commerce libre, elle aboutit simplement à en changer le concessionnaire.

Mais je néglige, quant à moi, toutes ces raisons. J'estime par-dessus tout qu'une administration consciente de son rôle doit accepter ses responsabilités ; une erreur a été commise en 1899, sans doute ; mais qui l'a commise ? Sont-ce les concessionnaires ? Non pas ; ils ont demandé ce qu'on leur offrait. Le coupable, c'est l'État, qui, par avarice, par ignorance et par pusillanimité, s'est lourdement trompé, et a engagé dans une déplorable aventure ceux qui s'étaient fiés à sa clairvoyance. Il eût été inadmissible que, dix ans plus tard, il se tirât d'embarras en achevant de sacrifier ses malheureux associés [1]. Le fléau des régimes parlementaires, c'est l'instabilité des gouvernements qui autorise tous les reniements, tous les dédits, et qui fait de l'État une entité sans conscience et sans parole.

Je félicite donc hautement M. Merlin d'être entré en négociations avec les Compagnies concessionnaires, dédaignant des solutions qui, en dernière analyse, eussent causé plus de tort que de bien, et d'avoir osé apporter, dans la solution du problème, la bonne foi et

---

1. Je ne crois pas inutile de rappeler ici les termes de l'avis émis le 11 janvier 1911 par la Commission des Concessions instituée au Ministère des Colonies.

« Enfin, la Commission n'ignorait point à quelles difficultés de toutes sortes se heurtait l'exercice du droit de déchéance. Elle s'est rendu compte par l'expérience acquise depuis 12 ans que la procédure de déchéance pouvait être la source de procès interminables entraînant l'immobilisation de vastes territoires, ruinant de malheureux actionnaires irresponsables, décourageant l'esprit d'entreprise et jetant la défaveur sur la colonie, sans parler du trouble apporté à ses finances. »

la largeur de vues qui sont les qualités d'un véritable chef.

Un premier groupe de onze sociétés, détenant la région comprise entre les rivières Sangha et Oubangui, c'est-à-dire environ 17 millions d'hectares, avaient progressivement constitué, depuis quelques années, un consortium de fait, et désiraient obtenir l'autorisation de fusionner complètement en une entreprise unique. A la base de cette combinaison se trouvaient quatre sociétés prospères, soutenant les autres grâce à des contrats d'exploitation commune ; le groupe entier se trouvait dans une excellente situation, et était ainsi à même de discuter sans désavantage avec l'administration. M. Merlin fut cependant assez heureux pour obtenir de cette collectivité riche et puissante des renonciations considérables, et ceci en échange de la seule autorisation de fusionner.

Aux termes de conventions en date du 13 juin 1910, les sociétés de la Sangha, dont les droits avaient été consacrés en 1899 pour trente ans, sur lesquels dix étaient accomplis, ont réduit la durée de leur privilège restant à courir, à dix ans seulement. En second lieu, leur privilège d'exploitation générale de tous les produits du sol (caoutchouc, gommes, ivoire, bois, huile de palme, produits de pêche et de chasse), a disparu pour faire place à un privilège restreint à la seule exploitation du caoutchouc. Comme par le passé, elles peuvent obtenir, à l'expiration du contrat, la toute propriété des territoires réellement mis en valeur ; mais au lieu d'une obligation imprécise et vague, le nouveau contrat prévoit à cet effet qu'un règlement spécial déterminera les conditions auxquelles doit répondre une « exploitation méthodique ». Cette attribution de pleine propriété donnera d'ailleurs droit au renouvellement du privilège, pour un second terme de dix années, mais sur une superficie très réduite, correspondant à dix fois celle des territoires mis en valeur. D'autres clauses garantissent les droits des indigènes, le libre usage des produits de leurs réserves, rendent la déchéance extrêmement aisée en cas d'exploitation insuffisante, et enfin garantissent les intérêts financiers de la colonie : les sociétés continuent à payer les mêmes redevances domaniales que précédemment, soit environ 175.000 francs par an, pendant les dix ans que dure leur privilège d'exploitation ; elles continuent en outre à verser une redevance proportionnelle de 15 °/₀ sur leurs bénéfices, et, cela, non plus seulement pendant vingt ans, mais pendant toute la durée de la société qui doit résulter de leur fusion, c'est-à-dire *pendant quatre-vingt-dix-neuf ans.*

Pour dresser le bilan de cette opération, il faut constater d'abord que l'Etat n'a accordé qu'une simple autorisation, celle de fusionner, qui ne lui coûte rien. Les sociétés, par contre, n'ont reçu aucun avantage qu'elles ne possédassent déjà de par leur ancien contrat ; elles ont renoncé à une part importante de leur privilège, en durée et en étendue, et assumé des charges nouvelles. Sur les 17 millions d'hectares qu'elles exploitent, on calcule que, même en leur supposant une activité exceptionnelle, c'est à peine si elles pourront obtenir, à l'expiration du premier terme de dix ans, 300.000 hectares en toute propriété, ce qui entraînerait le renouvellement du privilège sur 3 millions d'hectares. Leur effort, dans le second terme, ne pourra être plus considérable. Ainsi, dès à présent, 17 millions d'hectares sont rendus au commerce libre, sauf en ce qui concerne le caoutchouc ; dans dix ans, sur ces 17 millions, 14 millions au moins seront définitivement affranchis de tout privilège ; dans vingt ans, il ne subsistera des anciennes concessions que des propriétés ne dépassant vraisemblablement pas 5 à 600.000 hectares, par lots de 10.000 hectares au maximum, mais aménagés en richesses durables, indéfiniment productives. La colonie continuera, jusqu'en l'an 2019, au lieu de 1929, ancien terme extrême, à toucher des redevances proportionnelles qui n'ont jusqu'à présent cessé de croître, et qui ont atteint, pour les dernières années, le chiffre moyen de 260.000 fr.[1].

On croit rêver lorsque l'on pense que des tractations aussi avantageuses ont suscité une campagne violente, trouvé des adversaires dans le Parlement et le Gouvernement même, et n'ont pu être rendues définitives, comme je le dirai plus loin, qu'au prix d'efforts exceptionnels, — auxquels je me flatte d'avoir contribué.

Une seconde série de tractations a été négociée avec un groupe de sociétés gabonaises détenant une superficie de 6 millions d'hectares. L'exploitation de ces sociétés n'avait pas été heureuse, à peu près l'intégralité de leur capital social avait été perdue, et leur activité s'était ressentie de cette perte.

Aux termes de l'accord intervenu le 23 juin 1910, celles-ci se sont engagées à abandonner complète-

---

[1]. Par suite du traité franco-allemand du 4 novembre 1911, dont je dirai plus loin quelques mots, une grande partie des territoires exploités par les sociétés dont il vient d'être question, aujourd'hui fusionnées dans la Compagnie Forestière Sangha-Oubangui, passent sous la souveraineté allemande. C'est donc l'Allemagne qui, pour une bonne part, profitera des avantages que je viens d'analyser. Cette considération, qu'il était impossible de faire entrer en ligne de compte au moment où le contrat du 13 juin 1910 fut conclu, ne retire évidemment rien aux mérites de la politique suivie par M. Merlin.

ment les 6 millions d'hectares concédés. En échange de cet abandon, elles ont reçu en toute propriété 125.000 hectares, par lots d'au plus 10.000 hectares.

En définitive, ces conventions constituent l'opération de cantonnement que dès 1906 M. Caillaux préconisait au Parlement comme le meilleur moyen de mettre fin aux abus du régime concessionnaire.

Le bilan de l'opération peut se résumer ainsi :

La colonie reçoit une superficie de 6 millions d'hectares qui vont être immédiatement ouverts à la libre concurrence et où, par conséquent, la vie économique reprendra aussitôt. Par contre, elle abandonne une redevance annuelle fixe de 58.000 francs et elle accorde 125.000 hectares en toute propriété.

Si on considère que la procédure de déchéance, même dans l'hypothèse la plus favorable, ne pouvait aboutir qu'à la réadjudication des territoires litigieux et, par suite, à la consolidation d'un privilège d'exploitation, et que, d'autre part, la redevance fixe de 58.000 francs sera récupérée par une augmentation du mouvement commercial d'un demi-million à peine, il est évident que le gain de la colonie est réel et que la transaction intervenue est aussi heureuse pour ces intérêts que respectueuse de ceux des sociétés commerciales intéressées.

Il n'en est pas moins vrai que cette convention si avantageuse n'a obtenu l'approbation du Gouvernement qu'avec les plus grandes difficultés, et à la suite de circonstances qui vaudraient d'être contées.

En même temps en effet que M. Merlin négociait ces tractations avec l'exclusif souci de l'intérêt supérieur du Congo, il recevait du ministre des Colonies l'ordre de représenter l'Etat dans l'arbitrage pendant avec une autre société concessionnaire, la N'Goko

Sangha. L'historique et les conditions de cette négociation, sur lesquels un chapitre spécial serait nécessaire, ne peuvent être exposés ici, aussi bien faute de place qu'afin de ne pas sortir du cadre général de cette étude [1]. L'initiative personnelle de M. Merlin y

---

1. Je suppose que le lecteur est déjà renseigné par les polémiques auxquelles cette question a donné lieu depuis des mois. Je rappelle seulement que la N'Goko Sangha, qui se disait lésée par les empiétements des Allemands exploitant au Cameroun la région limitrophe de sa concession, réclamait depuis cinq ans une indemnité, que le Gouvernement français lui avait constamment refusée. Brusquement, au début de 1910, le ministre des Affaires Étrangères, obéissant à des considérations de politique générale, pressait son collègue des Colonies d'accueillir cette demande, sous la condition que la N'Goko Sangha s'entendrait avec un groupe allemand pour l'exploitation d'une partie du territoire qu'elle occupe. On décida de soumettre l'évaluation de l'indemnité à un arbitrage, qui fut confié à M. Hérault, premier président de la Cour des Comptes, M. Merlin, choisi d'abord comme avocat de la colonie, puis adjoint à l'arbitre en même temps que le représentant de la Compagnie, ne s'occupa donc de cette affaire que par ordre ; j'établirais aisément d'ailleurs que son intervention a eu pour effet d'améliorer sensiblement pour l'État et la colonie les conditions de la transaction.

On sait que, par la suite, l'opposition manifestée par la Commission du budget amena le Gouvernement de M. Briand à nier la validité de l'engagement pris envers la N'Goko Sangha en exécution de cet arbitrage. La société s'est pourvue contre cette décision devant le Conseil d'État. D'autre part, le cabinet de M. Monis, puis de M. Caillaux, après la chute du Ministère Briand, se refusa à donner aucune suite au projet de consortium franco-allemand, qui était lié à la question de l'indemnité. Le revirement n'a peut-être pas été étranger à l'attitude prise ultérieurement par l'Allemagne. Aujourd'hui, ce n'est plus une région du territoire de la N'Goko Sangha qu'il s'agit de laisser exploiter par une association de capitaux des deux pays ; c'est le territoire tout entier, ou peu s'en faut, de cette Compagnie, et bien d'autres encore qui sont cédés à l'Allemagne, et l'on ne peut s'empêcher de penser que ce résultat affligeant n'est pas sans rapports avec la politique à la fois timide et brutale, exclusivement soucieuse des apparences parlementaires et ignorante des véritables réalités, qui a été suivie dans les affaires du Congo.

demeura en effet étrangère et elle ne se rattache qu'accessoirement à son programme d'action.

Il n'en résulta pas moins qu'à peine connue la décision arbitrale accordant à la N'Goko Sangha une indemnité de 2.393.000 francs, une campagne extrêmement violente commença, non seulement contre l'accord qui aboutissait à un tel résultat, mais contre toute l'œuvre de M. Merlin et même contre sa personne.

De telles critiques, en face d'un Gouvernement qui pratiquait éperdument la politique du moindre effort, ne pouvaient manquer de produire un effet désastreux. Les conventions du 13 et du 23 juin étaient déjà signées, la première même était déjà approuvée par décret, lorsque M. Trouillot s'avisa qu'il en pourrait surgir quelques ennuis pour son administration, et songea à se faire couvrir par une décision du Conseil des ministres. Le Conseil, prompt à éluder une telle responsabilité, décida de soumettre les deux affaires — étudiées depuis des mois par tous les organes compétents — à une nouvelle enquête, qui fut confiée à l'inspection des Finances. Celle-ci s'aperçut heureusement que le contrat de la Sangha était déjà définitif, et n'avait plus qu'à être publié, ce qui fut fait. Quant au contrat du Gabon, M. Cochery s'arrangea pour le léguer à son successeur, M. Klotz, qui s'empressa lui-même de consulter le nouveau ministre des Colonies, M. Jean Morel, lequel, à son tour, pensa attendre la discussion du budget, et enfin, comme les intéressés, las de ces tergiversations, voulaient reprendre leur signature, décida... de prescrire une nouvelle étude. M. Messimy eut le mérite de clore enfin ces hésitations, en approuvant purement et simplement le projet de M. Merlin.

Du côté de la Sangha, mêmes misères ; la convention était définitive, mais il restait à agréer les statuts de la société nouvelle dans laquelle fusionnaient les anciennes compagnies ; cette simple formalité demanda six mois. Il était impossible aux intéressés d'obtenir du Ministre une réponse quelconque.

Je m'honore d'être intervenu dans ce désordre, et d'avoir énergiquement rappelé à M. Jean Morel que l'intérêt du Congo, l'intérêt supérieur des colonies, et bien plus, la dignité même de la République, étaient en jeu.

Le lecteur m'excusera d'avoir un peu longuement insisté sur tous ses détails. Ce que j'en ai dit est pour déplorer des méthodes de gouvernement aussi désastreuses. Nos colonies sont un monde en formation qui a besoin de mouvement et de décision ; le Ministère des Colonies, par la force des choses, est un Ministère d'affaires. Et je ne saurais m'élever avec trop de force contre ce détestable état d'esprit, véritable fléau de notre démocratie, qui pousse le soupçon de corruption à tel point que la défense des intérêts industriels, commerciaux ou financiers du pays, devient un acte de courage civique.

Pour mesurer le résultat qui a ainsi été obtenu, je rappelle que jusqu'à l'année 1910, 32 sociétés exploitaient encore le Congo en vertu des contrats de 1899 ; les conventions dont je viens de parler en ramènent le chiffre à 17 ; d'autres pourparlers, avec des sociétés moins importantes, l'ont depuis réduit à 12 seulement ; et ce mouvement, auquel le traité franco-allemand du 4 novembre 1911 donne de nouvelles raisons de s'activer, aboutira vraisemblablement, avant longtemps, à la disparition générale du régime concessionnaire tel qu'il existait à ses débuts.

Cette partie de l'œuvre de M. Merlin valait d'être spécialement signalée, non seulement au point de vue des intérêts intérieurs du Congo, mais aussi au point de vue international. De même que notre colonie, l'Etat libre du Congo a été l'objet de vives critiques à raison du système concessionnaire, et l'on se rappelle l'ardente campagne menée en Angleterre, au moment de l'annexion à la Belgique. Malgré tous ses efforts, celle-ci n'a cependant pu, jusqu'à présent, que libérer les régions où l'État lui-même exerçait un monopole d'exploitation. Du côté des sociétés privées, toutes les tentatives sont demeurées vaines.

Les satisfactions données à l'opinion internationale par la politique de M. Merlin sont autrement considérables. Elles autorisent notre colonie à réclamer à son tour une bienveillante interprétation des conventions. Je sais que cette question retient toute l'attention du Gouverneur général. Comme ses efforts tendent en même temps à faire que, dans la très prochaine revision du statut douanier des colonies, le Gabon cesse d'être soumis aux tarifs de la métropole, il est à espérer que la colonie, obtenant enfin la liberté de ses tarifs, se dégagera définitivement des entraves qui paralysaient son développement.

*
* *

Voici donc le Congo partiellement libéré de son malheureux passé ; c'est un pays nouveau, en formation d'après des méthodes nouvelles, et, comme les mots ont une vertu, il change d'appellation, il devient l'*Afrique Equatoriale française*, d'un nom qui rappelle celui de l'Afrique Occidentale, sa brillante devancière.

Ce pays, il faut maintenant y entreprendre une action directe ; il faut faire sentir partout l'influence organisatrice et protectrice de la nation souveraine. Avant tout, il *faut l'occuper effectivement*. C'est à ce premier objectif que vont tendre tous les efforts de M. Merlin.

Fin 1907, les effectifs militaires du Congo Français ne se composaient que de deux bataillons, l'un à 5 compagnies opérant au Gabon et au Moyen-Congo, l'autre à 4 compagnies chargé de la police dans le territoire du Tchad. Fin 1908, il y avait 4 bataillons dans la colonie, stationnés respectivement au Gabon, au Moyen-Congo, dans l'Oubangui-Chari et au Tchad.

En 1909, un second bataillon fut affecté au Tchad et le bataillon du Gabon fut porté à 5 compagnies.

Ces augmentations pourtant étaient insuffisantes, ne fût-ce que pour assurer la sécurité du territoire. De jour en jour la situation se tendait au Ouadaï, et le Gouverneur général ne cessait de signaler à Paris le danger imminent. Hélas ! il a fallu la mort de Fiegenschuh, puis celle de Moll, pour décider enfin le Gouvernement à braver la critique parlementaire. Une fois de plus, il a fallu le dévouement de nos admirables officiers, il a fallu leur sang, celui de cette armée coloniale qui est comme une école permanente d'abnégation et d'héroïsme, — pour que la France se sentît engagée là où ses intérêts les plus évidents, et les avertissements de son mandataire le plus autorisé, lui commandaient de prendre des sûretés.

En 1911, donc, un troisième bataillon grossit les effectifs du Tchad : le bataillon du Gabon est porté à 6 compagnies ; les bataillons du Moyen-Congo et de l'Oubangui-Chari passent à 5 compagnies ; les effectifs militaires de l'Afrique Équatoriale Française sont portés à 6 bataillons, soit 5.600 hommes, alors que, fin 1907, ils n'étaient que de 2 bataillons, soit 2.100 hommes.

Les troupes sont placées depuis février 1909 sous l'autorité d'un colonel commandant supérieur résidant à Brazzaville. Avant cette date, elles relevaient du général commandant supérieur à Dakar. Cette réforme n'a pu avoir qu'un heureux effet au point de vue de l'utilisation des forces militaires.

Mais les effectifs étaient et sont encore insuffisants. En dehors du Tchad, les territoires occupés militairement, qui représentent 2/3 du Gabon, 1/3 du Moyen-Congo et 2/3 de l'Oubangui-Chari, c'est-à-dire plus de 600.000 kilomètres carrés, territoires peuplés d'indigènes farouches, et privés de tous moyens de communications, sont gardés par 2.600 hommes, soit un peu moins de 5 par kilomètre carré ! Il n'existe aucune réserve, aucun corps fortement constitué, aucun camp d'instruction permettant de faire fonctionner utilement le recrutement local.

Le Gouvernement général avait donc soumis au ministre un nouveau plan d'organisation sur les bases suivantes :

1º Dans chacune des trois colonies du groupe (Gabon, Moyen-Congo, Oubangui-Chari), seraient placés 2 bataillons formant corps, sous le commandement d'un lieutenant-colonel ;

2º Au Gabon, où la pénétration est particulièrement difficile, les bataillons seraient à 4 compagnies ; au Moyen-Congo et dans l'Oubangui-Chari, où les difficultés sont moindres, les bataillons seraient à 3 compagnies ; les compagnies seraient uniformément de 200 hommes ;

3º La première compagnie du premier bataillon de chaque corps serait maintenue au chef-lieu de la colonie (Libreville au Gabon, Brazzaville au Moyen-Congo, Bangui dans l'Oubangui-Chari). Cette compagnie servirait de réserve et de dépôt ; un camp d'instruction pour les recrues y serait annexé.

Il est vrai que la cession à l'Allemagne de territoires représentant environ 230.000 kilomètres carrés, et dans lesquels précisément notre effort militaire avait été des plus médiocres, va sensiblement modifier la situation. Mais, loin d'en profiter pour réduire les effectifs prévus, nous devons nous appliquer à concentrer davantage ceux-ci, à en tirer plus d'effet utile. Même sur-le-champ ainsi restreint, ils sont tout juste suffisants. Le ministre des Colonies l'entend d'ailleurs ainsi, et nous sommes en droit d'espérer que le Congo, après avoir supporté les conséquences matérielles de notre entente avec l'Allemagne, ne subira pas en outre le préjudice moral de retomber dans l'injuste délaissement où nous l'avions trop longtemps laissé languir.

Cet effort militaire, dont la métropole seule peut et doit faire les frais, n'est pas d'ailleurs le seul sacrifice que le Gouverneur général a entendu obtenir de sa générosité tardive.

Dès 1908, par une active propagande dans les milieux parlementaires et coloniaux, il parvenait à créer un courant d'opinion en faveur de l'Afrique Équatoriale, et faisait accepter cette idée que, pour compenser un peu l'insuffisance des dépenses de pénétration, il était indispensable de contracter un emprunt de « premier établissement », avec la contribution effective de l'État ; le projet établi dans ces conditions, pour une somme de 21 millions, aboutit en juillet 1909.

La somme mise à la disposition de la colonie était d'ailleurs, il faut bien le reconnaître, des plus minimes, et ne permettait guère que d'ébaucher et d'étudier le programme, même le plus réduit, d'aménagement économique.

L'emprunt a servi d'abord à l'établissement d'un réseau intérieur de télégraphie. Brazzaville mis en communication avec Bangui (3.000 km.) et avec Fort-Lamy (7.000 km.), ainsi qu'avec les principaux postes de la périphérie, devient ainsi le véritable chef-lieu. Des postes optiques et des installations sommaires de télégraphie sans fil doivent également assurer les communications avec Abécher. La télégraphie sans fil permet aussi de rejoindre Brazzaville et Loango (500 km.), et un câble relie Loango et Libreville (700 km.) : la capitale de l'Afrique Équatoriale voit assurer ainsi ses relations normales avec la métropole [1].

L'emprunt a été utilisé ensuite en créations de postes administratifs, indispensables pour assurer une plus complète pénétration du pays. La question sanitaire, dont j'ai dit déjà toute l'importance, n'est pas non plus laissée de côté : un hôpital est construit à Brazzaville, et des infirmeries s'installent dans les centres principaux.

Enfin l'emprunt a permis des études, grâce auxquelles a pu être préparé un programme plus ample : études de chemins de fer, pour les lignes destinées à desservir le Gabon et à relier Brazzaville à la côte, étu-

---

[1]. Je cite ici, pour mémoire, le projet d'installation d'un poste puissant de télégraphie sans fil à Bangui, qui relierait l'Afrique Équatoriale au réseau « impérial », par Tombouctou et Colomb-Béchar, rattaché à la Tour Eiffel.

des hydrographiques, portant sur les rades de Pointe-Noire, Cap-Lopez et Libreville, et sur l'amélioration des cours d'eau.

Plus heureux que l'Afrique Occidentale, le Congo possède un réseau fluvial d'un grand développement, et le progrès des communications ne dépend pas exclusivement de l'avancement du rail. Déjà, sur les principales artères navigables, la compagnie des Messageries Fluviales du Congo, substituée aux Sociétés concessionnaires, a créé un service de bateaux à vapeur tout à fait modernes, qui fonctionne dans des conditions vraiment remarquables.

Mais les chemins de fer seront indispensables pour une pénétration plus complète et plus active. Ici, l'initiative privée a donné l'exemple : dès février 1911, une ligne de 155 kilomètres reliait les mines de cuivre de Mindouli au Sanley-Pool. Ce n'est d'ailleurs là qu'un intéressant effort particulier. La ligne d'intérêt général qui paraît la plus urgente serait celle qui, de Pointe-Noire à Brazzaville, mettrait le chef-lieu de la colonie en relation directe avec la côte en traversant une région minière des plus riches, et nous affranchirait de la nécessité d'employer pour tout le trafic du Moyen-Congo et de l'Oubangui, la voie du chemin de fer belge de Matadi. Quant aux autres lignes, et notamment à celle qui pourrait desservir le Gabon, il est prématuré d'en parler ici ; la cession à l'Allemagne de toute la région de la N'Goko Sangha et d'une bonne moitié du territoire entre Sangha et Oubangui, modifie profondément les conditions dont l'on avait tenu compte dans les premières études. On peut toutefois penser que la ligne traversant le Nord du Gabon, depuis N'Djolé, point accessible à des vapeurs fluviaux de 500 tonneaux, jusqu'à Kandjama et plus tard jusqu'à Ouesso, devrait être amorcée sans retard.

Pour juger de ce qui serait encore nécessaire pour mettre l'Afrique Équatoriale à peu près sur le même pied que nos autres grandes colonies, je rappelle que l'Indo-Chine a emprunté ou est autorisée à emprunter près de 500 millions, l'Afrique Occidentale est prête à porter à plus de 300 millions le total de sa dette, et Madagascar a pu emprunter 108 millions : le Congo, même en comptant un ancien emprunt de 2 millions, n'a eu devant lui que 23 millions. Il faut que la métropole l'aide plus largement. La mutilation subie par notre colonie, du fait de l'accord franco-allemand, rend plus urgent encore un effort décisif d'aménagement économique, qui permette à l'Afrique Équatoriale de s'animer enfin d'une vie active et productive. C'est une somme de 150 ou de 180 millions qui serait immédiatement nécessaire. La question, grâce à l'inlassable activité de M. Merlin, est maintenant posée devant l'opinion. Elle le sera bientôt devant le Parlement. La France a contracté une dette à laquelle elle ne peut se soustraire. C'est seulement lorsqu'un puissant apport de capitaux publics aura fécondé notre colonie, qu'elle pourra trouver en elle-même les ressources nécessaires pour poursuivre ses destinées.

En même temps que les effectifs militaires, les effectifs civils ont été augmentés ; en 1908, on ne trouvait dans les différentes circonscriptions que 134 administrateurs et commis ; en 1909, ce chiffre passe à 186, pour atteindre 257 fin 1910. Ces fonctionnaires civils sont secondés par des gardes régionaux indigènes dont les effectifs ont passé de 1.494 en 1908, à 2.146 en 1909 et à 2.330 en 1910. Grâce à ces accroissements, le nombre des postes installés en Afrique Équatoriale française a pu être progressivement relevé. En 1909, on ne comptait que 80 postes ; fin 1910, il y en avait 116. Cet effort se poursuit.

L'Oubangui-Chari et le Moyen-Congo ont ainsi pu être à peu près complètement pacifiés et, dans ces deux colonies, il n'existe que de rares et temporaires foyers d'insurrection.

Au Gabon, la pression sur les populations pahouines, particulièrement farouches, a commencé ; au Tchad, enfin, seules les marches frontières peuvent donner encore quelques inquiétudes.

On peut affirmer qu'à l'heure actuelle l'occupation est la règle en Afrique Équatoriale, alors qu'en 1907 elle était l'exception. Les indigènes sont les premiers à profiter de ce résultat. Moyennant une faible contribution (5 francs par tête et par an), ils bénéficient d'un régime de sécurité et de justice qu'ils n'avaient jamais osé espérer tant qu'ils étaient placés sous l'autorité de leurs chefs. Les résultats d'une occupation plus serrée se sont traduits immédiatement par une augmentation considérable dans le rendement de l'impôt indigène, dont la perception constitue la preuve la plus manifeste de la soumission des populations à notre autorité. L'impôt de capitation qui, en 1908, n'avait produit que 1.350.000 francs, a fourni 2.051.000 francs en 1910 et plus de 3 millions en 1911.

Une réorganisation administrative profonde a donné d'autre part une charte nouvelle à la colonie et a permis ainsi d'utiliser d'une manière plus parfaite les faibles moyens dont on disposait. Les décrets du 15 janvier 1910 ont institué en Afrique Equatoriale la politique de décentralisation qui a fait la prospérité de l'Afrique Occidentale française. Enfin, dans des circulaires nombreuses et détaillées parues entre le mois de mars et le mois d'octobre 1909, le Gouverneur général a exposé à ses collaborateurs les directions de la politique à suivre.

J'emprunte au remarquable discours par lequel il ouvrait, en octobre 1910, la session du Conseil de gouvernement, le résumé substantiel de ces instructions :

A la base, une large décentralisation rend à chacune des colonies du groupe [1] sa pleine autonomie, donne aux lieutenants-gouverneurs une entière liberté d'action, leur confie l'administration exclusive de tout le personnel placé sous leurs ordres, la gestion complète des ressources propres à leurs territoires, le tout sous leur responsabilité personnelle et sous le simple contrôle du Gouverneur général. Au Gouverneur général demeure réservée la mission de haute direction politique et de contrôle supérieur administratif. Ainsi une large part est faite à l'initiative de chacun, l'autorité est placée là où elle est effective, dans la mesure où elle peut s'exercer et sous la seule responsabilité de qui l'exerce.

. . . .

La direction politique à suivre dans ce nouveau cadre administratif a été précisée par la circulaire sur l'occupation en date du 1ᵉʳ août 1909 et par celle sur l'impôt indigène du 27 août de la même année. Les principes qui la dominent sont tout d'abord une occupation plus forte des territoires, puis la collaboration intime de tous les organes civils et militaires, suivant les mêmes règles, à l'œuvre de

---

1. Gabon, Moyen-Congo, Oubangui, Chari-Tchad.

pénétration. Il importe qu'en face de populations primitives et barbares, méfiantes autant qu'ignorantes, nous nous présentions partout avec des forces suffisantes pour enlever toute velléité de résistance et obtenir, sans coup férir, la soumission complète même des plus réfractaires à toute domination. Occuper de vastes territoires, pénétrer des peuplades qui ignorent tout ce que nous leur demandons est une œuvre qui réclame l'union de tous les efforts, une activité incessante, un grand tact et une inlassable patience. Ce n'est qu'en se tenant incessamment en contact avec les divers éléments de la population que les administrateurs des circonscriptions, fonctionnaires ou officiers, les acquerront à notre domination, obtiendront d'elles cette soumission qui n'est pas seulement l'effet de la crainte, mais qui vient du cœur et qui est la reconnaissance des intérêts satisfaits. A constater la sécurité et le progrès moral qui suivent notre installation, les indigènes ne tardent pas à reconnaître les bienfaits qu'ils retirent de notre présence, à accepter sans restriction notre autorité et à acquitter régulièrement l'impôt qui représente leur part contributive dans l'administration du pays.

Parallèlement à l'organisation politique, l'organisation financière, qui en est l'expression et le soutien, a été, elle aussi, établie sur les mêmes bases que celle de l'Afrique Occidentale : concentration dans le budget général, alimenté par les impôts indirects, de toutes les dépenses d'intérêt général, — affectation des ressources de l'impôt direct aux budgets locaux des colonies particulières du groupe, chargés de faire face aux dépenses d'administration, de police et d'intérêt local.

Mais l'Afrique Équatoriale n'a disposé jusqu'à présent au maximum que de 8 millions à peine par an, et c'est avec ce chiffre dérisoire qu'elle doit faire face à toutes ses dépenses civiles. Si l'on considère que

Madagascar dispose de 25 millions par an et que l'Afrique Occidentale dispose de 50 millions, on reconnaîtra combien les ressources du Congo sont insuffisantes pour accomplir la tâche immense à réaliser. Aussi n'y a-t-il pas lieu de s'étonner si les déficits y étaient constants ; le budget général se soldait depuis sa création en 1906 par des déficits variant de 500.000 à 800.000 francs. En quatre ans, une caisse de réserve possédant un avoir de deux millions avait été épuisée.

Grâce aux mesures de décentralisation inaugurées par le décret du 15 janvier 1910 et à une gestion des plus sévères, cette période fâcheuse est actuellement close. Le budget général, dès 1910, s'est équilibré, bien qu'il ait hérité de plus d'un million de restes à payer, légués par l'Exercice 1909. Les budgets locaux de l'Oubangui-Chari-Tchad et du Moyen-Congo voyaient leurs caisses de réserve portées au maximum, et l'année se soldait par des excédents de recettes ; le Gabon seul laissait à désirer.

En 1911, un excédent de près d'un million a pu être réalisé sur l'ensemble.

L'organisme financier de l'Afrique Équatoriale a donc commencé, malgré sa débilité, à prendre vie, et l'on aurait pu envisager d'ici à quelques années le moment où il se suffirait à lui-même, si une nouvelle cause de faiblesse n'était venue le compromettre ; la conséquence de l'accord franco-allemand du 4 novembre 1911 est en effet de faire passer sous la souveraineté allemande des régions riches et productives, et du fait de la perte des recettes afférentes à ces territoires, — droits d'entrée et de sortie, redevances des Sociétés concessionnaires, parts dans les bénéfices de celles-ci, — on doit s'attendre, dès l'année 1912 et surtout à partir de l'année 1913, à un important déficit. Il n'est pas douteux que la métropole, qui bénéficie, par sa liberté d'action au Maroc, de la contre-partie du dommage subi par l'Afrique Équatoriale, ne doive, en stricte justice, accorder à celle-ci, sous une forme ou sous une autre la compensation pécuniaire indispensable.

A ce prix, l'Afrique Équatoriale pourra poursuivre normalement son évolution ; les moyens d'administration progressivement accrus, suivant le plan initial, entraîneront à leur tour de nouvelles recettes, et la circulation fécondante des richesses, tirées de l'homme et de la terre pour retourner à l'homme et à la terre, s'accélérera par le progrès général.

*
* *

Alors, dans le pays mieux pénétré, il sera possible de susciter des productions nouvelles. Déjà, à côté du caoutchouc et de l'ivoire, l'exportation du bois, des graines oléagineuses, du cacao et du manioc vont se développant. Le sous-sol se révèle plus riche peut-être encore que le sol, et les minerais d'un extraordinaire rendement que la Compagnie minière du Congo commence à exporter, autorisent tous les espoirs.

Mais l'œuvre la plus nécessaire de toutes sera de mettre en valeur l'homme lui-même. Les populations sauvages de l'Afrique Équatoriale végètent dans la pire misère physique, intellectuelle et sociale. Une tâche immense d'assistance et d'éducation est à entreprendre. Le Gouverneur général commence à peine à disposer des moyens matériels pour en commencer l'étude, et cependant, il n'a négligé aucune des mesures immédiates qu'il était en son pouvoir de prendre. J'ai parlé plus haut des hôpitaux et formations sanitaires en voie de réalisation avec les fonds d'emprunt. Ce n'est pas tout : le nombre des médecins a été augmenté ; de 11 en 1908 il a passé à 37 en 1911 et doit régulièrement s'accroître d'année en année ; 23 formations sanitaires ont été constituées ; des circulaires du 15 juin 1909 et un arrêté du 23 du même mois ont édicté des mesures contre la propagation de la maladie du sommeil ; un contrat de dix années a été passé avec l'Institut Pasteur pour s'assurer son concours ; la nouvelle « Compagnie Forestière » formée de la fusion des Sociétés de la Sangha, a offert des fonds importants pour la constitution d'un organe local de défense sanitaire ; des mesures d'hygiène ont été prescrites dans tous les centres, et, à Brazzaville notamment, elles ont donné de remarquables résultats.

Une école professionnelle fonctionne à Libreville ; une école primaire vient de s'y ouvrir ; des écoles professionnelles s'organisent à Brazzaville et à Bangui ; une fonctionne à Mobaye, où elle a été créée par le colonel Jacquier.

Ainsi, dans tous les ordres d'idées, la colonie manifeste sa vitalité, sa volonté de sortir de la stagnation du passé. A peine le terrain est-il déblayé que déjà s'édifie la construction de l'avenir ; avec une inlassable activité, M. Merlin a su tout mener de front, sans le moindre désordre ou le moindre flottement, et en suivant une méthode rigoureusement logique.

*
* *

Je ne saurais, avant de terminer cet exposé, laisser de côté la question des modifications apportées à la constitution territoriale du Congo Français par le traité du 4 novembre 1911, dont j'ai déjà été amené à envisager, au cours du présent chapitre, quelques conséquences accessoires.

Il ne saurait entrer dans le plan de cet ouvrage de discuter l'opportunité de cet acte diplomatique ni d'examiner les circonstances qui l'ont préparé et rendu nécessaire. Mon point de vue est autre : préoccupé de discerner, dans l'œuvre coloniale de la France, les idées générales que notre expérience récente a mises au jour, et d'apprécier l'application qu'elles peuvent trouver sur les divers champs offerts à notre activité, je me bornerai à rechercher si le traité du 4 novembre 1911 modifie profondément les conditions de la colonisation en Afrique Équatoriale.

Je ne le pense pas.

Notre colonie voit, il est vrai, ses limites modifiées d'une manière doublement désavantageuse pour elle : elle est diminuée dans sa superficie, par la perte de régions particulièrement riches ; d'autre part, le nouveau tracé de la frontière rompt sa continuité territoriale, et elle prend la figure de trois tronçons, d'importance et de dimensions fort différentes, reliés par le cours de la rivière Oubangui : au nord, un vaste territoire, faisant suite, sur la carte, à nos possessions de l'Afrique Occidentale ; au centre, une enclave embrassée par les deux « tentacules » que projette maintenant la Cameroun jusqu'aux rives de l'Oubangui ; au sud, notre ancienne colonie du Gabon, diminuée d'une bande de territoire prise sur sa partie septentrionale.

Cette disposition nouvelle ne fait, à vrai dire, qu'accentuer une défectuosité que présentait déjà antérieurement la répartition des territoires : le Gabon n'a jamais constitué une voie d'accès vers le Moyen-Congo, dont tout le trafic passe par Brazzaville, le Pool et le chemin de fer belge ; et l'Oubangui-Chari-Tchad a toujours formé, à l'extrémité d'une voie fluviale de faible débit, un territoire isolé, auquel nous n'accédions que par un long détour. L'Afrique Équatoriale n'a jamais eu d'unité territoriale que sur la carte, et son unité économique est difficile à réaliser : en pays africain, la pénétration se fait naturellement dans un sens perpendiculaire à la côte ; le Cameroun commandait le Moyen-Congo, alors même que le Gabon pouvait donner l'illusion de rattacher cette partie centrale à la région maritime ; quant à l'Oubangui-Chari, il était même avant le traité, d'un accès difficile. Ces considérations montrent que le nouveau tracé de la frontière change, en réalité, fort peu les conditions antérieures. D'ailleurs, l'Acte de Berlin et le traité du 4 novembre sauvegardent tous nos droits en matière économique ; les voies navigables nous restent ouvertes comme par le passé, et les lignes de chemin de fer pourront être établies comme précédemment, même à travers le territoire étranger.

Il ne faudrait point, dès lors, croire que la situation a été profondément modifiée à notre détriment. Mais notre attention doit s'en trouver davantage appelée sur des conditions géographiques qui ne permettent point de donner à l'Afrique Équatoriale une forte concentration et une rigoureuse unité. Chacune des parties dont elle se compose a son avenir propre, sa personnalité distincte ; le Gabon, colonie maritime, est certainement la plus belle, celle dont le développement peut être le plus prompt ; dans le Moyen-Congo, la partie contiguë au Gabon doit désormais être de plus en plus étroitement associée à celui-ci, et l'enclave située au nord de la Sangha formera une région distincte, dont le ravitaillement naturel s'effectuera par les chemins de fer que l'Allemagne compte établir au Cameroun; quant à la colonie septentrionale, au nord de l'Oubangui, c'est le futur carrefour de l'Afrique, et son essor doit être préparé sur place, en le dotant dès maintenant d'une grande artère centrale, et en améliorant ses communications avec l'extérieur par la voie de l'Oubangui.

Les affinités naturelles de nos possessions avec les régions voisines font ressortir l'opportunité de la méthode de décentralisation qui est déjà heureusement appliquée en Afrique Équatoriale : nous pouvons bien organiser là une fédération de trois colonies : nous ne saurions y constituer un empire fortement unifié. Le Gouvernement général à Brazzaville ne peut et ne doit être qu'un organe de liaison et un instrument de contrôle : c'est ainsi que l'examen même des conditions naturelles justifie la nature de l'institution, dont l'Afrique Occidentale, quoique plus solidement groupée, nous avait offert le type.

Il n'y a donc qu'à persévérer dans la même voie, en donnant, s'il est possible, plus de force et de vitalité encore à l'autonomie locale.

Par ailleurs, rien n'est à changer dans le programme administratif et économique dont M. Merlin a si sûrement tracé les lignes. Notre avenir au Congo dépend de l'utilisation des races locales. La fin du système concessionnaire nous permettra d'entrer de plus en plus directement en contact avec ces populations et de les guider dans la voie d'une activité que stimulera le libre développement du commerce.

Et j'ajoute que l'attention appelée sur notre colonie par le traité du 4 novembre 1911, aura certainement pour résultat, de la part de la métropole, des libéralités bien nécessaires, tant pour assurer le fonctionnement normal des budgets que pour gager le grand emprunt indispensable au « lancement » du pays.

Le généreux discours prononcé à la Chambre des députés, le 14 novembre 1911, par M. Lebrun, ministre des Colonies, la promesse formulée au Sénat, le 10 février 1912, par M. Poincaré, président du Conseil, nous ont donné, à cet égard, des assurances formelles.

Ne voyons donc dans les récents événements aucune raison de découragement. Trouvons-y au contraire un stimulant de notre énergie. Notre Afrique Équatoriale, si éprouvée, arrive enfin, j'en suis convaincu, au moment décisif de son évolution. J'ai foi dans son avenir. L'œuvre admirable qu'y a inaugurée M. Merlin, vivra et grandira.

CHAPITRE III

L'Indo-Chine

La récente crise de l'Indo-Chine; ses causes; nécessité d'une orientation nouvelle inspirée des méthodes qui ont assuré le succès de l'Afrique Occidentale. — L'œuvre de M. Doumer ; la décadence de l'Indo-Chine sous ses successeurs. Les coteries. La nervosité de l'opinion publique. Le sentimentalisme et la saine politique indigène. L'organisation générale de l'Indo-Chine, conçue d'après un plan heureux, dénaturée par les abus de la centralisation et du fonctionnarisme. L'organisation financière faussée par ces mêmes causes. — Retour à la méthode juste ; M. Albert Sarraut et les décrets d'octobre 1911. — Le système fiscal ; le problème des régies ; ses rapports avec le régime douanier. — L'œuvre politique, sociale et économique à entreprendre vis-à-vis des indigènes ; l'essor commercial de l'Indo-Chine ; l'outillage ; les chemins de fer ; les irrigations. — Conclusion.

Dans ces dernières années l'Indo-Chine a traversé manifestement une crise. Sans doute, à l'heure où j'écris ces lignes, la situation s'est sensiblement détendue, et les dispositions sympathiques qui accueillent toujours un nouveau chef, les qualités personnelles d'intelligence, de tact et d'énergie qu'a apportées M. Sarraut dans ses nouvelles fonctions, ont donné à tous cette impression rassurante. Il n'en est pas moins vrai que l'opinion publique, et surtout l'opinion parlementaire, étaient naguère agitées assez vivement par les affaires de notre colonie d'Extrême-Orient, et que, deux fois en trois ans, le Gouvernement a cru devoir changer l'homme qui préside aux destinées de notre grande colonie. Malgré les précautions prises pour retirer à ces mesures le caractère de disgrâces, d'ailleurs imméritées, le départ de M. Beau, puis celui de M. Klobukowski, ont été décidés dans des conditions qui leur donnent la portée, non pas d'un mouvement administratif ordinaire, mais d'une modification voulue dans l'orientation de la politique locale.

La situation était-elle donc réellement grave ? Était-il vrai, comme on l'a dit et répété, que l'Indo-Chine était à la veille de nous échapper ? Je ne le crois pas ; mais je suis persuadé que ce pays a souffert de ce que nous n'avions pas encore assez assoupli nos méthodes, au moment où nous l'avons organisé. Le mal n'est pas très profond, et il est susceptible de remèdes ; bien mieux, il est déjà en voie de guérison. C'est pourquoi je crois intéressant de l'étudier, en me plaçant au même point de vue général d'où j'ai essayé de discerner, dans les deux chapitres précédents, les raisons de notre réussite en d'autres régions du monde. Et ce qui retiendra surtout mon attention, c'est que la même formule de colonisation qui a déterminé l'essor de l'Afrique Occidentale et qui suscite en Afrique Equatoriale un merveilleux réveil d'activité, a reçu sa première application en Indo-Chine; mais cette application était encore imparfaite, les idées étaient insuffisamment dégagées, les méthodes incomplètement mises au point : aussi n'a-t-elle abouti qu'à un demi-succès. Après des débuts éclatants, l'Indo-Chine est tombée dans une période de langueur ; ces deux états s'expliquent par le double caractère des conceptions d'ensemble qui ont présidé à sa formation : justes dans le principe, mais fréquemment faussées dans l'exécution, ou gênées par des erreurs antérieures, elles portaient en elles-mêmes et des éléments de vie, et des germes de décomposition. En m'efforçant de discerner les uns et les autres, j'espère préciser les idées directrices de notre politique coloniale, telles qu'elles m'ont paru se dégager de l'expérience accomplie en Afrique Occidentale et Equatoriale.

*
* *

Je voudrais dégager tout d'abord l'une des causes de souffrance de l'Indo-Chine, une sorte d'anarchie morale qui tenait aux hommes plus qu'aux choses, aux méthodes supérieures de gouvernement plus qu'aux institutions mêmes du pays.

Vers 1900, l'Indo-Chine a été l'objet d'un engouement extraordinaire ; elle a connu toutes les faveurs de l'opinion. C'était l'époque de l'administration de M. Paul Doumer, qui, entre autres qualités éminentes, avait au plus haut point celle d'être un véritable chef, d'aller jusqu'au bout de ses idées et de maintenir dans le personnel placé sous ses ordres la discipline et une sorte de confiance enthousiaste nécessaire à la réalisation de tout grand dessein. M. Paul Doumer avait apporté dans la réorganisation de l'Indo-Chine des vues très personnelles, de remarquables dons d'initiative, de volonté et de persévérance ; il avait su créer, autour du pays transformé par son énergie, une sorte de légende, ce qui est certainement le fait d'un homme de tout premier plan. Et si l'opinion française a commencé à se familiariser, depuis ce moment, avec les choses coloniales, c'est assurément à lui, à la réputation universelle de son œuvre en Indo-Chine, que nous en sommes redevables.

Mais cette forte personnalité avait marqué le pays d'une empreinte trop profonde pour que son départ ne laissât pas un vide. Depuis 1902, époque où il quitta le Gouvernement général, l'Indo-Chine a rapidement perdu ce renom si brillamment acquis. Les critiques, d'abord timides, sont devenues plus vives. Tout d'abord, c'était l'œuvre de l'homme que l'on voulait discuter et diminuer ; d'absurdes raisons de parti n'étaient pas étrangères à cette campagne. M. Paul Doumer occupait, dans notre politique intérieure, une place trop en vue pour qu'on ne cherchât pas à rabaisser ses conceptions et à atteindre ses fidèles. Je ne voudrais critiquer ici personne ; mais il n'est pas douteux que le Gouvernement dirigé par M. Combes et le successeur de M. Paul Doumer en Indo-Chine, M. Beau, ne firent rien pour décourager ces efforts de dénigrement. De là, le malaise naissant, et bientôt aggravé, qui devait peu à peu troubler profondément notre grande colonie ; l'on s'efforçait de persuader à l'opinion que tout n'allait pas pour le mieux dans le meilleur des mondes, et cette publicité à rebours n'était pas moins funeste aux intérêts généraux du pays que n'avait été profitable la réputation de prospérité créée par M. Paul Doumer ; mais surtout, chose infiniment plus grave, la division s'introduisait dans le personnel local, des coteries s'organisaient, la politique exerçait son action déprimante, et les fonctionnaires, jadis animés d'un désir unanime de travailler à la grandeur du pays, se laissaient énerver par l'esprit d'intrigue.

Le mal allait promptement empirer. M. Beau avait eu ses partisans ; lorsqu'il quitta la colonie, laissant en général l'impression de n'avoir pas réussi, de tous côtés l'on escompta un changement d'orientation, et

M. Klobukowski, qu'il le voulût ou non, fut accueilli comme l'homme qui devait, lui aussi, défaire l'œuvre de son prédécesseur. A son tour, il eut ses fidèles, tandis que le parti des mécontents grandissait, et se subdivisait lui-même en groupes rivaux. En 1910, lorsqu'un inspecteur général des Colonies, M. Picquié, fut envoyé de Paris, pour assurer l'intérim de M. Klobukowski rentré en France pour quelques mois, ces dissentiments intérieurs prirent une exceptionnelle acuité ; on salua l'intérimaire comme un futur titulaire, et un désaccord aigu se manifesta ouvertement entre le Gouverneur général et son remplaçant provisoire.

Les compétitions, les luttes mesquines inséparables des questions de personnes, devaient avoir un profond et pénible retentissement en France. Et comme la colonie ne pouvait manquer de souffrir d'un tel état de choses, les critiques trouvaient ainsi leur aliment et leur justification. Déjà le Parlement s'émouvait ; M. Messimy, rapporteur du budget des Colonies pour l'exercice 1909, puis pour l'exercice 1910, faisait entendre des doléances, et bientôt dressait contre l'administration indo-chinoise un véritable réquisitoire, où la modération du langage ne faisait que souligner encore la vivacité de la pensée. Il s'était maintenu dans le domaine des idées générales ; son successeur M. Viollette, examinant le projet de budget de 1911, renchérit encore sur sa sévérité, et s'efforça de prouver, par une accumulation de petits faits, par des investigations poussées jusque dans les moindres détails, que tout était vermoulu, sinon pourri, en Indo-Chine, et que la paresse, le désordre, la corruption même étaient devenus des vices habituels dans le personnel local. Ce pamphlet, présenté sous la forme d'un document parlementaire, et d'autant plus redoutable qu'il était parfaitement sincère et désintéressé, souleva une grosse émotion. Le départ de M. Klobukowski lui donna encore plus d'autorité. Et cependant, je ne puis croire que cette énumération de tares individuelles ait été un tableau complet de la situation de l'Indo-Chine. Malgré son désir évident de ne servir que le bien public, M. Viollette n'a vu la question indo-chinoise que par des côtés restreints ; quelque souci qu'il ait eu de demeurer impartial, son œuvre a été impressionnée par les polémiques locales, les querelles de coteries, en un mot, cet état aigu de nervosité qu'a déchaîné en Indo-Chine l'affaiblissement progressif de l'esprit d'autorité.

Car c'est là la première constatation que je voudrais formuler : depuis le départ de M. Paul Doumer, l'Indo-Chine a longuement souffert de ne plus avoir de chef. Si estimables qu'étaient par ailleurs les personnalités successivement mises à sa tête, il est cependant certain que l'esprit de commandement s'effaçait peu à peu ; pendant neuf ans, il ne s'était pas trouvé un homme pour imposer silence aux coteries, pour apporter dans la direction supérieure de la politique locale la hauteur de vues, l'indépendance de caractère, le sentiment objectif de l'intérêt général qui eussent tout fait rentrer dans l'ordre. A tous les degrés de la hiérarchie, chacun songeait avant tout à démontrer que son prédécesseur s'était trompé. Je pense donc que le Gouvernement a sagement agi, l'année dernière, en appelant à la tête de l'Indo-Chine un état-major complètement nouveau, étranger jusqu'alors aux choses de la colonie.

Depuis qu'il a pris la direction du service du Gouvernement général, M. Albert Sarraut a fait preuve d'une parfaite indépendance et d'une grande impartialité ; on a eu l'impression, à ses premiers actes de commandement, qu'il reprenait en main cette administration prête à se désorganiser, et cette tâche ingrate et nécessaire a absorbé dès l'abord son activité. Il a d'ailleurs été admirablement secondé dans cette tâche par le regretté Malan, qui fut jadis, avec M. Merlin, le plus précieux collaborateur de M. Roume en Afrique Occidentale, cet administrateur de grand talent et de grand cœur a succombé à une cruelle et brève maladie, au moment même où il commençait son œuvre de régénération de notre grande colonie. C'est une irréparable perte pour la cause coloniale. Heureusement, en lui donnant comme successeur M. von Vollenhoven, ancien secrétaire général de l'Afrique Equatoriale, le Gouvernement a choisi l'homme le mieux qualifié pour continuer son œuvre et pour apporter en Extrême-Orient le sens de l'ordre, de la rigueur financière et des plus saines méthodes d'administration.

* *

Cette sorte de crise passionnelle que vient de traverser l'Indo-Chine a d'ailleurs été aggravée encore par la nervosité de l'opinion métropolitaine. Nous avons éprouvé sur le sort de notre colonie des inquiétudes vagues, d'autant plus obsédantes qu'elles participaient du sentiment plus que de la raison, et qu'elles faussaient le jugement de la nation tout entière. C'est un second élément sur lequel je voudrais appeler l'attention de mes lecteurs, avant d'aborder des problèmes plus délicats, qui tiennent aux institutions plus qu'aux hommes.

On a dit très justement que les victoires japonaises ont eu dans tout l'Extrême-Orient un immense retentissement. C'est vrai. Mais nulle part leur répercussion ne s'est fait sentir aussi intensément que dans l'opinion coloniale française. Au lendemain de Liao-Yang et de Tsou-Shima, notre imagination, impressionnable et mobile à l'excès, a entrevu le Japon maître du Pacifique, la Chine prête à des guerres de conquête, l'influence européenne partout ruinée en Asie. Nous avons prophétisé des événements qui ne s'accompliront peut-être jamais, ou qui ne s'accompliront qu'après de longs délais et dans des conditions très éloignées de nos suppositions. Nous avons vu l'Inde échappant à l'Angleterre, les Indes Néerlandaises échappant à la Hollande, et, en premier lieu, l'Indo-Chine révoltée, s'affranchissant, soit spontanément, soit sous la poussée du Japon, de la Chine ou même du Siam. Et des faits qui nous eussent paru insignifiants, il y a dix ans, — des manifestes de lettrés sans influence réelle, — une mutinerie de soldats indigènes, — les aventures d'un pirate insaisissable qui avait déjà maintes fois échappé à nos poursuites, — ont été grossis démesurément à la lumière fantasmagorique de nos inquiétudes.

Un moment, il fut question, voici quelque six ans, de gaspiller une centaine de millions dans des travaux militaires qui n'eussent guère abouti qu'à créer à Saïgon des tombeaux blindés pour nos malheureuses troupes et un merveilleux port d'embouteillage pour nos flottes. Puis l'on a renoncé à ces grands projets hâtifs, et l'on a admis que les véritables défenses de l'Indo-Chine devaient être notre diplomatie, ce qui est extrêmement juste, et notre politique indigène, ce qui l'est aussi, mais sous conditions.

L'entente avec l'Angleterre, un traité avec le Japon, un autre avec le Siam, de bonnes relations avec la Chine nous ont un peu tranquillisés ; ce sont là, en effet, d'excellents éléments de paix, et rien ne prouve d'ailleurs qu'aucune des puissances de l'Extrême-Orient soit disposée, dans les délais et les éventualités qu'il est normal de prévoir en politique extérieure, à se risquer dans une aventure contre une puissance militaire, maritime et financière aussi considérable que la France. Les récents événements de Chine rendent encore plus improbable toute agression contre notre colonie. L'étonnante aventure qui fait du plus antique et du plus rétrograde des empires la plus avancée peut-être des républiques, immobilisera pour longtemps, dans l'attention prêtée aux affaires intérieures de ce pays, toutes les ambitions dont on pouvait redouter les impatiences.

Mais cette sécurité matérielle ne nous suffit pas.

Nous avons rêvé davantage ; nous avons souhaité non seulement que l'Indo-Chine demeurât sous notre domination, mais encore qu'elle voulût y demeurer. Malgré les dures leçons des faits, malgré tant de déboires accumulés, depuis cent vingt ans, dans nos affaires intérieures et extérieures, nos conceptions politiques demeurent toujours sentimentales. Et quand nous avons constaté que l'Annamite ne nous supporte — comme il ne nous a accueillis jadis — que parce qu'il subit la loi du plus fort, nous en avons ressenti un trouble extrême. Nous avons craint d'être craints. Nous avons voulu être aimés, et cela, tout de suite, sans délais, comme une femme capricieuse.

Puis, comme les signes d'affection tardaient ou nous paraissaient suspects, nous avons fait d'amers retours sur nous-mêmes, nous nous sommes reproché de n'avoir pas su comprendre l'âme indigène, d'avoir blessé ou démoralisé nos protégés par des mesures imprudentes. Nous avons incriminé un système administratif lourd et souvent vexatoire, des manières hautaines dans le commandement, qui rebutent les indigènes, des dépenses exagérées, entraînant des charges excessives pour le contribuable local, un système fiscal odieux pour les populations. Nous avons beaucoup parlé et fort peu agi, comme s'il eût suffi d'attester nos bonnes intentions pour gagner le cœur de nos sujets, et le seul résultat de cette agitation stérile a été d'augmenter un peu le désordre, la fragilité des institutions, l'incertitude sur les véritables méthodes à adopter.

Je désire que le lecteur m'entende bien : loin de moi la pensée de discuter la nécessité d'une politique indigène bienveillante et avertie ; bien au contraire je pense, et je motiverai plus loin cette appréciation, que l'un des plus graves défauts de l'organisation indochinoise consiste dans une méconnaissance vraiment trop grande des indigènes, de leurs besoins, de leur civilisation, de leurs aptitudes. Mais je crois que c'est folie de concevoir la politique indigène comme une entreprise idyllique pour gagner le cœur de nos sujets. Nos idées, en cette matière, doivent être beaucoup plus réalistes.

Les Annamites sont parvenus spontanément à un degré de culture propre trop élevé pour n'avoir pas le sentiment de leur personnalité et l'orgueil de leur race. Nous demeurerons toujours pour eux des conquérants et des maîtres, — ce que Rome est demeurée pour ses provinces, ce que l'Angleterre demeure pour l'Inde ou l'Egypte. Notre domination sera toujours subie, jamais acceptée ; il faut seulement qu'elle soit subie avec aussi peu de répugnance que possible. Avant d'essayer de provoquer dans le cœur des populations soumises des sentiments de reconnaissance et d'amour, préoccupons-nous de n'y pas faire naître la rancune et la haine. Des mesures de sécurité simples, prudentes, mais formelles, doivent suffire à faire respecter notre souveraineté ; quant au surplus, efforçons-nous d'abord de la faire voir peu, de la faire intervenir le moins possible dans les affaires intérieures de ce peuple, et appliquons-nous à donner à toutes ses manifestations le caractère de la stricte justice et d'un profitable utilitarisme ; les peuples prospères ne se révoltent point. Si nous nous en tenons à ces projets restreints, nous envisagerons le problème indo-chinois avec beaucoup plus de calme. En cherchant jadis à faire notre propre bonheur d'après des conceptions rigoureusement philanthropiques, nous avons été amenés à nous entre-tuer et à nous proscrire mutuellement. Gardons-nous d'avoir pour nos sujets des ambitions aussi tendres, dont les lendemains sont souvent tragiques.

Oui, une politique indigène est nécessaire, mais une politique pratique, évitant les entraînements qui, dans un élan de générosité maladroite, font poser des questions d'où naissent de nouvelles difficultés, une politique essentiellement économique, ayant pour objet la prospérité matérielle du pays, la culture rationnelle d'une plante sociale dont nous devons favoriser la pleine croissance sans chercher à modifier sa végétation naturelle par des greffes contraires à son espèce. Appliquons aussi largement que possible, pendant qu'il en est temps encore, la méthode de protectorat ; c'est dans les institutions traditionnelles du pays que nous trouverons notre meilleure défense contre les éléments de désordre dont le contact même de notre civilisation a provoqué le développement. L'Angleterre envisage sans nervosité le danger du nationalisme hindou ; nous sommes loin d'avoir rien vu d'aussi grave en Indo-Chine ; nous n'avons pas eu à déplorer de véritables attentats anarchistes et des crimes contre nos fonctionnaires. Mais les premiers symptômes sont suffisants pour nous prémunir contre l'erreur d'une politique assimilatrice qui n'aboutirait qu'à faire un peuple de déracinés, dont les revendications et les amertumes nous feraient vite regretter notre imprudence.

Quant à présent, nous pouvons envisager l'état du pays avec sang-froid et modération, et puisque l'on incrimine essentiellement des désordres administratifs et une politique intérieure maladroite, discutons avec impartialité les institutions qui ont abouti à ce double résultat.

*
* *

L'organisation générale actuelle de l'Indo-Chine remonte au décret du 31 juillet 1898 qui, en instituant un budget général pour l'ensemble des pays sur lesquels s'étend l'autorité du Gouverneur général, a mis entre les mains de celui-ci un puissant instrument d'administration, et a réellement constitué l'unité, jusque-là précaire et plutôt virtuelle, de notre grande colonie d'Extrême-Orient. Depuis cet acte, inspiré par M. Paul Doumer, et qui a été la condition primordiale de toutes les mesures prises ultérieurement par lui ou par ses successeurs, le Gouvernement général est devenu un puissant organe de commandement. Toutefois les pays si divers groupés dans l'Union indo-chinoise n'ont pas perdu complètement leur personnalité jusque-là distincte. Chacun demeure sous l'autorité immédiate d'un haut fonctionnaire, chef supérieur de l'administration locale : lieutenant-gouverneur en Cochinchine, résident supérieur dans les quatre pays de protectorat, Cambodge, Tonkin, Annam, Laos. De même, chacun de ces territoires conserve un budget propre.

Le budget général, budget d'intérêt commun, est alimenté par les recettes des douanes et régies, des contributions indirectes, de l'enregistrement, des domaines et du timbre, ainsi que par les produits des postes, télégraphes et téléphones, des chemins de fer, des forêts, en un mot par toutes les ressources prélevées sur l'activité économique générale ou provenant du patrimoine commun des pays de l'union. Il supporte les dépenses qu'on pourrait appeler les dépenses d'empire : services généraux dépendant du Gouvernement général, grands travaux, annuités des emprunts contractés pour constituer l'outillage public de l'Indo-Chine.

Les budgets locaux tirent, au contraire, leurs revenus des impôts directs, et ont à faire face aux frais des services spéciaux à chaque colonie.

Nous retrouvons donc ici le prototype de l'organisation générale qui a été ultérieurement appliquée en Afrique Occidentale, puis en Afrique Equatoriale, avec tant de succès. Cette formule infiniment heureuse, qui aboutit à constituer sur place, au milieu d'un groupe naturel de territoires, un organe supérieur de haute direction, à décentraliser par conséquent l'autorité jusque-là retenue à Paris et à donner en même temps à l'ensemble ainsi constitué une assiette administrative et financière assez large pour tenter des œuvres d'intérêt général, cette formule, dis-je, a été réellement conçue pour la première fois sous une forme simple, pratique et viable, par M. Paul Doumer, qui a été ainsi le véritable initiateur de nos méthodes coloniales modernes. En le constatant, on ne fait que rendre strictement hommage à la vérité.

Ces conceptions claires et justes n'avaient d'ailleurs pas tardé à produire les meilleurs résultats. Grâce à la concentration de ressources importantes dans le budget général, l'Indo-Chine put contracter un emprunt de 200 millions de francs, sans même recourir à la garantie de la métropole, au taux d'intérêt de 3 1/2 et même 3 %, exécuter de grands travaux de chemins de fer, et enfin garantir les obligations de la Compagnie du chemin de fer du Yunnan, ce qui constituait un autre emprunt indirect d'environ 80 millions de francs, affecté à une œuvre d'expansion impériale. L'Indo-Chine acquérait bientôt un renom de puissance financière qui constituait pour elle la plus saine et la plus féconde publicité ; elle organisait l'Exposition de Hanoï ; elle prenait rang parmi les pays sur lesquels l'attention du monde civilisé est attirée ; elle devenait réellement, grâce aux mesures judicieuses prises par un chef éclairé, un grand pays, avec lequel on compte, une succursale de la France en Extrême-Orient, et augmentait de son rayonnement propre le rayonnement de la mère-patrie.

Comment, à ces débuts éclatants, ont succédé des lendemains obscurs ? C'est que l'œuvre de M. Paul Doumer contenait en elle-même des germes de faiblesse, qui devaient se développer sous une main moins expérimentée et moins ferme que la sienne. En constituant le Gouvernement général, il avait créé un organe de centralisation, trop puissant pour que l'équilibre juste pût être longtemps maintenu entre l'autorité supérieure et les autorités locales. Or, la centralisation vaut ce que vaut l'homme qui centralise ; excellente quand cet homme a réellement les dons du commandement, elle devient médiocre, néfaste même, quand elle est pratiquée par des chefs moins avertis,

Mais, dira-t-on, d'où vient qu'en Afrique Occidentale, en Afrique Equatoriale, la même formule n'a pas entraîné les mêmes inconvénients ? C'est que précisément, dans ces deux colonies, des précautions ont été prises contre les excès pouvant résulter de la constitution d'un Gouvernement général disposant d'un puissant budget, et tout en adoptant les mêmes principes généraux qu'en Indo-Chine l'application a été beaucoup plus modérée et prudente. Les différences n'apparaissent peut-être pas nettement au premier coup d'œil ; elles n'en sont pas moins importantes et profondes, comme on va le voir.

En Indo-Chine, les services généraux rattachés directement au Gouvernement général sont rapidement devenus de véritables administrations centralisées, comparables aux « départements ministériels » de la métropole, et exerçant leur action sur l'ensemble de territoire par l'intermédiaire d'un personnel spécial, hiérarchisé en dehors de toute action des autorités locales ; le rôle de celles-ci a été ainsi relégué au second plan ; les résidents supérieurs, le lieutenant-gouverneur de la Cochinchine, confinés dans l'action politique locale, sont devenus peu à peu des manières de préfets, tandis que l'importance des organes du Gouvernement général s'accroissait de plus en plus. En Afrique Occidentale, en Afrique Equatoriale, au contraire, les services généraux ne sont que des instruments de haut contrôle, toute la réalité de l'autorité quotidiennement exercée demeure entre les mains des lieutenants-gouverneurs. Alors qu'en Indo-Chine la gendarmerie, par exemple, est un service commun à tout le territoire, en Afrique Equatoriale la garde indigène demeure inscrite aux budgets particuliers des diverses colonies ; alors qu'en Indo-Chine, les travaux publics figurent au budget général avec l'ensemble de leur personnel, fortement rattaché à l'autorité unique d'un directeur général, en Afrique Equatoriale comme en Afrique Occidentale, le budget général ne supporte que les frais d'un service d'inspection générale, simple instrument de coordination entre les différentes colonies. Je pourrais citer de nombreux exemples semblables qui feraient ressortir la différence des deux méthodes. En un mot, l'Indo-Chine tendait à s'organiser sur un plan centralisateur conforme d'ailleurs aux plus anciennes tendances de l'esprit français ; l'Afrique Occidentale et l'Afrique Equatoriale, où ont prévalu, au contraire, des conceptions régionalistes prenaient le caractère de véritables fédérations de pays demeurés autonomes dans une large mesure. La différence entre les deux systèmes, on le voit, est profonde.

Aussi, tandis que, dans nos grandes colonies d'Afrique, la vie locale reste intense, l'initiative et la responsabilité appartiennent aux hommes constamment en contact avec les faits, et le commandement supérieur exerce simplement une action régulatrice de coordination et de haut contrôle, en Indo-Chine, au contraire, toute la réalité de l'initiative et du pouvoir semblait devoir se concentrer dans l'organe supérieur, de plus en plus congestionné par l'afflux des attributions et l'évocation systématique de tous les détails d'exécution.

Le résultat de cette méthode, nous le connaissons

en France : à mesure que le cerveau s'accroît, les membres s'étiolent ; peu à peu toute l'activité se retire vers un unique foyer, chaque jour plus dévorant ; pour faire face à une tâche sans cesse plus lourde, l'instrument de commandement se développe démesurément. C'est le fonctionnarisme avec toutes ses tares, multiplication indéfinie du personnel, abâtardissement des compétences et des responsabilités, constitution de cette armée immense de serfs administratifs, qui ne savent plus que référer en haut lieu dès que la moindre question se pose.

On comprend par là le déclin de l'Indo-Chine. Si l'on se rappelle ce que je disais plus haut de l'état d'esprit d'un personnel miné par les coteries et livré à l'anarchie par l'absence même d'une autorité forte, on voit quels ravages pouvait causer la tendance que je viens d'indiquer : la manie de la clientèle, combinée avec les défauts naturels du système, devait rapidement développer un fonctionnarisme détestable, et absorber toutes les ressources dans des dépenses improductives ; une administration de plus en plus coûteuse allait fournir un travail de moins en moins utile.

Ce n'est pas tout. A ces maux, qui tiennent au système lui-même et qui sont de tous les temps, s'en ajoutent d'autres qui sont spéciaux à l'Indo-Chine et accentués par sa mentalité particulière. Aux yeux de l'Annamite, il y a dualité d'autorité, contradiction entre les pouvoirs de l'administrateur, dépendant du résident supérieur ou du lieutenant-gouverneur, et ceux du fonctionnaire des services généraux, dépendant du Gouverneur général ; cette division du commandement est inconcevable pour lui, elle le déconcerte ; et les conflits trop fréquents entre nos agents n'étaient pas faits pour éclaircir la situation. De plus en plus, la méthode du protectorat représentée par les services locaux, reculait devant celle de l'administration directe, pratiquée effectivement par les services généraux. C'était un combat quotidien qui se livrait, en fait, entre deux conceptions radicalement contraires, je pourrais même dire tout simplement la bonne et la mauvaise, et constater avec regret que le dernier mot, jusqu'à une date toute récente, paraissait devoir rester à la mauvaise.

L'Indo-Chine perdait ainsi de plus en plus la physionomie coloniale pour prendre celle d'un pays abâtardi par l'assimilation et l'imitation néfaste du régime métropolitain.

Quelques chiffres feront mieux ressortir la différence des méthodes appliquées en Indo-Chine et dans nos grandes colonies d'Afrique, malgré la similitude des formules.

En Afrique Occidentale, les ressources du budget général et des budgets des chemins de fer se sont élevées, en 1910, à 33.202.165 francs, et celles des budgets locaux à 30.130.585 francs. En Afrique Équatoriale, les budgets de 1911 attribuent 5.542.945 fr. au Gouvernement général, 5.972.945 fr. 49 aux Gouvernements locaux. Dans l'une comme dans l'autre colonie, les ressources générales se trouvent partagées à peu près par moitié entre l'organisme d'intérêt commun et les diverses colonies particulières de chaque groupe. L'Indo-Chine établissait au contraire ainsi ses prévisions de 1911 : au budget général, 38.362.254 piastres ; aux budgets locaux, 18.978.668 piastres 25 ; les ressources affectées aux dépenses centralisées représentent plus du double des recettes laissées aux administrations locales.

Et l'on aura une idée du développement formidable

du coût de l'administration indo-chinoise en constatant que les dépenses du budget général, qui s'élevaient en 1899 à 19.687.701 piastres 97, c'est-à-dire 49.672.069 fr. 62, ont été prévues l'année dernière pour 38.362.254 piastres valant 88.233.184 fr. 20. L'augmentation en douze ans, a donc été de 38.561.114 fr. 58. Dans le même temps, les budgets locaux passaient de 13.437.265 piastres 76 à 18 millions 978.668 piastres 25. Alors que le budget local doublait, les budgets locaux s'accroissaient d'à peine 40 %.

Si l'on entre dans le détail, l'on constate, par exemple, que le service des douanes et régies, qui coûtait en 1899 la somme de 4.102.489 piastres 61, et qui percevait des recettes s'élevant à 18.260.327 piastres 61, a été prévu en 1911 pour une dépense de 11.774.200 piastres contre une recette de 32.514.000 piastres. Il absorbait au début environ 22 % des ressources qu'il recueille ; le taux est passé à 35 %.

Le service des travaux publics, prévu au budget général de 1911 pour 3.526.000 piastres, affectait près de la moitié du crédit à ses dépenses de personnel ; les agents coûtaient 1.625.500 piastres ; les travaux à effectuer représentaient 1.900.500 piastres.

Je ne voudrais pas fatiguer le lecteur avec ces détails. Ce que j'en ai dit suffit, je l'espère, à justifier ma conclusion : l'Indo-Chine, après de brillants débuts dus à une organisation conçue sur un plan neuf et adapté aux besoins de la vie coloniale, a souffert d'un envahissement de l'esprit de centralisation. La réforme la plus nécessaire doit donc consister à la ramener au type proprement colonial, dont l'Afrique Occidentale et l'Afrique Équatoriale sont les plus heureuses illustrations. Pour cela, des mesures de décentralisation doivent relever le rôle et la compétence des autorités locales et substituer aux services généraux de simples organes d'initiative supérieure et de contrôle : les grandes « directions » devraient faire place à de simples « inspections ». M. Klobukowski s'était déjà orienté dans cette voie, en supprimant les directions de l'agriculture et de l'enseignement. Mais il ne faut pas, comme il arrive trop souvent en pareil cas, changer seulement les mots. Il faut changer les choses, et pour cela, retirer aux services centraux les moyens mêmes de faire sentir trop directement leur action.

J'ai le plaisir de constater qu'avant même la prise de service de M. Albert Sarraut, un ensemble de décrets, portant la date du 20 octobre 1911, ont réalisé, dans l'organisation générale de l'Indo-Chine, les modifications les plus désirables ; et ces actes illustrent si complètement les idées que j'ai développées plus haut, que je ne puis me défendre de citer ici quelques passages essentiels du Rapport au Président de la République qui les précède et les commente[1]. Voici comment s'exprime, dans ce document, M. Lebrun, ministre des Colonies :

> L'institution du Gouvernement général procède d'une idée simple, que le bon sens même indiquait, que les faits ont confirmée et que personne aujourd'hui ne songe plus à contester : une colonie, un pays nouveau qui doit être

---

[1]. Je me permets de rappeler ici que le présent chapitre reprend une étude que j'ai publiée dans la *Grande Revue* en juillet 1911. Les pages qui précèdent y figuraient intégralement, et j'ai été heureux de trouver à l'*Officiel*, trois mois plus tard, la confirmation de mes vues.

formé, organisé, développé suivant ses aptitudes et ses moyens propres, ne peut être gouverné, dirigé et administré de la métropole ; si donc il est légitime que toutes les attributions de la souveraineté restent en dernière analyse réservées au pouvoir central, il n'est pas moins indispensable que l'autorité agissante, l'initiative et la responsabilité soient aussi rapprochées que possible du milieu où elles s'exercent, et fortement concentrées sur place. C'est à cette idée de décentralisation qu'a répondu la création des Gouverneurs généraux, et il fait entendre de la manière la plus large et la plus formelle les textes qui les qualifient « dépositaires des pouvoirs de la République ». Le mandat de confiance dévolu à ces représentants a pour effet de transporter au soin même des pays administrés les attributions les plus hautes du gouvernement métropolitain et de réduire au minimum pour celui-ci les occasions d'intervention directe.

. . . .

Mais..., précisément parce que ses pouvoirs participent au plus haut point de la souveraineté métropolitaine, le Gouverneur général doit rester dans une large mesure un organe de direction supérieure et de contrôle. Il ne peut accomplir utilement sa mission que s'il est dégagé des détails de l'administration, s'il apporte vraiment sur place le sentiment élevé des intérêts généraux qui doivent demeurer l'exclusive préoccupation du gouvernement. Ainsi, pour aller jusqu'au bout de l'idée de décentralisation qui a donné naissance à ce rouage, il ne faut pas seulement qu'il y ait une entière délégation d'autorité de la métropole au chef de la colonie, il faut encore que celui-ci soit déchargé de toute tâche secondaire par la constitution, sous ses ordres directs, de pouvoirs locaux fortement organisés. Chaque région géographique, chaque unité ethnique, en même temps qu'elle a sa physionomie propre, doit ainsi recevoir sa personnalité politique...

J'ai donc cru nécessaire de confirmer, dans un premier projet de décret, l'institution du gouvernement général, en définissant à nouveau, de la manière la plus formelle en même temps que la plus large, les hautes attributions dévolues au mandataire de la République.

Un second projet de décret maintient sous le nom de Conseil du gouvernement l'assemblée consultative destinée à assister ce haut fonctionnaire dans l'exercice de ses pouvoirs.

. . . .

Le troisième projet de décret tend à poser très nettement les principes de décentralisation intérieure qui, dans mon esprit, sont le complément nécessaire de l'institution du Gouvernement général et qui, jusqu'ici, n'ont pas été suffisamment affirmés en Indo-Chine. Il indique, en effet, tout d'abord que les divers pays composant l'union possèdent leur autonomie administrative, et il définit celle-ci en précisant le rôle du haut fonctionnaire qui, dans chacun, y reçoit la délégation de l'autorité du Gouverneur général, et est seul qualifié pour la recevoir ; il détermine enfin la composition et la compétence du conseil qui lui est adjoint. Ces mesures ne sauraient avoir pour objet de créer, en face du Gouverneur général, des organes locaux pourvus de pouvoirs propres et susceptibles de s'affranchir de toute direction supérieure ; le gouverneur de la Cochinchine, les résidents supérieurs des divers pays de protectorat ne sont que des émanations de l'autorité unique préposée au commandement général du groupement tout entier ; ils n'exercent leurs pouvoirs qu'en vertu d'une délégation de cette autorité, mais cette délégation est nécessaire, et elle est générale...

Le quatrième projet de décret traduit, dans l'ordre financier, cette organisation... J'ai cru bon de conserver le système déjà en vigueur en Indo-Chine, mais en lui donnant une économie plus simple, plus précise et plus rationnelle. Le budget général, alimenté exclusivement par les produits des régies, des droits d'entrée et de sortie, de l'enregistrement, du domaine et du timbre, et enfin des postes et télégraphes, continue à supporter les charges de l'administration générale, des services de perception des impôts dont il bénéficie, les travaux d'intérêt général et enfin des engagements contractés par l'Indo-Chine. L'exploitation des chemins de fer fait l'objet d'un budget annexe...

Chacun des pays de l'Union possède un budget propre, dont l'ordonnateur est le gouverneur ou le résident supérieur intéressé, et où se concentrent les recettes et les dépenses qui ne sont rattachées ni au budget général ni aux budgets municipaux...

Ces diverses mesures sont trop clairement exposées pour que j'aie à y ajouter aucun commentaire. Je fais remarquer seulement que la dernière permet la suppression, dans un but de simplicité et de clarté financières, des *budgets provinciaux*, sortes de caisses à la disposition des administrateurs, alimentées par des impositions locales, mal définies ; rien de semblable à ces budgets régionaux dans lesquels des ressources importantes sont inutilement gaspillées, n'existe dans nos colonies d'Afrique. L'ordre financier le plus élémentaire exige qu'il n'y ait de budgets secondaires que pour les communes ou collectivités indigènes régulièrement constituées, que les ressources laissées à ces budgets soient strictement proportionnées aux besoins, que l'emploi en soit contrôlé et que le budget local, géré par le lieutenant-gouverneur ou le résident supérieur, fasse seul les frais des dépenses intéressant notre administration et ses œuvres d'utilité commune

C'est donc sous d'excellents auspices que s'annonce l'administration de M. Albert Sarraut. Les dispositions prises auront non seulement pour résultat l'assainissement de l'organisation générale et des finances, elles auront une répercussion même sur la politique indigène. Le « prolétariat administratif européen », si onéreux et si fâcheux pour nos rapports avec les populations protégées, pourra disparaître avec une meilleure gestion des fonds publics, et faire place à un personnel indigène moins dispendieux, moins désagréable à nos sujets. Les services, placés dans chaque territoire sous l'autorité du chef local de l'administration, qui a la responsabilité de l'ordre et est en contact direct avec les indigènes, seront dirigés dans un esprit enfin conforme à la saine méthode du protectorat.

***

La création d'un budget considérable, superposé aux budgets particuliers des colonies du groupe, le développement incessant des services du Gouvernement général, nécessitaient évidemment des ressources abondantes et extensibles. Celles-ci furent demandées essentiellement au produit des régies, et nous sommes ainsi amenés à examiner le système fiscal de l'Indo-Chine, objet de critiques particulièrement vives et cause sérieuse de préoccupations pour l'avenir.

Ainsi que je l'ai dit plus haut, le budget général est en principe alimenté par les impôts indirects, tandis que les budgets locaux bénéficient des impôts directs. C'est une formule commune à l'Indo-Chine, à l'Afrique Occidentale et à l'Afrique Equatoriale. Elle répond à cette idée simple, que la charge des dépenses d'utilité générale doit être supportée par l'ensemble du pays, et que les recettes nécessaires pour y faire face doivent être prélevées sur les mouvements de la richesse active. Lorsque les impôts indirects sont à peu près exclusivement des droits à l'importation et à l'exportation, comme dans les grandes colonies d'Afrique, ils sont liés à l'essor même du commerce, et la formule reçoit ainsi sa plus juste application. Il n'en va pas ainsi en Indo-Chine, et la cause principale de cet état de choses est que la colonie, soumise en 1892 aux tarifs douaniers métropolitains, n'a pas la même liberté que l'Afrique Occidentale dans la taxation du mouvement des échanges; les marchandises françaises y sont de droit admises en franchise, et ne peuvent supporter que des droits intérieurs de consommation, perçus également sur les produits similaires du crû, ce qui restreint beaucoup les facultés fiscales dans cet ordre d'idées. Nous ne nous étonnerons donc pas de constater que les douanes, qui alimentent en presque totalité le budget général de l'Afrique Occidentale, fournissent en Indo-Chine moins du quart des recettes totales du budget d'empire : 8.365.000 piastres prévues en 1911 sur un chiffre global de 32.362.254 piastres.

Les principales ressources ont dû ainsi être demandées à des impôts intérieurs, contributions indirectes et régies, dont le produit, en 1911, est évalué à 24.149.000 piastres. Sur ce chiffre, 18.969.000 piastres sont fournies par trois monopoles, pesant essentiellement sur la consommation indigène, les régies de l'opium, du sel et des alcools. Cette simple constatation est déjà grave, car des impôts de cette nature constituent plutôt un complément des contributions directes qu'un prélèvement sur la richesse productive; ils atteignent individuellement le petit consommateur, et non globalement le mouvement même des échanges; ils dérogent ainsi au principe logique qui doit déterminer la nature des ressources affectées à un budget général.

Je ne saurais entrer ici dans le détail de l'historique de ces diverses taxes, qui ont passé par bien des formes depuis une douzaine d'années ; la question se complique, en effet, de multiples problèmes secondaires, dont presque tous ont pour cause les traités passés avec des particuliers ou des sociétés pour régulariser, soit la vente, soit la production de l'article assujetti. Je me bornerai donc à examiner les aspects actuels du problème. Pour des raisons diverses, les trois grandes régies de l'Indo-Chine sont impopulaires, et leur disparition ou leur transformation est un grave sujet de préoccupation, car l'on ne remplace pas aisément des impôts représentant à eux seuls la moitié du budget le plus important, et un produit annuel de plus de 43 millions de francs.

Des trois grandes régies indigènes, celle de l'opium (8.960.000 piastres en 1911) est la plus productive, la plus ancienne, celle qui prête le moins à difficultés. Elle existait sous la forme de fermes indigènes avant notre domination. Elle fonctionne aujourd'hui sous la forme d'un monopole d'achat, de préparation et de vente, — tout comme notre régie métropolitaine des tabacs, — exploité directement par l'administration. Elle majore dans une proportion d'environ 100 % le prix du produit livré à la consommation ; mais comme il s'agit d'un article de luxe, acheté exclusivement par les classes aisées, et dont l'usage doit plutôt être découragé qu'encouragé, les exigences du fisc sont, en dernière analyse, justifiées et supportables. La régie de l'opium n'intéresse pas d'ailleurs la grande masse de la population indigène, et n'a jamais donné lieu à de sérieuses réclamations. Mais le mouvement international provoqué par la Chine, il y a quelques années, en vue d'amener une réglementation de l'opium dans tous les pays producteurs et consommateurs et de réaliser la suppression générale de l'usage de cette drogue, a déjà occasionné une réduction considérable des quantités récoltées et un renchérissement parallèle des prix. Or, l'Indo-Chine ne cultive pour ainsi dire pas le pavot ; l'opium vendu par la régie est acheté, soit dans l'Inde, soit au Yunnan. On a donc dû envisager l'hypothèse d'une cessation générale de production qui, en même temps qu'un accord international pour la prohibition du commerce et de la consommation, entraînerait la disparition de notre régie de l'opium. A vrai dire, cette éventualité paraît de moins en moins prochaine ; quoique la Chine ait fait, dans les dernières années, de réels efforts pour réduire la culture du pavot et enrayer l'usage de la drogue, on a pu bientôt se demander si ces manifestations n'étaient pas inspirées surtout du désir de se libérer des traités qui limitent sa liberté d'action dans l'établissement d'un monopole intérieur extrêmement avantageux pour ses finances. La période troublée que la Chine vient de traverser, les énormes difficultés inséparables d'un changement de régime, les problèmes de toute nature qui se posent au Gouvernement républicain, permettent de penser que la question de l'opium se trouve, au moins momentanément, reléguée au second plan. Quoi qu'il en soit, l'on peut affirmer que l'administration indo-chinoise n'est pas à la veille de voir se tarir brusquement les recettes de l'opium et qu'elle a pour le moins tous les délais désirables pour préparer des taxes de remplacement. On a suggéré dans cet ordre d'idées l'établissement d'un monopole des tabacs, et cette solution est certainement l'une des plus simples et des plus justifiées. Elle aurait d'ailleurs, entre autres avantages, celui de taxer le colon européen, généralement riche et peu imposé.

La régie du sel (3.320.000 piastres en 1911) a été

créée par notre administration ; d'abord, sous la forme d'une simple taxe de consommation, l'impôt fut progressivement relevé ; en 1897, la régie se réserva l'achat exclusif du sel, et ce fut le principe du monopole ; après une période dans laquelle la vente fut affermée à des concessionnaires, le système de la régie directe prévalut. Les contrats étant arrivés à expiration, la régie du sel fonctionne d'une façon uniforme dans toute l'Indo-Chine, depuis le 1er janvier 1911, sur les bases suivantes : l'administration achète toute la production des sauniers ; elle vend en gros le sel dans ses entrepôts ; la circulation, dans les environs des salines, est surveillée ; le commerce, pour le surplus, est libre ; mais, afin d'empêcher l'accaparement, la régie a installé un peu partout des magasins régulateurs, qui vendent directement à un prix déterminé et mettent ainsi le consommateur à l'abri des entreprises de la spéculation. Le taux de l'impôt, de 0 piastre 082 les 100 kilogrammes en 1892, s'est élevé progressivement à 2 piastres 25 en 1906, et s'est stabilisé à ce chiffre, soit environ 0 fr. 06 par kilogramme ; on calcule, d'après la consommation locale, que la charge pour l'indigène est d'environ 0 fr. 72 par tête et par an. L'impôt correspondant, en France, est de 0 fr. 90 ; mais l'Annamite est un contribuable beaucoup moins aisé que le Français.

L'on a surtout reproché à la régie du sel ses modalités d'application pendant la période inévitable de tâtonnements qui a précédé l'assiette définitive du monopole. La production a été réduite ; beaucoup de salines ont été supprimées, moyennant indemnité, afin de concentrer les exploitations à surveiller ; à plusieurs reprises, les approvisionnements ont été insuffisants pour faire face aux besoins de la consommation et surtout de l'industrie locale des salaisons ; dans plusieurs régions, des manœuvres d'accaparement ont été tentées par les commerçants chinois, non sans succès parfois. Il semble bien que ces critiques aient perdu aujourd'hui beaucoup de leur portée. Le monopole est parvenu à une forme simple et stable, et fonctionne sans perturbations. Tout ce que l'on peut avancer, c'est que le taux de l'impôt est réellement élevé pour un objet de première nécessité. Quelques dégrèvements suffiraient sans doute, dans un délai rapproché, à rendre la régie du sel aisément supportable.

Reste donc la régie de l'alcool (6.689.000 piastres en 1911), et c'est vraiment celle-ci la grande coupable. Avant 1898, l'alcool indigène était simplement soumis à un droit de consommation, dont le taux et les modalités de perception différaient suivant les régions. De 1898 à 1902, l'administration s'efforça d'unifier le régime de l'alcool, sur les bases d'une réglementation des distilleries, soumises dorénavant à l'autorisation. Bientôt, elle confirmait la limitation du nombre des distilleries, se réservait l'achat de toute leur production et le monopole de la vente, avec faculté de la concéder à des particuliers, dénommés « débitants généraux ». Puis, pour assurer la production, elle traitait peu après avec des industriels européens, qui s'engageaient à lui fournir les quantités nécessaires à la consommation. Je passe sur toutes les péripéties relatives à ces marchés, et sur les critiques, d'ailleurs fondées, qu'ont motivées leurs dispositions, insuffisamment débattues par une administration souvent incapable de défendre utilement ses intérêts. Quoi qu'il en soit, le régime est actuellement le suivant : au Tonkin et dans le Nord-Annam, le monopole de fabrication est concédé à deux Sociétés jusqu'au 10 avril 1913, sans possibilité de rachat ; la vente est assurée par des dépôts régionaux ; en Cochinchine, l'administration s'est liée par un contrat pour l'achat d'une quantité d'alcool correspondant à la consommation moyenne, jusqu'au 24 novembre 1912 ; la vente est assurée sans difficultés par des débitants qui ont traité avec la régie ; dans les autres régions, la fabrication et le commerce jouissent d'une liberté relative, sous le contrôle de la régie, qui perçoit l'impôt de consommation.

Pour comprendre les critiques élevées contre ce régime, il faut savoir que l'alcool indigène est, chez l'Annamite, un objet de consommation familiale et de production courante ; il est même employé dans certaines cérémonies du culte des ancêtres. Cet alcool à bas titre, d'une saveur caractéristique, due aux procédés rudimentaires de fabrication traditionnelle, est plutôt assimilable à nos boissons hygiéniques qu'à nos spiritueux. Or, la faute principale de la régie a été non pas de taxer cette boisson, car l'Annamite est un contribuable infiniment docile, mais de vouloir imposer à toute une population un produit fabriqué par des sociétés européennes et qui ne répond ni à son goût ni à ses habitudes, ni à ses rites ; une autre faute a été de mettre au service de cette erreur primordiale tout l'appareil de l'inquisition fiscale la plus vexatoire, perquisitions domiciliaires, responsabilité collective des autorités municipales indigènes. Dans ce dernier ordre d'idées, des améliorations importantes ont été introduites, depuis bientôt trois ans ; mails la bévue fondamentale subsiste. Nous forçons la population du Tonkin et de la Cochinchine à consommer une boisson dont elle ne veut pas. Imaginez l'administration décrétant demain la régie des vins dans tous nos pays de vignobles, et obligeant nos paysans à lui acheter, au lieu de la boisson nationale, au goût de terroir caractéristique, un alcool incolore, plat, de saveur neutre, dilué à un titre arbitraire ; imaginez les prêtres contraints de se servir de ce liquide, de le consacrer dans les rites de la communion ; imaginez des poursuites sans nombre contre tous les malheureux suspects d'avoir fait fermenter clandestinement du jus authentique de raisin ; supposez quel pourrait être l'état d'esprit d'une telle population, et jugez par là de l'effet produit sur les Annamites par notre malencontreuse régie de l'alcool.

D'ici peu, heureusement, les contrats maladroitement conclus tomberont, et l'opinion a appris avec la plus vive satisfaction que M. Albert Sarraut a décidé de ne pas les renouveler. Ce sera donc la suppression radicale du monopole. En maintenant simplement sur l'alcool une taxe de consommation, en autorisant les villages à s'abonner pour le paiement collectif des droits, l'administration n'a guère à craindre qu'un léger fléchissement dans le rendement des droits, si même ce fléchissement se produit : car la consommation, traquée et tyrannisée, a fléchi, et le régime de la liberté la relèvera.

Quoi qu'il en soit, on peut juger par ce qui précède, que le problème des régies de l'Indo-Chine, dont on s'était fait un épouvantail dans les milieux coloniaux et parlementaires, est susceptible de solutions simples. Maintenir la régie de l'opium, tout en se tenant prêt à la supprimer progressivement, alléger la régie du sel, substituer à la régie de l'alcool un simple impôt de consommation, voilà le programme immédiat. En mettant les choses au pis, le déficit que cet ensemble de mesures peut occasionner, ne serait pas assez considérable pour faire hésiter l'administration. Des taxes de remplacement peuvent et doivent y pourvoir, car il ne faut pas oublier que ce système d'impôts n'a pas seulement des défauts qui obligent à la retoucher sans retard, il est en outre contestable dans son principe même, en tant qu'il fait peser trop directement sur l'indigène les charges de l'administration générale. C'est donc surtout la richesse, — richesse européenne ou étrangère autant que richesse indigène, — qu'il faut atteindre. On y parviendra, comme je l'ai dit, en recourant, pour partie à un impôt sur les tabacs, et principalement à des droits d'importation. Mais pour réaliser ce dernier projet, il faudrait à l'Indo-Chine un régime douanier semblable à celui de l'Afrique Occidentale, c'est-à-dire le régime des tarifs spéciaux, contrôlés par la métropole. Le problème n'est plus particulier à notre grande colonie d'Extrême-Orient ; il intéresse toutes nos possessions absurdement soumises au régime de l'assimilation douanière. Espérons d'ailleurs que la solution est proche et que, devant les idées libérales qui s'affirment de jour en jour, le Parlement finira par reconnaître cette vérité de bon sens qu'à chaque pays il faut des tarifs propres, adaptés à ses besoins et aux conditions de sa vie économique.

*
* *

J'en aurai fini avec les problèmes que pose la réorganisation de l'Indo-Chine si j'ajoute que nous devons nous préoccuper de tracer avec calme, précision et sagesse, les voies d'une politique indigène qui ne varie plus selon les inspirations propres de tel ou tel chef momentané, et qui ne s'affole pas à tous les vents de l'opinion publique. Il faut nous former une doctrine, et nous y tenir.

Sans doute, les réformes dont j'ai parlé plus haut sont partie intégrante de ce programme. Faire reculer le fonctionnarisme envahissant et réparer les maux de l'oppression fiscale sont des conditions nécessaires pour pouvoir compter sur le concours nécessaire de nos sujets. Mais il faut surtout éviter de modifier trop profondément les conditions sociales dans lesquelles ils évoluent traditionnellement, et, plutôt que de les associer prématurément à notre propre administration nous devons utiliser, raffermir même au besoin, leurs institutions propres.

Il est un détail, dans cet ordre d'idées, sur lequel je voudrais insister : je veux parler de l'organisation judiciaire. Le système judiciaire de l'Indo-Chine présente un double aspect ; alors qu'au Tonkin, en Annam, au Cambodge, nous avons pratiqué la méthode du protectorat, en maintenant les juridictions indigènes sous le contrôle supérieur de nos magistrats, en Cochinchine, nous avons institué un appareil judiciaire complètement français, calqué sur les institutions de la métropole et de nos vieilles colonies : cette anomalie est due évidemment aux idées d'assimilation qui prévalaient encore au moment de la conquête et de la première installation de notre administration. Il en résulte que les tribunaux de la Cochinchine forment un ensemble aussi coûteux que mal adapté aux besoins des populations ; nos magistrats jugent en s'inspirant des codes français et sont censés appliquer une coutume indigène qu'ils ignorent le plus souvent. Il est indispensable de laisser à une population aussi disciplinée et aussi sage que les Annamites le bénéfice de magistrats de leur race. Notre rôle doit être seulement d'assurer le bon recrutement de ces magistrats et d'empêcher la prévarication, en organisant un contrôle sérieux. C'est là une ambition facile à réaliser. Rétablir dans toute l'Indo-Chine une organisation inspirée des saines méthodes du protectorat est un programme doublement avantageux, par l'allègement de dépenses qui en résultera et l'effet moral produit sur nos administrés.

Mais il faut nous préoccuper directement de la prospérité matérielle des peuples de l'Indo-Chine. Je ne m'étendrai pas ici sur l'assistance médicale, pour laquelle des sacrifices importants ont été faits, et qui fonctionne d'une manière satisfaisante : l'Institut Pasteur de Nha-Trang, de nombreux établissements hospitaliers, l'école de médecins indigènes de Hanoï, l'école d'infirmiers annamites de Cho-Quan, sont des institutions dignes de tout éloge. Il semble toutefois, et c'est un regret à exprimer, qu'au cours de ces dernières années l'effort de l'administration se soit plus orienté vers le développement des hôpitaux et des établissements destinés à soigner les maladies déclarées, que vers les œuvres de prévention et les progrès de l'hygiène générale.

L'instruction publique a reçu une organisation peut-être moins complète que l'assistance, malgré la multiplication des écoles primaires, des ateliers d'apprentissage et des écoles professionnelles, et l'ébauche d'un enseignement secondaire, orienté surtout vers l'étude pratique des sciences. Ce n'est d'ailleurs pas un problème aisé que de trouver pour une population intelligente et vive, mais profondément attachée à sa culture traditionnelle, une formule d'éducation qui tienne compte à la fois de sa civilisation propre et de l'apport d'idées nouvelles qu'entraîne nécessairement la colonisation ; deux écueils sont à craindre : — un faux libéralisme qui déformerait la mentalité indigène en lui offrant maladroitement cette culture française si séduisante et si propre à donner le vertige à des cerveaux neufs, qu'un septicisme séculaire n'a pas vaccinés contre les ravages de la raison abstraite ; — une méfiance mesquine qui nous déshonorerait en nous rendant inconséquents avec nos plus chers principes. Sachons être sagement conservateurs, c'est-à-dire ne réaliser les évolutions que lorsqu'elles se sont préparées d'elles-mêmes.

Notre principal souci, ce doit être de faire régner dans la masse du peuple annamite, chez le cultivateur, le petit artisan, le commerçant, le bien-être qu'engendre une activité générale, un essor économique suscitant toutes les énergies. L'Indo-Chine dispose évidemment de grands éléments de prospérité. Malgré quelques années années pénibles, des cyclones et des typhons, elle n'a cessé de voir ses échanges s'accélérer. Son commerce général a passé, depuis quinze ans, par les chiffres suivants :

ANNÉES	Importations	Exportations	Total
	francs	*francs*	*francs*
1894.	67.883.105	103.510.661	171.393.766
1899.	115.424.493	137.937.288	253.361.781
1904.	184.995.664	156.373.687	341.369.351
1909.	249.753.677	273.034.618	522.788.295

Ainsi, en quinze années, le commerce total s'est accru de plus de 350 millions de francs ; les exportations sont régulièrement supérieures aux importations. Quelles meilleures preuves pourrait-on donner de la vitalité de notre grande colonie ? N'est-il pas évident que la crise dont elle souffre est toute superficielle et n'a pas mis en péril ses ressources profondes ? Les résultats financiers généraux prouvent d'ailleurs que le pays est loin de la faillite que certains entrevoyaient naguère, et qu'il ne connaît même pas de difficultés budgétaires sérieuses : le règlement des budgets indo-chinois a abouti, pour 1909, à un excédent global des recettes sur les dépenses s'élevant à 1.248.751 piastres 06, et l'avoir totalisé des Caisses de réserve s'est trouvé porté à 9.842.421 piastres 84, soit environ 22.200.000 francs. En douze ans, les finances indo-chinoises n'ont vu que deux années de déficit, 1905 et 1906, et la crise, toute passagère, avait pour cause des circonstances atmosphériques défavorables. Les dix autres années se sont toutes réglées en excédent.

Le programme de grands travaux élaboré en 1898, et qui comportait essentiellement l'exécution de nombreuses lignes de chemins de fer, n'a certainement pas été sans favoriser cet essor économique incontestable. On a dit, et je le crois, que les chemins de fer étaient peut-être moins indispensables en Indo-Chine qu'en Afrique, car le pays, coupé de rivières nombreuses, pénétré par des routes anciennes, était déjà pourvu de voies de communication dont l'utilité apparaissait par la circulation même qui y régnait ; on a dit encore, et c'est probablement vrai, que le programme de 1898 comportait beaucoup de lignes d'une utilité contestable, comme celles qui amorcent le trans-indo-chinois, projet impérial plutôt que commercial, puisqu'il aboutirait à doubler simplement la route de la mer, en conduisant à travers l'Annam montagneux et pauvre un long et inutile trait d'union entre la Cochinchine et le Tonkin. Mais ce sont là des critiques secondaires. Les chemins de fer sont indispensables aux progrès d'un pays moderne ; quel qu'en soit le plan, plus ou moins heureusement conçu, il aboutit toujours, lorsque l'œuvre d'ensemble s'achève, à constituer un réseau satisfaisant pour les besoins de la circulation, qu'il contribue à modifier et à orienter.

Les lignes actuellement exploitées en Indo-Chine, en comprenant la ligne de pénétration au Yunnan, s'élèvent à 1.751 kilomètres.

On ne saurait négliger l'importance d'un tel effort. Si les résultats financiers ne sont pas aussi brillants qu'en Afrique Occidentale, ils ne sont point mauvais ; sauf l'Annam Central, qui est en déficit, les autres lignes couvrent leurs dépenses avec leurs recettes. Le développement de ce réseau de voies ferrées est évidemment une nécessité, et, sur le nouvel emprunt de 90 millions, une somme de 26 millions est prévue pour l'achèvement du programme de l'emprunt de 1898. De plus, 23.300.000 francs sont demandés pour la construction de lignes nouvelles qui donneront à l'ensemble du réseau un caractère plus complet, un meilleur équilibre, et sans doute un meilleur rendement.

Mais l'on ne saurait négliger une autre œuvre de haute importance, réclamée depuis des années par l'opinion : le développement de la surface cultivable par de grands travaux de drainage et d'irrigation. Sur l'emprunt projeté, M. Klobukowski proposait d'affecter 7.600.000 francs aux irrigations, limitées à deux districts de l'Annam et un district du Tonkin. C'était une prévision beaucoup trop parcimonieuse. Le programme actuel prévoit à cet effet une dépense de

19.100.000 francs. Il ne faut considérer cette somme que comme un minimum et comme une indication ; les travaux étudiés permettront d'irriguer 224.500 hectares dans le Tonkin et l'Annam, les budgets locaux et les particuliers intéressés contribuant par ailleurs à la dépense globale qu'entraînera l'utilisation des gros ouvrages entrepris sur les fonds d'emprunts. Si étendue que puisse paraître cette superficie, elle n'est que peu de chose auprès de celle qui pourrait être transformée par l'hydraulique agricole. D'ailleurs les irrigations ne sont pas seulement des travaux d'une immense portée économique et sociale, dont les bienfaits, hautement appréciés par nos protégés, provoquent chez eux un véritable enthousiasme ; ce sont en outre d'excellentes entreprises financières ; car non seulement la vente de cette eau si précieuse permettra, dès l'achèvement des travaux, de couvrir l'intérêt et l'amortissement des capitaux engagés, mais encore le développement agricole de régions nouvelles aura une répercussion sur les recettes générales du budget.

Nous ne devons pas perdre de vue que le premier objectif de la colonisation doit être la mise en valeur du pays par l'indigène et pour l'indigène. La population annamite, si dense dans les deltas de la Cochinchine et du Tonkin, doit être mise à même d'aménager en cultures productives des superficies de plus en plus étendues. C'est à cette condition que l'Indo-Chine augmentera, avec sa population, sa capacité de production et de consommation. Toute notre œuvre coloniale est subordonnée au développement de la richesse de nos protégés ; c'est la vérité supérieure qu'il ne faut jamais perdre de vue.

Le nouvel emprunt affectera en outre 11 millions à des constructions de routes, qui compléteront la pénétration de régions où il serait prématuré d'établir des voies ferrées ; des créations d'écoles et de dispensaires sont inscrites pour 3 millions et ce sont certainement là des œuvres de saine colonisation, susceptibles d'augmenter la mise en valeur du capital humain; enfin 600.000 francs sont prévus pour la construction d'un puissant poste de télégraphie sans fil à Saïgon, poste relié au réseau africain qui sera lui-même en communication avec Paris. Le surplus des fonds sera attribué aux frais de l'emprunt et à des études nouvelles.

* *

Cette revue rapide des choses d'Indo-Chine laisse forcément de côté bien des questions intéressantes, et elle n'a pu qu'effleurer même les sujets abordés. J'espère cependant qu'elle suffit à donner un aperçu exact de la situation de l'Indo-Chine.

Notre belle colonie n'est à la veille ni de la révolte, ni de la ruine. Toutes ses ressources sont intactes. La souveraineté française n'y a pas fait faillite. L'œuvre du passé est malgré tout digne d'éloges ; l'avenir est libre devant nous.

La crise qui a ému l'opinion appelle des remèdes sérieux, mais ces remèdes sont simples ; ils sont connus ; ils sont appliqués.

Une organisation heureuse et juste dans ses grandes lignes avait été déformée dans l'application, et si le mal avait pris des proportions dignes, sinon d'émouvoir le gouvernement, du moins de retenir son attention, la cause en était surtout à un affaiblissement de l'autorité et de l'esprit de discipline. Comme dans un jardin bien dessiné, mais mal soigné, les mauvaises herbes envahissaient les allées et menaçaient d'effacer le plan général. Ainsi s'étaient développés, dans un cadre cependant bien conçu, le mal du fonctionnarisme, la plaie d'une fiscalité excessive, le gaspillage, le mécontentement général.

Pour faire tout rentrer dans l'ordre, il suffira sans doute d'une main énergique et d'une intelligence vigilante. Mais ce ne sera pas tout. Il faudra assurer la conservation des résultats qu'une meilleure administration, nous n'en doutons pas, va obtenir avant peu.

Pour être vraiment satisfaisantes, des institutions doivent être conçues de telle sorte que la médiocrité même du commandement, pourvu qu'elle ne se prolonge pas outre mesure, ne puisse mettre les intérêts généraux en péril. C'est pourquoi l'Indo-Chine a besoin d'être réorganisée sur un plan qui, tout en permettant à un chef de valeur supérieure d'y donner sa mesure, ne subordonne cependant pas tout à la nécessité de cette haute capacité. C'est ce qu'ont vu avec justesse et précision les hommes éminents qui sont en ce moment à la tête de la colonie, et nous devons les féliciter d'avoir commencé à y appliquer, dès leur arrivée, les principes de la saine méthode coloniale, celle même dont j'ai donné les grandes lignes dans les deux chapitres précédents, et qui peut se résumer ainsi : décentralisation, régionalisme, subordination de toute préoccupation à celle de la prospérité matérielle de l'indigène.

CHAPITRE IV

Madagascar

Différences profondes qui séparent Madagascar des colonies jusqu'à présent étudiées ; similitude des idées directrices qui doivent y guider notre effort civilisateur. — Ambitions excessives conçues au lendemain de la conquête ; la temporisation s'est imposée au général Galliéni, à M. Augagneur, à M. Picquié. Madagascar manque d'hommes ; faiblesse de sa population. — L'organisation administrative ; l'existence d'un Gouvernement général ne serait justifiée que par le rattachement des autres colonies voisines. — Par ses finances, comme par son administration, Madagascar est une simple colonie, non une fédération de territoires. — La prudence financière. — Le système fiscal. Ses défauts ; ses rapports avec le régime douanier. — L'emprunt ; l'outillage public ; nécessité d'un nouvel effort. — Le développement commercial ; sa lenteur. — Nécessité d'une œuvre indigène de longue durée ; l'assistance, l'enseignement ; Madagascar sera pour longtemps comme une colonie d'attente. — Conclusion.

La colonie dont traitera le présent chapitre, Madagascar, diffère profondément, et par son caractère, et par son organisation, et par les résultats obtenus, de celles que j'ai précédemment étudiées : l'Afrique Occidentale, l'Afrique Equatoriale, l'Indo-Chine. Elle ne constitue pas, comme elles, une sorte de grande fédération de territoires géographiquement et administrativement distincts ; nous n'y retrouverons pas les caractéristiques d'une méthode qui, dans les trois autres, s'est affirmée sous des modalités voisines et dont j'ai essayé de dégager les grandes lignes, pour fixer les résultats d'expériences où l'esprit colonial a très heureusement pris conscience des formes et des nécessités de son effort; nous n'aurons ni à enregistrer des succès éclatants, ni à contempler l'essor prodigieux d'un pays auquel il ne manquait qu'une volonté directrice. Et pourtant de cette étude sortiront, je l'espère, des enseignements qui ne pourront que confirmer mes conclusions antérieures, qui souligneront mieux encore, par leur différence même avec les observations faites jusqu'à présent, la véritable nature de l'œuvre civilisatrice qu'il nous faut poursuivre dans notre grand empire extérieur.

Car si la carrière de Madagascar a été jusqu'à présent plus modeste que celles de nos belles colonies de l'Afrique continentale et de l'Extrême-Orient, il ne faut s'en prendre ni aux hommes, ni aux méthodes, mais seulement aux conditions dans lesquelles il leur a fallu évoluer. Loin d'avoir des critiques ou des reproches à formuler, je devrai louer la sagesse d'éminents administrateurs qui ont su proportionner leur ambition aux circonstances; et dans les prudentes déterminations auxquelles ils se sont arrêtés, dans le soin qu'ils ont apporté à ne pas imiter des modèles dont les données mêmes du problème commandaient de ne pas s'inspirer, nous ne devrons trouver qu'une preuve nouvelle de la souplesse et de la sûreté de notre esprit national, lorsqu'il se tient résolument en contact avec les réalités.

Nous discernerons mieux, enfin, l'importance de ces considérations générales sur lesquelles je ne me lasserai pas d'insister : la colonisation, encore plus qu'une œuvre économique, est une œuvre sociale; c'est la formation et l'éducation d'une collectivité humaine;

aussi, rien n'est possible dans un pays neuf qu'avec l'aide et par le moyen de sa population ; c'est par l'indigène et pour l'indigène qu'il faut agir : et lorsque cette richesse indispensable, le capital humain, manque, la sagesse commande d'attendre, de donner tous ses soins à le constituer.

C'est le cas à Madagascar, comme nous allons le voir.

.*.

Aussitôt après la conquête, — et même avant celle-ci, — Madagascar a été l'objet d'un mouvement de faveur très marqué de l'opinion coloniale : sa position géographique, sa belle unité territoriale, son isolement insulaire au milieu d'un ensemble de pays appelés à un développement certain, semblaient la destiner à une fortune remarquable et rapide. Aussi songea-t-on tout de suite à faire grand, et ces ambitions marquèrent toutes les mesures prises par la métropole : institution d'un Gouverneur général, ayant les mêmes attributions et presque le même traitement que celui de l'Indo-Chine, — entretien d'un puissant corps d'occupation, — création à Diégo-Suarez d'une base navale magnifique.

L'éminent administrateur que fut le général Galliéni entretint tout d'abord ces dispositions et s'efforça de donner à notre nouvelle colonie une popularité de bon aloi ; comme on l'a dit, il y « brossa un décor » séduisant et large, et ne négligea point de donner à ses actes la publicité nécessaire. Mais, à y regarder de plus près, on s'apercevrait aisément que cette attitude lui était dictée par les désirs de l'opinion coloniale métropolitaine, et qu'il ne s'illusionna jamais lui-même sur les ressources et les facultés immédiates de la Grande Ile. Bien au contraire, l'on discernerait sans peine dans son administration une réserve, une prudence, un esprit de prévoyance qui convenaient parfaitement à cet homme de grand sens, dont l'intelligence avertie avait dès le début aperçu les causes de faiblesse qui devaient retarder l'essor du pays.

Lorsqu'il quitta, en 1905, le gouvernement de la colonie, un revirement commençait à se produire dans les idées de la métropole sur la valeur si précipitamment attribuée à Madagascar. Son successeur, M. Augagneur, ne s'y trompa point. Dès le premier coup d'œil, il se rendit compte de la situation vraie, et avec un désintéressement personnel qui lui fait le plus grand honneur, il ne tenta rien pour ramener sur Madagascar la faveur défaillante de l'opinion ; ennemi de toute réclame, sage, énergique et profondément réaliste, il eut la sagesse de comprendre que ce pays sans grandes ressources avait été plutôt surmené par des débuts trop bruyants, et il eut le courage d'y pratiquer résolument une politique d'économie et de recueillement : c'était le fait d'un véritable homme d'Etat, épris du bien public plus que du retentissement et du souci de son propre renom ; et certainement les mesures modestes, précises, bien appropriées aux circonstances, qu'il a su prendre sans bruit, sont un titre à la reconnaissance nationale au moins aussi sérieux que les succès plus brillants remportés par d'autres fonctionnaires éminents dans des régions plus favorisées par la nature.

M. Picquié, qui lui a succédé, a acquis, au cours d'une longue carrière administrative, la réputation d'un esprit juste, ferme, préoccupé d'ordre et de régularité ; ce sont les qualités les plus nécessaires dans le haut poste qu'il occupe, et l'on ne peut que se féliciter de voir notre colonie aux mains d'un homme aussi bien préparé à les diriger. Madagascar a eu la chance insigne de se voir épargner les administrateurs brouillons, les politiciens ignorants, les ambitieux sans scrupules, qui apparaissent de temps à autre dans les fonctions de commandement : heureusement pour elle, car une méthode de bluff inconsidéré eût pu l'amener en peu de temps à un épuisement grave, à une crise dont des années n'auraient pas suffi à la relever.

C'est que Madagascar ne justifie pas les conceptions trop amples qui avaient influé sur ses débuts.

Territorialement, elle n'est comparable ni à l'Afrique Occidentale, qui mesure plus de 4 millions de kilomètres carrés, ni à l'Afrique Équatoriale, qui en atteint presque 2 millions, ni même à l'Indo-Chine, qui en compte plus de 803.000. Sa superficie de 585.533 kilomètres carrés est à peine supérieure à celle de la France continentale, — et, pour un pays neuf, environné de groupements considérables, c'est relativement peu.

Ses terres, pour la plupart montagneuses à cause même de sa nature insulaire et du soulèvement géologique qui a dû lui donner naissance, sont pauvres. On a dit plaisamment qu'elle avait géographiquement la forme d'une brique, et qu'elle en avait la fertilité. Ce n'est là sans doute qu'une boutade ; mais on n'y trouve rien qui ressemble ni aux fertiles deltas de la Cochinchine et du Tonkin, ni à l'humus lourd et chaud des belles vallées congolaises, ni même aux grandes plaines de l'Afrique Occidentale, qui se couvrent de cultures dès que l'activité humaine s'y installe. Son sous-sol est probablement plus riche que son sol ; mais la colonisation industrielle est encore plus difficile et plus lente que la colonisation agricole, et l'une comme l'autre se heurte à la pire des difficultés, celle dont je veux maintenant parler.

Par-dessus tout, en effet, Madagascar manque d'hommes. Au début de l'occupation, on croyait y trouver une population autochtone de 5 à 6 millions d'âmes, ce qui paraissait déjà peu ; au moins croyait-on que la race indigène compensait par sa relative supériorité son insuffisance numérique, et que les Hovas, maîtres de l'île avant nous, conquérants venus probablement de Malaisie, y avaient assez largement fait souche : ce peuple intelligent, à demi civilisé, capable d'une organisation politique propre, et développé par le rôle même d'aristocratie dirigeante qu'il avait eu à jouer, devait être un précieux auxiliaire pour notre domination.

Il a fallu revenir à une plus modeste appréciation des choses. Pendant plusieurs années même, sur la foi de statistiques incomplètes, on a pu croire que la population totale de l'île ne dépassait pas 2.700.000 âmes. Les derniers renseignements, établis par des méthodes plus précises, sont un peu moins défavorables. On comptait, en 1911, 3.104.881 habitants à Madagascar, dont 12.120 Européens, dont les cinq sixièmes environ sont Français. Les indigènes sont donc au nombre de 3.072.381, sur lesquels les Hovas comptent seulement pour moins d'un tiers ; les autres sont de race africaine, certainement très inférieurs en intelligence et en culture aux Hovas ; les Betsiléos et les Betsimisarakas forment, par moitié, un second tiers de la population totale ; ce sont les deux groupes les plus importants de cette population africaine, déjà un peu pénétrés par l'influence des anciens maîtres du pays, et dociles à notre domination. Les autres races, Sakalaves, Antanosses, Baras, etc., qui forment le dernier tiers, composé de groupes très divers et très dispersés, ne sont pas de beaucoup supérieurs aux noirs du Congo.

Ainsi le pays comprend peu d'hommes. La densité de la population est de 5,31 par kilomètre carré ; comme le faisait remarquer M. Messimy, cette densité est l'une des plus faibles qui soient : notre département le moins peuplé, les Basses-Alpes, contient 18 habitants par kilomètre carré.

Les statistiques nous enseignent que, sur la population totale, il y a seulement à peu près 900.000 adultes mâles de plus de 15 ans. Ainsi, voilà la petite troupe, vraiment presque insignifiante, dont peut disposer l'activité française, pour mettre en valeur un domaine plus grand que notre pays, et presque entièrement vierge !

Cette population au moins s'accroît-elle ? Il est difficile de l'apprécier avec les renseignements que nous possédons, et qui ne sont guère comparables entre eux, si l'on veut raisonner sur un certain nombre d'années ; la seule indication précise dont nous disposons porte sur les années 1910 et 1911, qui accusent respectivement les totaux de 3.054.658 et de 3.104.881 habitants, soit une augmentation de 50.223 au cours de l'année dernière. Le coefficient annuel d'accroissement serait ainsi, — natalité et immigration réunies, — de 1,61 %. Tout semble indiquer d'ailleurs que les races locales ne sont pas très prolifiques. La mortalité est élevée, la natalité peu considérable, et l'une et l'autre se rejoignent presque aux environs de 25 °/... Combien d'années faudra-t-il, si ces conditions se maintiennent, pour remédier à l'actuelle pénurie d'hommes ? La population n'atteindrait le chiffre, encore bien insuffisant, de six millions d'hommes, que dans une cinquantaine d'années !

Lorsque nous nous sommes établis à Madagascar, toute l'activité du pays était à peu près concentrée dans le plateau de l'Imerina, habité par les Hovas ; c'est à tort que l'on pouvait croire que ceux-ci avaient déjà fait reconnaître leur autorité dans l'ensemble de la grande île ; en réalité, des régions considérables échappaient tout à fait à leur influence, d'autres n'avaient été qu'effleurées par elle. Depuis ce moment, la pénétration française, conduite avec méthode et fermeté, et disposant de moyens militaires presque disproportionnés avec la résistance à vaincre, a profondément modifié la situation ; l'autorité de la nation souveraine est devenue partout effective ; la politique de races, inaugurée très sagement par le général Galliéni, et qui consiste à laisser les peuplades sous l'autorité immédiate de chefs issus d'elles-mêmes, — ce qui est la meilleure forme de la politique de protectorat, — donne une base stable et sûre à notre occupation. Il n'en est pas moins vrai que les deux tiers au moins du pays sont encore dans l'état le plus élémentaire, que tout y est à faire, et que les facilités espérées grâce à la relative civilisation que nous nous imaginions trouver dans l'île ne se sont présentées que pour une région restreinte.

Madagascar apparaît donc comme un grand corps inerte, où la vie ne circule pas, où il est difficile de créer des courants d'activité, parce qu'une anémie profonde le fait languir. Il faut y éveiller peu à peu le mouvement ; il faut qu'un sang plus riche anime ses organes. Seul un traitement de longue durée, semblable à l'entraînement des enfants débiles, pourra l'amener à sortir de l'engourdissement où nous l'avons trouvé.

*
* *

La France est représentée à Madagascar par un Gouverneur général, comme dans ses autres grandes colonies. Pourtant, si ce haut fonctionnaire a la même situation et les mêmes pouvoirs à peu près que ses collègues, l'organisation générale à la tête de laquelle il est placé est bien différente de celle que nous trouvons ailleurs.

Le Gouverneur général administre directement l'ensemble du territoire ; il n'est pas assisté, comme en Afrique Occidentale, en Afrique Équatoriale ou en Indo-Chine, de lieutenants-gouverneurs disposant de l'autorité effective et immédiate pour chaque grande région géographique. En réalité, le Gouverneur général n'est qu'un gouverneur de rang exceptionnel. Les administrateurs ou officiers, commandants de province ou de cercles, sont ses subordonnés directs ; il conserve entre ses mains toutes les attributions du commandement, au rebours des Gouverneurs généraux de nos autres grandes colonies, qui en délèguent presque tout à leurs collaborateurs et ne conservent que le contrôle et la haute direction.

Cette différence est parfaitement justifiée. Il n'y a pas place à Madagascar pour des gouvernements secondaires : aucune région du pays ne forme ni géographiquement ni économiquement un tout assez distinct et surtout assez important pour être érigé en colonie relativement autonome. Une préoccupation d'uniformité seule aurait pu motiver de semblables créations, qui n'auraient abouti qu'à rendre encore plus lourd et coûteux l'organe de direction. Même en son état primitif, celui-ci était disproportionné avec l'importance de la tâche et l'étendue des ressources.

M. Augagneur a eu le grand mérite de le dire, et de faire prendre les mesures nécessaires pour remédier à cet inconvénient. Afin de justifier le maintien d'un Gouverneur général, il a proposé de rattacher à son autorité les colonies voisines, Mayotte et les Comores d'une part, la Réunion d'autre part. C'était une conception juste. Un Gouverneur général doit être le délégué de la puissance métropolitaine pour un ensemble de possessions situées dans une même zone de gravitation politique et économique. S'il n'y a pas place à Madagascar même pour plusieurs colonies distinctes, nous avons dans l'Océan Indien d'autres établissements, et la bonne politique de décentralisation consiste à instituer pour ce groupe d'îles, et naturellement dans la plus importante, une autorité régulatrice sur laquelle le Gouvernement central se décharge de toutes les attributions qu'il ne peut bien exercer de loin.

La proposition a été suivie d'effet pour Mayotte et les Comores, qui sont devenues administrativement des dépendances de Madagascar. Elle n'a pas abouti pour la Réunion, en présence de l'émotion soulevée par l'annonce de la mesure au sein de la population de cette très ancienne colonie, et du désir qu'a eu le Gouvernement de ne pas blesser les sentiments de ce pays si français de cœur et d'esprit. Il faut toutefois regretter que ce projet ait soulevé une susceptibilité dont il n'était évidemment pas possible de ne pas tenir compte. A y bien regarder, en effet, il ne devait avoir rien d'outrageant ou même d'inquiétant pour les Réunionnais, bien au contraire.

Sans doute, la Réunion a son statut spécial, qu'elle partage avec la Martinique et la Guadeloupe, et qui lui accorde des garanties constitutionnelles dont ne disposent pas nos colonies plus récentes ; elle est représentée à la Chambre et au Sénat ; elle a les mêmes institutions judiciaires et municipales que la métropole. Mais toutes ces prérogatives ne sont nullement incompatibles avec une mesure de décentralisation qui, somme toute, n'aurait abouti qu'à donner au Gouverneur général résidant à Tananarive un certain nombre des attributions qu'exerce, vis-à-vis de notre ancienne possession, le ministre des Colonies. La Réunion, par contre, a des finances obérées ; elle parvient difficilement à faire les frais d'une organisation compliquée et coûteuse ; la création, dans un certain délai, d'un budget général commun aux diverses colonies du groupe, et qui aurait pourvu aux dépenses d'administration générale à l'aide de ressources dont Madagascar aurait fourni, en somme, la plus large part, n'aurait pu qu'alléger les charges du contribuable bourbonnien. Certains services, ceux de la justice, des douanes, de la gendarmerie ou de la garde indigène, auraient pu être unifiés, par conséquent simplifiés, et entretenus sur ce même budget commun. Je ne vois pas bien ce que la Réunion aurait perdu à ce régime ; je vois très bien ce qu'elle y aurait gagné, en économies, en facilités de toute nature. Sans doute, l'on se serait ainsi éloigné de la conception, chère à certains coloniaux d'autrefois, qui tend à faire de nos vieilles colonies des départements d'outre-mer ; mais cette idée est si surannée, si contraire aux courants nouveaux, si loin aussi des réalités véritables, qu'il y aurait eu avantage à en faire le sacrifice décisif, et à prouver que les méthodes d'aujourd'hui se prêtent aussi bien que celles de jadis à doter d'institutions libérales des pays que leur développement et leur civilisation doit faire considérer comme ayant atteint leur majorité.

Le projet de M. Augagneur, amendé s'il est nécessaire pour rassurer l'amour-propre bourbonnien, doit être repris. Le Gouvernement général de Madagascar n'aura sa vraie raison d'être que lorsqu'il sera le Gouvernement général de l'Afrique Orientale.

*
* *

L'organisation financière de Madagascar est, comme son organisation administrative, celle d'une colonie et non d'une fédération de territoires. Les recettes et les dépenses qui, en Indo-Chine, en Afrique Occidentale et en Afrique Equatoriale, sont rattachées d'une part à un budget général, d'autre part à des budgets locaux, sont ici centralisées dans un seul budget, qui supporte à la fois les frais des services généraux, les annuités des emprunts, les charges des grands travaux publics et le coût des œuvres et des services d'intérêt local.

Les finances de la grande île ont d'ailleurs été, de tout temps, gérées avec un soin minutieux, et la prudence qui y a présidé a été une précieuse sauvegarde pour la colonie, qui n'aurait certainement pu supporter aisément des crises budgétaires.

Si l'on examine le développement des ressources et des dépenses, on constate d'abord pendant une première période, de la conquête jusqu'en 1902, une croissance rapide. C'était le moment où l'on croyait encore à l'avenir immédiat de Madagascar. Le général Galliéni pensait justement que le principal moyen de « lancer » un pays, c'est de lui donner de bonnes finances, et de mobiliser aussi largement que possible toutes les ressources disponibles.

Puis, à partir de 1902, cet essor s'arrête. L'instrument fiscal, mis au point par le secrétaire général, M. Lepreux, a évidemment donné son maximum. On se rend compte qu'il n'est pas possible de le tendre davantage sans risquer des accidents. D'ailleurs, des révoltes locales montrent que les populations sont au bout de leur effort. Jusqu'en 1905, le budget n'augmente plus que lentement.

A partir de 1906, M. Augagneur, avec la netteté de vues qui caractérise toute son administration, décide de mettre un terme à l'accroissement, même atténué, des dépenses, et le dernier budget qu'il prépare, celui de l'exercice de 1910, est encore inférieur à celui de 1905. Les propositions de M. Picquié pour 1911 ont été inspirées de la même modération, et ont marqué à nouveau une compression des dépenses. Somme toute, depuis six ans, le budget est stationnaire, malgré le développement pourtant indéniable de l'activité générale.

Cette gestion tout à fait remarquable des deniers publics a porté ses résultats. Madagascar n'a jamais connu le déficit. Depuis plus de six ans, tous les exercices se règlent par environ 2 millions de bénéfice net annuel.

Cette prospérité financière qui, je le répète, n'est pas le fait d'une richesse générale en voie de rapide accroissement, mais d'une administration vigilante, attentive, économe sans parcimonie et préoccupée avant tout de ménager les forces d'un pays débile, fait le plus grand honneur aux Gouverneurs généraux qui se sont succédé à Tananarive.

Ces résultats sont encore rendus sensibles par les mouvements de la Caisse de réserve, qui depuis huit ans s'est régulièrement accrue, comme je l'indique ci-après, passant de 649.588 fr. 55 au 1ᵉʳ janvier 1903 à 14.140.561 fr. 11 au 1ᵉʳ janvier 1910.

Ces ressources, si judicieusement ménagées, ne sont d'ailleurs pas les seules dont Madagascar ait disposé pour les œuvres d'intérêt général, si nécessaires dans un pays où pour ainsi dire tout était à créer. Un appel a été fait également à l'emprunt, appel très large si l'on a égard à l'importance somme toute assez restreinte du budget, mais rendu possible d'une part par la saine tenue des finances locales, d'autre part par la garantie de la métropole.

Trois emprunts ont été effectués, l'un de 30 millions, en 1897, à 2 1/2 %, pour la conversion d'un emprunt malgache de 1885 ; le second de 60 millions, pour grands travaux, en 1900, à 3 % ; le troisième de 15 millions, en 1906, à 3 % pour l'achèvement du chemin de fer de Tananarive à la côte Est, commencé sur les fonds du précédent : au total 105 millions, dont l'intérêt et l'amortissement exigent une annuité d'un peu plus de 4 millions de francs.

Au budget de Madagascar sont annexés deux budgets secondaires, l'un créé en 1907, pour l'exploitation du chemin de fer, l'autre créé seulement en 1910, pour le service de l'assistance médicale indigène, tous deux gérés avec le même soin que le budget principal.

Comme on a pu le voir par les explications ci-dessus, l'édifice budgétaire de Madagascar est, somme toute, assez simple. Il répond parfaitement aux besoins du pays, qui n'a pas à distribuer ses ressources dans des directions multiples, mais qui a au contraire avantage à en faire masse, pour les employer au mieux des circonstances, et pour en assurer un contrôle sûr et minutieux.

Dès à présent, la série ininterrompue des plus-values montre que le budget possède des disponibilités annuelles permanentes, d'environ 3 millions de francs, qui permettraient, soit de gager un nouvel emprunt, soit d'entreprendre directement des grands travaux nouveaux.

*
* *

Si, après avoir examiné l'aspect d'ensemble des finances locales, nous pénétrons dans le détail de l'appareil fiscal qui l'alimente, nous comprendrons mieux pourquoi il est resté stationnaire depuis plusieurs années, pourquoi c'est un acte de sage administration que d'en avoir enrayé le développement.

Le système d'impôts en vigueur à Madagascar comprend des impôts directs et des impôts indirects. Le total des premiers, y compris la taxe d'assistance médicale versée au budget annexe, s'élève, d'après les derniers budgets, à environ 17.200.000 francs, le total des seconds à environ 4.400.000 francs. Ces chiffres méritent de retenir notre attention ; ils résument mieux que toute autre considération l'état très spécial de la colonie.

En Indo-Chine nous avons vu les impôts indirects, versés au budget général, produire des ressources sensiblement plus élevées que les impôts directs, versés aux budgets locaux; en Afrique Occidentale, en Afrique Equatoriale, les deux sources de revenus s'équilibrent assez exactement. Le budget de Madagascar au contraire est contraint de demander aux contributions directes des ressources quadruples de celles que lui fournissent les contributions indirectes. Or, tout d'abord, le véritable signe de prospérité d'un pays, c'est le rendement des impôts indirects, qui est en fonction de l'activité économique et du mouvement des échanges ; en second lieu, la charge des impôts directs est infiniment plus sensible au contribuable, plus gênante, plus vexatoire pour lui que celle des impôts indirects.

Sur plus de 17 millions fournis par les impôts directs, la taxe personnelle ou impôt de capitation sur les indigènes s'élève à elle seule à près de 12 millions ; si l'on y ajoute la taxe d'assistance médicale, qui en est le supplément, on arrive au total d'environ 13 millions 1/4. Plus de 13 millions d'impôts sur le bétail humain, dont la charge pèse, sans dérivation et sans atténuation, sur moins de 900.000 indigènes adultes ! Je ne crois pas qu'il soit au monde une seule population non civilisée qui supporte un fardeau pareil. L'impôt de capitation, qui est de 5 francs par tête en Afrique Equatoriale, qui varie de 2 francs à 4 fr. 50 par tête en Afrique Occidentale, s'élève à Madagascar jusqu'au taux de 20 francs. Cette situation, qui avait même motivé des troubles, a ému le pouvoir central, dont les instructions ont à plusieurs reprises insisté sur la nécessité de soulager le contribuable indigène ; l'administration locale a cependant toujours éludé un dégrèvement général ; elle s'est bornée à accorder assez largement les détaxes et les modérations individuelles ; mais le taux fondamental est resté le même. On se l'explique : il n'est pas possible de rompre l'équilibre d'un édifice financier qui est ce qu'il y a de plus solide dans la colonie ; si donc l'on réduisait la taxe personnelle, il faudrait trouver des impôts de remplacement. A moins de ne faire qu'une réforme de mots, cet impôt de remplacement devrait être indirect. Or il n'y a guère place à Madagascar pour les impôts indirects, comme on va le voir.

Deux causes en effet en rendent l'établissement difficile. La première, c'est l'anémie économique du pays; le commerce, nous le verrons tout à l'heure, est resté longtemps languissant et pour ainsi dire fictif. La seconde, c'est le régime douanier, le détestable régime de l'assimilation, dont nous allons retrouver ici les néfastes effets.

Madagascar a été en effet placé par une loi spéciale sous le même régime que les colonies auxquelles, en vertu de la loi du 11 janvier 1892, sont appliqués les tarifs douaniers de la métropole; les marchandises étrangères y acquittent les mêmes droits que si elles entraient en France. Or nos tarifs ont été combinés, non pour fournir des recettes au budget, mais pour protéger notre marché; ils produisent d'autant mieux leur effet qu'ils rendent moins. Leur influence à Madagascar n'a pas eu d'autres résultats que d'écarter les marchandises étrangères, qui eussent été taxées, et d'ouvrir le marché local aux produits français, qui sont reçus en franchise. Ainsi leur intérêt est nul au point de vue fiscal, celui qui a le plus d'importance pour la colonie. Les recettes douanières étaient en 1898 de 22.204 fr. 07; elles se sont élevées en 1902 à 945.535 fr. 17, pour retomber en 1905 à 222.300 fr.; elles ne dépassent guère actuellement 280.000 francs.

Mais le régime de 1892 a un autre inconvénient. Il ne se borne pas à ralentir le commerce, à écarter les produits imposables; il aboutit en outre, pour la colonie, à l'interdiction de taxer les marchandises qui traversent ses frontières. La Cour de cassation a en effet jugé que tout droit qui atteint les produits à raison du fait seul de l'importation, quand bien même il les frappe uniformément, sans distinction d'origine ni de provenance, sans intention différentielle inspirée d'une raison économique, doit être tenu pour un droit de douane déguisé, et par conséquent regardé comme illégal, irrégulièrement perçu, ouvrant aux assujettis le droit à une action en répétition pour en obtenir le remboursement. Madagascar a particulièrement connu les sévérités de cette jurisprudence ; la question est trop spéciale pour que j'en entretienne en détail mes lecteurs ; mais il est aujourd'hui admis qu'aucun impôt ne peut être perçu en addition des droits de douane, si ce n'est un droit de consommation proprement dit, c'est-à-dire portant sur des objets consommables, et les frappant aussi bien à l'intérieur du pays que sur ses frontières, à raison du fait de la consommation et non de l'importation. Les droits de consommation, établis avec beaucoup de difficulté, ne sont donc prévus au budget de Madagascar que pour un peu plus de 3.200.000 francs.

Ainsi donc, le régime douanier de l'assimilation, déjà extrêmement contestable au seul point de vue commercial, comme j'ai déjà eu l'occasion de le dire et comme nous le verrons encore plus loin, aboutit, au point de vue fiscal, à cette monstruosité, que l'on interdit à un pays jeune, qui a besoin de ressources, l'usage de l'instrument précisément le plus simple, le plus aisé à manier, le plus productif! L'Afrique Occidentale, heureusement exceptée du régime de l'assimilation, demande aux droits d'importation, — à l'exemple des colonies anglaises qui pratiquent largement le même système — la presque totalité des ressources qui alimentent son budget général. C'est là l'une des causes de sa prospérité financière ; car dans un pays où tous les échanges se font à travers les frontières, par quelques ports aisés à contrôler, il est facile de taxer le mouvement de la richesse qui va et vient ; et rien n'est plus juste, comme je l'ai déjà fait observer, que ce prélèvement sur la fortune qui travaille et produit, surtout quand il a pour objet d'aider à constituer l'outillage public qui doit accroître sa mobilité et son rendement.

A Madagascar, cette manière de procéder simple, équitable et facile, est interdite. Et voilà pourquoi, en l'absence de toute activité intérieure, de toute forme plus évoluée de la richesse générale, il faut demander à l'indigène misérable le plus dur et le plus vexatoire des impôts, le tribut.

*
* *

Ce qui précède fait ressortir la véritable nécessité qui s'imposait à l'administration locale de ménager attentivement les fonds dont elle a disposé. Le budget de Madagascar n'était, en effet, pas extensible ; on ne pouvait songer, ni à créer de nouvelles ressources, faute de formes de richesse susceptibles d'être imposées, ni à accroître les produits du système fiscal adopté, qui a pratiquement atteint sa limite de rendement pour longtemps. Ainsi, en contractant des emprunts relativement lourds, la colonie est allée d'emblée jusqu'au bout de ses forces ; si elle a par la suite réalisé tout de même des excédents de recettes, il n'était pas certain que ces résultats favorables, et d'ailleurs assez variables, dussent se maintenir ; en tout cas, il eût été prématuré de les croire assez stables pour gager un nouvel appel au crédit, et leur destination normale était de grossir la caisse de réserve, fonds de prévoyance d'une haute utilité. Dans de telles conditions, le système le plus sage consistait à effectuer sur les fonds ordinaires du budget les travaux dont la nécessité se faisait sentir, et, lorsqu'un projet plus considérable nécessitait des ressources exceptionnelles, de les prélever sur la caisse de réserve. C'est la règle de conduite adoptée par M. Augagneur.

En dehors du remboursement d'un emprunt anciennement fait par le Gouvernement malgache, Madagascar a affecté à peu près exclusivement les sommes qui lui ont été prêtées à exécuter la ligne de chemin de fer de Tananarive à la côte Est. La principale activité du pays se trouvant concentrée sur le plateau de l'Imérina, dans la région peuplée par les Hovas, il y avait un intérêt évident à mettre cette province et la capitale politique de l'île en relations directes et rapides avec l'extérieur. Un chemin de fer reliant Tananarive à un point de la côte convenablement choisi était donc le premier ouvrage à entreprendre.

Mais quel devait être ce point de la côte ? Deux solutions s'offraient : l'une consistait à donner comme tête de ligne au chemin de fer un point de la côte Ouest, vraisemblablement Majunga ou le port fluvial que l'on aurait pu créer en amont de cette ville ; l'autre consistait à adopter au contraire un point de la côte Est, Tamatave ou une autre localité à proximité de ce port. Le premier tracé était plus long, mais traversait des régions moins difficiles, et se développait en ligne presque droite, servant ainsi d'axe économique à un territoire considérable ; il suivait la même direction qu'avaient adoptée nos troupes lors de l'expédition de 1895. Le second tracé était plus court, mais devait emprunter des régions accidentées, se replier pour ainsi dire sur lui-même pour serpenter sur la pente abrupte que forme le plateau central vers l'est ; il n'avait donc guère d'intérêt que par les points extrêmes qu'il mettait en rapport ; mais il s'orientait comme l'ancienne route malgache, le long de laquelle s'était établi le premier courant économique.

C'est la seconde solution qui a été adoptée ; sans doute, l'on a surtout considéré le moindre développement à donner à la ligne, et l'importance de Tamatave, port actif, principal centre commercial de l'île avant notre arrivée. Peut-être eût-il été cependant préférable d'orienter la porte de sortie de Madagascar vers l'autre côte, moins fréquentée sans doute, mais appelée à un avenir plus rapide, puisqu'elle est tournée vers le continent où tant de pays nouveaux sont en voie de s'organiser.

A vrai dire, les deux lignes eussent été utiles. Un jour viendra sans doute où celle de Majunga sera exécutée. Celle de Tamatave est faite, et rend des services considérables : ne cherchons donc pas plus loin.

En fait, ce n'est pas Tamatave qui a été adopté comme tête de ligne, mais Brickaville, point situé sur la rivière Vohitra, et d'où l'on peut gagner Tamatave, d'abord par ce cours d'eau, puis par le « canal des Pangalanes », voie navigable créée le long du littoral par une série de coupures qui ont fait communiquer les lagunes se succédant parallèlement à la mer ; le canal des Pangalanes ne se termine pas d'ailleurs à Tamatave même, mais à Ivondro, et le premier soin a été d'établir entre ce point et le grand port voisin une courte voie ferrée. Cette conception était des plus sujettes à critiques ; donner comme trait d'union à deux lignes de chemin de fer une route fluviale est en général fâcheux, d'abord à cause de l'inégalité de débit, de rapidité et de fréquence des deux moyens de transport ainsi destinés à se compléter, et ensuite à cause des transbordements, toujours onéreux et pleins de risques.

Quoi qu'il en soit, c'est ce projet qui a été mis à exécution. La voie ferrée qui se déroule aujourd'hui de Brickaville à Tananarive sur une longueur de 267 kilomètres, a été construite en deux sections ; la première, de 168 kilomètres, de Brickaville au Mangoro, a été laborieusement établie et son prix de revient kilométrique s'est élevé au chiffre considérable de 292.880 francs ; la seconde, de 103 kilomètres, du Mangoro à Tananarive, bien que comportant tout autant de difficultés techniques, n'a coûté que 130.470 francs le kilomètre, résultat très satisfaisant eu égard aux aux conditions d'exécution.

M. Augagneur a très justement pensé que ce beau travail ne répondrait vraiment aux besoins et ne donnerait des résultats en rapport avec l'effort dépensé, que si le terminus était reporté à Tamatave même. Il a donc proposé de prolonger la voie de Brickaville au port principal de la côte Est, sur une longueur d'environ 100 kilomètres, parallèlement au canal des Pangalanes. Le coût de l'ouvrage devait être d'environ 6.500.000 francs, en raison des facilités qu'offre le terrain complètement plat, et le Gouverneur général se faisait fort de l'exécuter sans nouvel emprunt, grâce aux ressources ordinaires du budget et à un prélèvement de 2 millions sur la caisse de réserve. Ce projet si intéressant a subi — on se demande vraiment pourquoi — des retards désespérants au Ministère des Colonies. La loi de finances de 1910 a heureusement mis fin à ces tergiversations en autorisant les travaux, et Madagascar sera ainsi dotée d'un instrument économique de premier ordre.

En dehors de cet ouvrage si important, le général Galliéni, puis M. Augagneur, ont donné tous leurs soins à la constitution d'un réseau routier déjà très remarquable ; chaque exercice a contribué à son développement. L'établissement de routes carrossables ne demande pas à Madagascar les mêmes efforts que dans d'autres pays tropicaux, l'Afrique Equatoriale par exemple. La végétation est moins dense, moins envahissante, la construction par conséquent moins difficile et l'entretien moins coûteux. L'automobile a été très judicieusement employée pour compléter l'utilisation de ce réseau routier.

Mais sans aucun doute, l'outillage public de Madagascar ne commencera vraiment à se constituer que lorsque les ports auront été aménagés de manière à répondre aux besoins d'un trafic moderne. Tamatave, malgré sa rade naturelle, formée par des bancs de coraux, malgré une digue en maçonnerie et un wharf métallique de 200 mètres, ne peut accueillir régulièrement les grands navires. Majunga, à l'embouchure de la Betsiboka, est bien situé, mais présentement sans communications suffisantes avec l'intérieur du pays. Tuléar, port de la région du sud, doit être mis en état. Ces trois points, qui répondent chacun à des besoins économiques différents, méritent également la sollicitude des pouvoirs publics. Un pays qui manque de vie, qui manque, si j'ose dire, de respiration économique, a le plus grand besoin de s'ouvrir largement aux courants vivifiant de l'extérieur. Ses ports, organes d'échange, lui sont tout aussi indispensables que les organes de circulation intérieure.

La métropole, il est vrai, a accompli, à coup de millions, une œuvre de toute beauté au nord de l'île, dans la magnifique rade de Diégo-Suarez, choisie pour être le point d'appui de nos flottes. La chose est aujourd'hui faite, et il est un peu tard pour la critiquer. Mais les sommes considérables qui y ont été dépensées n'auraient-elles pas eu un meilleur emploi, si au lieu de créer un port purement militaire, qui ne servira peut-être jamais, et qui n'a pour ainsi dire aucune relation avec l'arrière-pays, elles avaient été affectées à l'aménagement d'un port également utilisable en temps de paix, — ce qui a été fait à Dakar par exemple, et qui aurait pu être imité à Majunga ? Sans doute je suis partisan de ces initiatives résolues, dont la mère-patrie prend à elle seule toute la charge, dans un pays neuf ; mais je voudrais aussi qu'en cette matière, comme d'ailleurs dans toute intervention coloniale, la France s'inspirât un peu moins étroitement de son intérêt immédiat, qu'elle vît plus large, et qu'au lieu de songer seulement à prendre ses propres sûretés, elle s'appliquât à faire profiter ses possessions des dépenses qu'elle assume, en se proposant avant tout de favoriser leur essor et leur prospérité.

Le prochain achèvement du premier programme de grands travaux, dont le principal ouvrage a été le chemin de fer de Tananarive à la côte Est, prolongé comme je l'ai dit plus haut, nécessitera bientôt l'établissement d'un nouveau programme. Il semble vraiment que les excédents constants laissés pour les budgets des dernières années justifient l'abandon de la méthode d'extrême prudence adoptée par M. Augagneur, et qu'au lieu de continuer à employer ces fonds par voie de simples prélèvements sur la caisse de réserve, il serait possible de recourir à la méthode ordinaire d'utilisation des disponibilités permanentes, c'est-à-dire à un emprunt.

L'emprunt est en effet le moyen le meilleur et le moins coûteux d'utiliser de tels excédents, en les capitalisant par avance, et en les consacrant à un effort rapide, d'une ampleur plus considérable que celui qu'on peut accomplir par une série de petites dépenses annuelles. De plus les outils économiques ainsi constitués sont immédiatement productifs, et allègent d'autant les charges de la dette contractée.

Grâce à un emprunt de 60 à 80 millions, que Madagascar serait parfaitement en état de gager, il serait possible d'aménager le port de Tamatave et de commencer une autre ligne de chemin de fer, par exemple Tananarive-Antsirabé, dont on envisage sérieusement l'établissement.

De grands travaux ont de plus l'avantage d'accoutumer la population à l'effort, de lui donner l'habitude des salaires rémunérateurs et par conséquent le goût de l'aisance, qui stimule sa productivité, et enfin, dans un pays pauvre en hommes, d'appeler une main-d'œuvre extérieure qui peut ensuite se fixer dans le pays.

*
* *

Ce qui prouvera mieux que tout ce que j'ai pu dire jusqu'à présent l'extrême débilité de notre colonie, c'est la lenteur de son développement commercial.

A première vue, cependant, si l'on regarde les statistiques, il ne semblerait pas qu'il en fût ainsi ; je les donne donc immédiatement pour pouvoir ensuite les discuter et les interpréter.

ANNÉES	Importations	Exportations	Commerce total
	francs	*francs*	*francs*
1900.	40.470.813	10.623.869	51.094.682
1901.	45.770.281	8.967.973	54.733.254
1902.	40.977.577	13.127.440	54.105.017
1903.	32.989.554	16.271.010	49.169.564
1904.	26 519.384	19.427.159	45.846.543
1905.	31.198.410	22.850.592	54.049.002
1906.	34.267.141	28.502.695	62.769.836
1907.	25.129.611	27.863.427	52.993.038
1908.	29.963.270	23.353.658	53.316.928
1909.	34.140.335	33.378.179	67.518.514
1910.	33.436.922	45.438.370	73.875.202

Le commerce total de Madagascar était, en 1897, de 22.701.350 francs. En trois ans, donc, dès le début de l'organisation française, on l'a vu plus que doubler, et cette constatation, faite sans descendre dans les détails, a certainement contribué à la vogue dont notre colonie a joui à ce moment. Cependant, à partir de 1901, les échanges demeurent stationnaires ; un fléchissement sérieux survient en 1904, une année exceptionnellement favorable se présente en 1906, mais somme toute, en 1908, le chiffre total demeure à peu près ce qu'il était en 1900.

Pourquoi cette croissance rapide, puis cette stagnation ? La raison en est bien simple, et pour la découvrir il n'y a qu'à comparer les deux premières colonnes, importation et exportation. L'essor du commerce, dans les débuts, n'a été que le développement du mouvement des entrées ; en 1900, elles sont quatre fois plus importantes que les sorties, et en 1901, cinq fois. Or cette importation exceptionnellement active avait un caractère artificiel : elle était entièrement due aux dépenses considérables que la métropole faisait dans la colonie, soit pour la construction du point d'appui de Diégo-Suarez, soit pour l'entretien d'un corps d'occupation absolument disproportionné avec les nécessités militaires ; ces dépenses se traduisaient en envois de matériaux, d'outils, d'armes, de vivres, d'approvisionnements de toute nature. On a terminé Diégo-Suarez, on a réduit les troupes. Cependant, au budget du Ministère des Colonies pour 1910, les dépenses militaires faites par la métropole à Madagascar étaient encore prévues pour 15.508.797 francs. Ajoutons à cela les 65 millions des emprunts dépensés en travaux, c'est-à-dire pour une bonne partie en commandes de matériel et d'outillage, et nous conclurons aisément que, déduction faite des sommes payées en argent soit aux troupes, soit au personnel qui a construit le chemin de fer, les envois en marchandises faits sur ressources exceptionnelles données ou seulement prêtées par la métropole ont dû atteindre près de 150 millions pendant les dix années de 1900 à 1909.

Or, pour ces mêmes années, le total des importations s'est élevé à 341.235.376 francs, et celui des exportations à 204.366.002 francs ; l'excédent des importations a été par conséquent de 136.869.374 francs : voici retrouvé, à peu de chose près, le chiffre auquel nous arrivions par une autre méthode, et voici expliquée, du même coup, la balance commerciale si anormale de

Madagascar, ce pays qui, sans aucune réserve pécuniaire, sans aucune créance sur l'extérieur, importait en moyenne deux fois et demie plus qu'il n'exportait !

Je prie le lecteur de remarquer ici que je ne fais aucune critique. Je me borne à constater des faits. Je ne songe nullement à blâmer cet « arrosage » du pays, si libéralement effectué par la métropole quoique sous une forme un peu indirecte. Bien au contraire, lorsque j'ai étudié l'Afrique Equatoriale, j'ai regretté l'extrême parcimonie de la France, qui n'a fait dans sa colonie tropicale aucune des dépenses nécessaires de premier établissement. Pour lancer un pays, il faut, sous une forme ou une autre, une première mise de fonds ; la conquête, l'occupation militaire fortement accentuée en sont une modalité, et non la plus mauvaise : elle assure définitivement la paix et l'ordre, premières conditions du travail et du progrès, et en même temps elle suscite l'activité économique, par les nouvelles habitudes qu'introduisent des corps de troupes européennes, par le petit et le grand commerce qui s'organisent autour d'elles. Ce n'est pas sans raison que nos villes de province s'imposent des dépenses pour avoir une garnison. A Madagascar, la garnison, relativement beaucoup plus nombreuse que dans aucune de nos autres grandes colonies, a été le premier instrument de colonisation.

Le résultat s'en est fait sentir, à la longue. Si l'on se reporte aux statistiques données plus haut, on constate que les dernières années sont beaucoup plus favorables. Le commerce total a repris sa marche ascensionnelle. Il marque en 1909 une avance de 14 millions, en 1910 une nouvelle avance de 10 millions, et ces résultats sont encore accentués si l'on considère surtout les exportations. En 1907 seulement, elles étaient parvenues à équilibrer les importations, mais étaient retombées en 1908 à un chiffre à peine supérieur au double de ce qu'elles étaient en 1910, et intrinsèquement faible. En 1909, elles progressent de 10 millions, et balancent de nouveau les importations ; en 1910, elles font un bond de 12 millions, et dépassent de cette somme précisément le chiffre des entrées. Ces résultats donnent à penser qu'enfin la vie économique locale a trouvé son équilibre ; ils illustrent mieux que tout commentaire la sage administration de M. Augagneur.

Celui-ci, complétant comme rapporteur du budget l'œuvre commencée comme Gouverneur général, a décidé le Parlement à opérer, au budget de 1911, une réduction sensible des troupes d'occupation. Deux bataillons de tirailleurs ont été retirés. Le moment est venu en effet pour la métropole de limiter ses sacrifices. Mais cette politique d'économies justifiées doit avoir une contrepartie. Il faut encourager maintenant par des moyens moins directs, mais plus sûrs, l'essor commercial de la colonie. Pour moi, je ne vois pas d'autre conduite à tenir, dans cet ordre d'idées, que de donner à Madagascar sa liberté douanière, en lui accordant le régime des tarifs spéciaux, à l'image de l'Afrique Occidentale.

Je sais bien que, sur ce point, je ne suis pas d'accord avec M. Augagneur qui précisément concluait, dans sa réponse à l'enquête ouverte par le Ministère des Colonies sur la révision de la loi du 11 janvier 1892, au renforcement du régime de l'assimilation ; mais je pense que le distingué Gouverneur général, estimant inutiles des propositions vouées à l'hostilité des tout-puissants protectionnistes, avait surtout en vue l'avantage que la colonie pourrait tirer d'un régime d'union plus étroite avec la métropole : au moins, pensait-il, elle pourrait ainsi obtenir la détaxe complète de ses produits à l'importation en France, et cette faveur compenserait largement la gêne restreinte qu'elle éprouverait en sacrifiant les quelques exceptions au tarif métropolitain, accordées de mauvaise grâce, et qui n'atténuent que bien peu l'oppression du système, odieux dans son principe même.

J'ai dit plus haut qu'il y avait un intérêt fiscal de premier ordre à desserrer l'étreinte de l'assimilation. L'intérêt économique n'est pas moindre. Avant d'exiger de Madagascar qu'elle enrichisse la métropole par ses achats, laissez-lui le moyen de secouer sa misère, de devenir capable d'acheter, en organisant sa vie locale, en faisant librement ses expériences dans son cercle naturel d'activité.

*
* *

Je me trouve ainsi ramené aux constatations faites dès le début de cette étude : notre colonie a besoin, par-dessus tout, qu'un sang plus riche vienne animer ses organes inertes. L'œuvre de civilisation ne consiste pas seulement à la commanditer en richesses, en moyens d'organisation, en expérience sociale ; il faudrait pouvoir la commanditer même en hommes.

C'est très inexactement, je crois, que l'on oppose les unes aux autres les différentes formes de la colonisation, — colonisation de peuplement, colonisation d'exploitation, etc... Toutes ces conceptions se ramènent à une seule : un pays disposant d'un excédent de puissance économique, — de quelque nature qu'il soit d'ailleurs, — l'affecte à susciter sous son influence directe, la formation de nouveaux groupes sociaux. Toujours il y a apport, il y a placement. L'apport peut être en travailleurs, en capitaux, en force militaire, en sagesse politique : cela dépend des aptitudes de la nation souveraine et des conditions que trouve son action. La bonne méthode consiste à discerner ces conditions et à y approprier les procédés employés.

Madagascar avait un peu besoin de tout. Il est une seule chose que nous ne puissions lui fournir, la population ; et c'est ce qui explique le retard de son développement. Toute notre préoccupation doit être de remédier à cette insuffisance.

Sans doute, bien que pays tropical, la grande île n'est pas aussi meurtrière pour l'Européen que d'autres régions africaines. Mais ce serait une chimère que de songer à la peupler de Français. Le général Galliéni avait bien rêvé un moment la colonisation militaire, à l'imitation des procédés de Rome ; les soldats installés, à leur libération, sur des parcelles de terre exploitable, ne se sont pas fixés dans le pays et ont presque tous renoncé à leurs concessions : d'ailleurs il s'agit d'hommes généralement fatigués par un long service colonial ; et l'expérience eût-elle réussi qu'on n'aurait pu en espérer grand profit par la suite.

Je préfère le projet ébauché, dès son arrivée dans l'île, par M. Augagneur, qui songeait à attirer dans le pays et à y fixer des familles hindoues. Malheureusement, un tel programme se heurtait à de grandes difficultés ; surtout, il aurait fallu obtenir non seulement l'adhésion, mais l'aide de l'Angleterre ; or celle-ci voit d'un mauvais œil l'émigration des travailleurs de l'Inde.

Dans une telle matière, il ne faut pas recourir à des moyens artificiels. On ne transplante pas arbitraire-

9.

ment des populations entières. Constatons donc seulement que Madagascar a besoin d'une immigration active, et essayons d'imiter les pays neufs, ceux d'Amérique notamment, qui s'efforcent de provoquer cette immigration par des offres tentantes, par des facilités de naturalisation ; comptons surtout sur l'influence naturelle d'une mise en valeur rationnelle : quand une terre inculte est ameublie et arrosée, elle se couvre de végétation sans qu'il soit nécessaire de semer. Toutes les plantes humaines ne sont pas également désirables ; mais, à Madagascar, nous n'avons guère le droit ni le moyen de choisir.

La meilleure méthode consiste encore à utiliser les races que nous avons trouvées sur place, et à nous appliquer à aider leur croissance et leur multiplication. C'est à ce parti que se sont finalement arrêtés le général Galliéni et M. Augagneur. Or il n'est, pour y parvenir, qu'un seul procédé : améliorer les conditions d'existence des indigènes. On peut tenter de faire de la colonisation intérieure, d'allotir et de distribuer des terres ; cela n'a pas été négligé. Avant tout, il faut favoriser la natalité, diminuer la morbidité et la mortalité. Le rôle de l'assistance médicale est, à cet égard, absolument capital.

L'œuvre accomplie dans cet ordre d'idées est tout à fait remarquable.

Dès le 15 juin 1898, le général Galliéni traçait, dans ses instructions à ses subordonnés, le programme complet d'une campagne pour la repopulation. A côté de mesures politiques (régularisation des mariages, réglementation sévère des répudiations) et fiscales (exemption d'impôt pour les familles nombreuses, institution de fêtes et de récompenses destinées à les encourager), il indiquait les mesures médicales nécessaires : création d'hôpitaux et de dispensaires, encouragement aux œuvres privées.

L'hôpital indigène de Tananarive, créé dès 1897, ouvre bientôt un pavillon spécial pour les enfants et une maternité. Une école de médecine y est annexée, pour la formation d'officiers de santé indigènes, précieux auxiliaires que l'intelligente population hova peut fournir en grand nombre. Un institut Pasteur est organisé, avec un laboratoire de chimie. La vaccination est largement pratiquée. En 1901, le Dr Villette crée, à ses frais, une maternité, un service de consultations pour les femmes indigènes enceintes, une école de sages-femmes. Des conseils pratiques d'hygiène sont répandus dans la population par la presse, par des brochures spéciales. Dans les provinces s'ouvrent des dispensaires, des services de consultations, des maternités.

Cette œuvre vraiment belle, qui a été un modèle même pour des colonies plus avancées en civilisation ou plus riches, a reçu de M. Augagneur une impulsion d'autant plus précieuse que ses études antérieures l'y préparaient mieux. Les services de l'assistance médicale indigène, dotés d'un budget spécial, se développent incessamment. L'emploi des auxiliaires indigènes, médecins de colonisation, sages-femmes et infirmiers, est de plus en plus large, et c'était là certainement le meilleur moyen de donner aux ressources disponibles une ample utilisation.

Mais il ne faut pas se dissimuler que l'effort à accomplir est énorme, et demandera longtemps. Les populations de l'île, et spécialement les plus civilisées, sont décimées par des maux nombreux ; la syphilis, la lèpre, la variole y faisaient, naguère encore, d'effrayants ravages. La mortalité infantile est très élevée. Nous sommes donc encore plutôt à la période de préparation qu'à la période de réalisation, et avant que les bienfaits de la science aient pénétré jusqu'aux plus humbles cases, dans ces agglomérations si disséminées et difficiles à visiter régulièrement, des années s'écouleront.

Pour donner aux habitants du pays de meilleures habitudes, la diffusion de l'instruction sera aussi d'un grand effet. C'est pourquoi je mentionne ici l'effort accompli également dans cet ordre d'idées. M. Augagneur a été vivement critiqué à raison de son attitude vis-à-vis des missions, et spécialement des missions protestantes étrangères ; on lui a reproché de détruire un moyen de civilisation sans rien mettre à la place. Les statistiques se chargent de répondre.

Voici, en 1904 et 1910, la situation respective de l'enseignement officiel et de l'enseignement libre.

			1904	1910
Enseignement officiel	*Enseignement européen*	Ecoles	8	17
		Maîtres	13	36
		Elèves	246	832
	Enseignement indigène	Ecoles	393	513
		Maîtres européens	35	41
		Maîtres indigènes	526	851
		Elèves	28.380	46.458
Enseignement libre	*Enseignement européen*	Ecoles	9	12
		Maîtres	19	16
		Elèves	181	441
	Enseignement indigène	Ecoles	311	379
		Maîtres européens	73	141
		Maîtres indigènes	548	692
		Elèves	25.899	25.602

Si l'enseignement libre est resté à peu près stationnaire, l'enseignement officiel s'est considérablement développé. Celui-ci, d'ailleurs, avec ses trois degrés, qui correspondent à peu près à l'enseignement élémentaire, l'enseignement primaire et l'enseignement primaire supérieur ou technique, est parfaitement adapté aux besoins de la population et orienté surtout vers les travaux pratiques. En somme, 72.000 enfants indigènes sont chaque année touchés par l'enseignement sous quelque forme que ce soit. Ce résultat, eu égard à l'importance restreinte de la population, est digne d'éloges.

*
* *

Madagascar nous apparaît donc comme un champ d'expériences coloniales particulièrement difficiles. On peut vraiment dire que, dans ce pays peu favorisé, tout était à faire ; la civilisation n'y trouvait d'autre point de départ que le territoire lui-même, et un territoire médiocre. Il a fallu aborder le problème par toutes ses faces ; et il est loin d'être résolu, puisque la plus grave de toutes les questions, l'insuffisance numérique de la population, commence seulement à pouvoir être attaquée de front. Les résultats obtenus ne pouvaient certainement être dépassés ; il est même admirable qu'ils aient été atteints.

Les grands administrateurs auxquels le pays doit son relatif essor ont parfaitement aperçu la complexité, la multiplicité des efforts à entreprendre ; ils ont tracé le programme et fixé la méthode. Il faut poursuivre, avec persévérance et prudence, dans la même voie ; il faut se garder de surmener par des ambitions trop promptes cet organisme encore débile. Dans toutes les situations délicates ou graves, la temporisation est souvent la meilleure tactique.

La colonisation, qui nous a donné l'habitude des succès rapides, ne peut cependant pas faire des miracles. Continuons donc, dans la grande île malgache, à préparer l'avenir. Madagascar est une colonie d'attente ; c'est en nous en persuadant que nous abrégerons, autant qu'il est possible, les délais nécessaires. Et l'essor ultérieur de ce pays, si bien situé, si facile à tenir, où s'éveille une population vraiment digne d'occuper une place de choix dans l'humanité future, compensera abondamment le labeur et la lenteur des débuts.

CHAPITRE V

Les anciennes et les petites colonies

Importance et utilité des anciennes et des petites colonies ; moyen de les relever par l'application judicieuse des principes déduits de notre récente expérience coloniale. — Diversité et intérêt de nos possessions disséminées dans toutes les parties du monde ; elles n'ont pas pour seule utilité d'être ultérieurement des « monnaies d'échange ». Leur développement général ; leurs ressources. — L'Amérique française (Martinique, Guadeloupe, Guyane) ; ses causes de souffrance économique ; le mal politique ; comment y remédier ; la décentralisation par le Gouvernement général. — Saint-Pierre et Miquelon ; l'erreur économique cause de la misère du pays. — L'Océanie française (Nouvelle-Calédonie, Tahiti et dépendances, Nouvelles-Hébrides, Wallis) ; sa régénération par l'autonomie. — L'Inde française ; sa situation particulière. — La Réunion ; son caractère spécial ; sa décadence ; le rattachement à Madagascar. — La Côte des Somalis. Grand avenir de cette colonie. — Conclusion.

Les grandes colonies que nous avons envisagées dans les chapitres précédents, l'Afrique Occidentale, l'Afrique Equatoriale, l'Indo-Chine et Madagascar, représentent la partie de beaucoup la plus importante et en tout cas la plus heureuse de l'œuvre coloniale de la troisième République.

Dans ces vastes domaines, où nous avions autrefois à peine pris pied, une tâche immense a été accomplie en un quart de siècle : conquête, organisation, mise en valeur. Mais si le programme était énorme, il avait au moins l'avantage d'être intégral : aucun passé ne nous gênait en nous posant des conditions restrictives ; c'est sur une page blanche que nous avions à écrire. Pour apprécier donc notre nouvelle expérience coloniale, pour dégager ses méthodes, juger ses résultats, nous ne saurions trouver d'exemples plus caractéristiques et plus complets.

Les constatations qu'il nous a été donné de faire sont éminemment satisfaisantes. Non seulement la France a obtenu dans ces grands pays neufs des succès éclatants et rapides, mais encore elle les a obtenus consciemment, avec une remarquable sûreté de vues. Le temps n'est plus où les choses des colonies laissaient indifférents le grand public et même les milieux gouvernementaux, et où nous prétendions déduire *a priori*, d'après quelques idées abstraites, en nous inspirant surtout des exemples métropolitains, les règles de notre action coloniale. Nous avons pris contact avec les faits, et la vivacité de l'intelligence française y a vite adapté les moyens. Aujourd'hui des conceptions d'ensemble se dégagent. Nous savons que tout l'avenir de nos établissements d'outre-mer tient dans l'utilisation rationnelle et bienveillante des races indigènes. Nous commanditons ces peuples attardés. Nous sommes leurs tuteurs, leurs conseils et leurs bailleurs de fonds. Tout effort qui ne s'inspire pas de ces considérations est nécessairement stérile. C'est pourquoi la politique coloniale est avant tout affaire de gouvernement et d'administration. Il faut qu'une pensée ordonnatrice précède et conditionne les institutions particulières. Quant au programme d'action qui répond à ces idées, nous sommes à même d'en fixer les lignes essentielles : le protectorat sagement pratiqué, la décentralisation, la concentration des ressources pour un aménagement immédiat et la création d'un premier outillage économique, tels sont les éléments de cette souple méthode d'administration qui a abouti dans nos grandes colonies récentes à l'institution de ces Gouvernements généraux dont j'ai montré les principaux rouages. Je suis persuadé que, dans un avenir prochain, ces notions auront achevé de se préciser ; l'instrument sera définitivement au point.

Mais à côté de ses grands empires de l'Asie et de l'Afrique noire, la France possède d'autres domaines, acquis à d'autres époques et dans d'autres conditions, gouvernés par d'autres méthodes, susceptibles d'une autre utilisation. En premier lieu, ses possessions de l'Afrique méditerranéenne, l'Algérie, la Tunisie, bientôt le Maroc, lui ont semblé de tout temps moins des colonies que des prolongements, des compléments nécessaires du territoire métropolitain. En second lieu, elle a hérité, d'un passé qui ne fut pas sans gloire, des établissements répandus dans toutes les régions du monde, et elle se trouve souvent embarrassée quand elle compare ses conceptions actuelles aux idées qui ont prévalu jadis dans l'organisation de ces colonies. Il nous faut dire quelques mots de ces pays si divers par leur origine, leur importance et leur avenir, qui n'ont pour ainsi dire comme caractère commun que d'être généralement demeurés à l'écart de l'évolution de nos idées coloniales, tout en constituant une partie considérable de notre domaine extérieur. L'expérience acquise dans nos grandes colonies de conquête récente peut-elle nous éclairer pour tirer plus complètement parti de nos autres possessions ? J'aborderai ce travail par l'examen de nos anciennes et de nos petites colonies, les plus comparables par leur situation, leur éloignement, leur population, aux pays déjà étudiés, quelque grandes que soient par ailleurs leurs différences avec ceux-ci. Je m'occuperai ensuite de l'Afrique du Nord, placée dans des conditions profondément autres, au moins en apparence, et surtout par notre seule volonté.

Nos anciennes et nos petites colonies sont trop négligées. Les esprits même les plus épris de notre grandeur extérieure sont trop portés à ne plus voir dans ces établissements épars que les débris d'empires sacrifiés, les témoins de projets amples que les circonstances nous ont obligés à abandonner. De là une indifférence générale, et cette conviction, plus ou moins avouée, qu'il n'y a rien d'utile à tenter de ce côté ; l'œuvre est manquée, pense-t-on ; il n'y a qu'à s'y résigner.

Je ne partage pas cette opinion fataliste ; je suis persuadé au contraire que, dans l'appréciation globale de notre puissance coloniale, ces pays dédaignés doivent tenir une place importante. L'Angleterre, qui nous a devancés dans l'expansion mondiale, nous donne à cet égard des leçons à méditer. Bien avant nous et mieux que nous, elle a compris l'utilité de cette poussière d'empire disséminée sur le globe. Elle a occupé avec empressement et elle conserve jalousement, fût-ce au prix de sacrifices permanents, des îlots oubliés, des rochers incultes, des enclaves sans issue. Elle en sait le prix ; sur ces points d'appui s'attache le réseau d'influences politiques et économiques dont elle enserre l'univers ; et combien d'entre eux déjà, longtemps inutilisés, sont soudain devenus précieux, parce qu'un pays voisin sortait de sa torpeur, parce qu'il fallait un relai à un câble télégraphique, parce qu'un port était nécessaire sur une route nouvellement ouverte !

Je suis donc en désaccord avec ceux qui, pour obtenir un agrandissement insignifiant d'empires déjà considérables, abandonneraient volontiers telle ou telle de nos petites colonies. Ces marchés sont désavantageux dans leur principe même ; à égalité de superficie, nous trouvons plus d'utilité à posséder un petit territoire dans une région où notre influence a besoin de se maintenir ou de s'établir, plutôt qu'à en recevoir l'équivalent en bordure de vastes domaines auxquels l'espace est ce qui manque le moins.

Mais, pour savoir profiter de ces parcelles heureusement distribuées dans toutes les parties du monde, il faut nous faire une idée juste de leurs ressources, de leurs possibilités d'avenir, en fonction du milieu qui les entoure ; il faut comprendre la diversité des conditions, et partant la diversité nécessaire des méthodes. Un inventaire sérieux et sincère s'impose ; j'essaierai non pas même de le tenter, ce qui m'entraînerait à de trop longs développements, mais d'en esquisser les grandes lignes, heureux si je parviens à réhabiliter un peu, dans l'attention de mes lecteurs, ces colonies si attachantes dont on méconnaît couramment l'intérêt.

*
* *

L'ensemble de nos anciennes et de nos petites colonies, comprenant en Amérique la Martinique, la Guadeloupe, la Guyane, Saint-Pierre et Miquelon, — en Afrique la Réunion et la Côte des Somalis, — en Asie les Établissements français de l'Inde, — en Océanie la Nouvelle-Calédonie, Tahiti et leurs dépendances, représente une superficie globale d'environ 132.000 kilomètres carrés de territoires admirablement situés, avec un énorme développement de côtes et d'excellents ports. Beaucoup de ces petits pays jouissent du climat le plus heureux et comptent parmi les terres les plus fertiles et les plus riches du monde. Une population de près de 1.200.000 habitants s'y presse ; si l'on en excepte les Indiens de la Guyane, les Canaques de la Nouvelle-Calédonie et les Somalis, il reste environ un million d'hommes comprenant, soit des Européens, soit des races depuis longtemps en contact avec notre civilisation et d'un niveau de culture déjà relevé.

Ce ne sont point là des éléments à dédaigner.

L'ensemble des ressources propres de ces mêmes colonies s'élevait, en 1901, à peu plus de 27 millions de francs ; il a atteint, en 1911, près de 30 millions, ce qui représente un budget trois fois plus considérable que celui de l'Afrique Equatoriale et sensiblement supérieur à celui de Madagascar. Si l'on y ajoutait les ressources des communes et des établissements publics, le chiffre commencerait à devenir comparable avec celui de l'Afrique Occidentale.

Le commerce total de ces divers pays représentait encore, en 1901, près de 30 % du commerce général de nos colonies (abstraction faite de l'Algérie et de la Tunisie) ; il ne s'est plus élevé, en 1910, qu'à 24 % de ce même mouvement global ; la raison en est, non à un fléchissement de la puissance économique de nos petites colonies, mais bien à l'accroissement plus rapide de la jeune prospérité de nos grands empires. Le commerce total de nos anciennes et petites possessions atteignait en effet 242.400.000 francs en 1901 contre 810.700.000 francs pour l'ensemble des colonies ; en 1910, les mêmes chiffres ont été respectivement 296.600.000 francs et 1.224.500.000 francs.

On peut mesurer, par ces quelques données, ce que nos établissements secondaires représentent de richesse réelle, de puissance économique et de facteurs de prospérité pour la métropole, malgré l'injuste désaffection dont ils pâtissent. Mais poussons notre examen plus avant, en essayant de réunir dans un même aperçu, chaque fois que faire se pourra, les divers groupes des colonies dont nous disposons dans telle ou telle partie du monde.

*
* *

L'Amérique a été la terre d'élection de nos premières entreprises d'expansion ; nous y avons possédé le Canada, la Louisiane et Saint-Domingue ; nous y possédons encore, avec la petite station de Saint-Pierre et Miquelon, qui demande à être envisagée à part, la Martinique, la Guadeloupe et ses dépendances, et la Guyane. Ces trois noms sont associés à notre plus ancienne histoire coloniale et familiers aux mémoires françaises ; mais ne doivent-ils évoquer pour nous que des souvenirs ?

Sans doute, il est certain que nos possessions d'Amérique ne sont plus susceptibles de s'accroître ; la doctrine de Monroe est un obstacle à toute acquisition nouvelle, même pacifique ; l'essor des républiques du Nouveau Continent ne laisse plus de grandes perspectives d'avenir aux entreprises coloniales des Etats européens ; il est vrai aussi que nos Antilles, après une ère de brillante prospérité, ont été durement éprouvées par la crise sucrière ; quant à la Guyane, nous n'avons guère abouti jusqu'à présent qu'à en faire un bagne. Ces considérations ne me paraissent cependant pas suffisantes pour justifier le pessimisme que l'on oppose à tout projet de régénération de ces pays. Voyons plutôt leur situation réelle, leurs facultés, leurs causes de stagnation, s'il le faut, et apprécions l'avenir en toute impartialité.

Le commerce général de ces trois colonies s'élevait, en 1901, à 106.078.903 francs; nous le trouvons, en 1910, de 111.807.973 francs; dans ce laps de temps, la Guyane a progressé de 19.765.225 francs à 23.800.568 francs, la Guadeloupe, de 36.566.517 francs à 40.857.335 francs, la Martinique seule a rétrogradé de 49.747.161 francs à 47.150.070 francs; mais si l'on songe à la terrible catastrophe qui, en 1902, a détruit sa capitale commerciale, son centre le plus riche, on admirera plutôt la vitalité dont elle a fait preuve. Sans doute, il ne faut pas exagérer l'importance de ces statistiques. Pour la Guyane seule, elles révèlent un mouvement de progression à peu près régulier, malgré des fluctuations et malgré une réaction assez sensible depuis trois ans. Pour la Martinique et la Guadeloupe, nous assistons à des oscillations fréquentes; la première a connu en 1904 sa plus grande dépression; son commerce était tombé au-dessous de 28 millions; la seconde a des sursauts irréguliers; 1910 a été la meilleure année enregistrée depuis seize ans; 1909, avec un chiffre d'affaires inférieur à 26 millions, avait été la plus mauvaise. Ces hauts et ces bas se succèdent depuis trente ans, et l'on ne saurait oublier que le commerce de la Martinique a dépassé 67 millions, celui de la Guadeloupe 68 millions, en 1882. A vrai dire, la puissance productive de ces deux îles n'a pas diminué; mais leur grand article d'exportation, le sucre de canne et son dérivé de rhum, a subi une dépréciation sur le marché européen, par suite de la concurrence du sucre de betterave et des alcools des crus nationaux.

On a d'ailleurs dit et répété que ces pays souffrent de s'être trop exclusivement adonnés à la culture de la canne. On a conseillé la reprise d'anciennes cultures, comme celles du café et du cacao, et la Guadeloupe a fait en ce sens un intéressant effort, non sans succès ; le commerce des fruits frais et conservés a également été recommandé. Là n'est pas, à proprement parler, le problème, ainsi que je compte le montrer tout à l'heure. Ce que je veux seulement retenir de ces premières remarques, c'est que nos Antilles sont loin d'être mortes, comme on l'a dit, et qu'elles font preuve, malgré les circonstances souvent difficiles, d'une réelle vitalité. J'ajoute que ces deux pays possèdent, pour une superficie réduite, une population des plus denses, environ 400.000 habitants ; ils ont donc, en principe, les éléments nécessaires à un nouvel essor, la richesse du sol et l'abondance de la main-d'œuvre.

Je n'en dirai pas autant de la Guyane, malgré ses apparences de développement régulier. La Guyane a, sur la carte, près de 90.000 kilomètres carrés de superficie ; le tiers à peine est exploré et la région réellement administrée se borne à une étroite bande côtière ; presque toute la population libre, un peu plus de 20.000 habitants, est concentrée à Cayenne ; la population pénale (transportation et relégation), à Saint-Laurent du Maroni ; les deux points ne communiquent que par la mer. A l'intérieur du pays, quelques régions sont plus ou moins irrégulièrement visitées par les chercheurs d'or. Le reste est ignoré. Les populations indigènes vivent à l'état sauvage, sans contact avec notre administration. Ainsi cette colonie, que nous possédons depuis trois siècles, est laissée dans un état d'abandon qui paraît inadmissible même pour nos possessions africaines les plus récentes. Malgré ses institutions politiques avancées, qui comportent des municipalités, un Conseil général, un représentant à la Chambre des députés, elle est moins organisée que l'Oubangui-Chari-Tchad ou la Côte d'Ivoire. A proprement parler, la Guyane est un domaine vierge où nous avons quelques établissements isolés. L'état économique de ce pays est, si possible, encore plus misérable : aucune culture, sans production régulière ; le seul élément d'activité et de transactions c'est l'or, l'or des placers alluvionnaires, exploité généralement sans méthode, par les procédés les plus rudimentaires, au hasard des découvertes individuelles ; et une pénétration plus complète du pays, en l'absence de toute voie de communication autre que les fleuves, navigables seulement pour les pirogues des Indiens, en l'absence de toute administration régulière à l'intérieur, est proprement impossible dans les conditions actuelles. D'ailleurs, la main-d'œuvre manque.

Voici donc l'état de nos trois colonies américaines. Pourquoi les Antilles, qui ont tout pour elles, beauté du climat, fertilité du sol, facilité des communications, abondance des bras, ne sortent-elles point vigoureusement de leurs embarras ? pourquoi la Guyane, dont le sol et le sous-sol renferment des trésors inexplorés, n'attire-t-elle pas les initiatives hardies ? Il n'y en a, je crois, qu'une seule grande raison : leur état politique et administratif.

La France a appliqué dans ces pays la généreuse mais détestable politique de l'assimilation. Au lendemain de l'affranchissement en masse des esclaves, en 1848, une série de décrets hâtifs a accordé à toute la population l'ensemble des droits des citoyens français ;

c'était aller un peu vite en besogne. Progressivement, toutes les institutions, toute l'administration ont été calquées sur le modèle métropolitain. C'était donner sans retour à la population noire, importée d'Afrique au temps de la traite, la maîtrise effective de tous les rouages essentiels de la vie publique. Je reconnais très volontiers que cette population fait preuve, dans son ensemble, d'un loyalisme sincère, et que, dans ses classes instruites, les esprits distingués et vraiment cultivés sont nombreux. Il n'en est pas moins certain que la devise plus ou moins secrète de tous, c'est : « La Martinique aux Martiniquais, la Guadeloupe aux Guadeloupéens, la Guyane aux Guyanais. » Et le bulletin de vote est un redoutable instrument au service de ces idées.

Je n'ai ni le goût ni le loisir de me faire ici l'écho de tous les bruits qui courent sur les mœurs électorales de ces pauvres colonies. Je vois la question de plus haut et de plus loin. Les votes fussent-ils tous réguliers, qu'il n'en subsisterait pas moins une situation trouble ; les électeurs noirs sont extrêmement enclins à la passion ; la politique les enivre. Ajoutez à cela que tous sont profondément attachés à leur patrie locale, et qu'ils n'ont point de plus beau rêve que d'y exercer une autorité quelconque, comme élus, magistrats ou fonctionnaires. Vous ne vous étonnerez plus alors que toute l'activité, toute l'énergie de ce peuple soient détournées vers les intrigues de clocher et la brigue des places, que les budgets deviennent de vastes caisses d'assistance, et qu'il ne reste plus aucune ressource, ni publique, ni privée, pour l'œuvre économique nécessaire. Il faudrait reconstituer ou créer l'outillage public ; mais la Guadeloupe est déjà lourdement endettée par son imprévoyance, et paie laborieusement ses déficits accumulés ; la Guyane, incapable de faire les frais nécessaires à l'établissement de l'indispensable chemin de fer de pénétration, a dépensé dans des travaux illusoires les excédents qui gonflaient sa caisse de réserve ; la Martinique seule a pu récemment emprunter quelques millions pour aménager son port en vue de l'ouverture prochaine du canal de Panama et pour créer une petite voie ferrée dans le nord de l'île ; mais depuis plusieurs années, ses budgets se sont réglés de moins en moins favorablement, et il est à craindre que l'effort qu'elle s'impose n'aboutisse qu'à un maigre résultat, tout en étant pour elle le commencement des embarras financiers.

Quant aux particuliers, il leur faudrait modifier leurs méthodes agricoles et industrielles ; dussent-ils rester adonnés, dans les Antilles, à la culture de la canne, dans la colonie continentale à la recherche de l'or, ils pourraient réussir en modernisant leurs procédés, grâce aux richesses naturelles vraiment exceptionnelles dont ils disposent. Mais il leur manque, et l'esprit d'entreprise, et les économies, et la stabilité du milieu social. De plus en plus, ces trois pays vivent sur eux-mêmes et pour eux-mêmes. Voilà la véritable cause de leur torpeur.

Comment la secouer ? Toute mesure de réaction, que l'on ne s'y trompe pas, serait impolitique, indigne de la France républicaine, et d'ailleurs injuste vis-à-vis de populations peut-être un peu précipitamment émancipées, mais aujourd'hui dignes de leur liberté et de leurs droits. Elle serait d'ailleurs d'autant plus impossible que, même en cherchant bien loin sous les institutions dont nous avons doté ces pays, nous ne retrouverions aucun plan ancien, aucune civilisation spontanée et autochtone dont il serait possible de régénérer les lointains vestiges. Toujours ces pays ont vécu sous le régime de l'assimilation ; c'est l'assimilation qui a fait disparaître les véritables indigènes, ces premiers habitants, ces caraïbes dont nous avons seulement conservé un souvenir nominal. Tout ce qui subsiste a été importé. Longtemps nos colons seuls ont compté, et pour eux l'assimilation était toute naturelle. Mais cette population noire, énormément plus nombreuse et plus vivace, c'est aussi une population artificielle, une population de déracinés. Nous n'avons point d'autre statut à lui offrir que le nôtre propre, et c'est le juste retour de l'abominable système qui l'avait si longtemps fait vivre sans statut. Ainsi, pour vivifier ces pays qui s'engourdissent, je n'aperçois, pour ma part, qu'un seul moyen: il faut aérer ces milieux confinés, et il faut élargir les perspectives, agrandir les cadres, faire passer un souffle nouveau sur ces intelligences absorbées dans de minimes compétitions locales.

On a préconisé, de divers côtés, la création d'un Gouvernement général des Antilles et de la Guyane. C'est, je crois, la véritable mesure utile. Tout en tenant compte des différences profondes qui distinguent ces pays de nos grandes colonies récentes, on adapterait à leur intention des institutions administratives dont l'expérience a montré la souplesse et la solidité. Le premier résultat de cette innovation serait de faire cesser l'absurde centralisation qui fait de la Martinique, de la Guadeloupe et de la Guyane de véritables départements d'outre-mer, bien que leur éloignement, leur exiguïté, la nature même de leurs intérêts jurent avec cette conception. Le second résultat serait de donner aux problèmes gouvernementaux plus d'ampleur, et de dégager l'autorité des conflits mesquins avec les factions locales. Le troisième profit enfin serait de concentrer et de mieux utiliser les ressources de ces pays qui se complètent mutuellement ; car si la Guyane est déserte, les Antilles sont surpeuplées, et si les budgets de celle-ci sont presque inextensibles, les recettes de celle-là sont susceptibles de développement. J'ajoute que ce serait encore le moyen de déterminer la transformation administrative de la Guyane, en rattachant directement au Gouvernement général la région de l'intérieur, et en laissant les communes actuellement constituées bénéficier du régime ancien : c'est ce qui a été fait au Sénégal, où les pays de protectorat ont pris leur essor du jour où ils ont été séparés des pays d'administration directe, les quatre municipalités qui formaient autrefois toute notre colonie.

Le Gouvernement général de l'Amérique tropicale française, avec un ensemble de budgets de 16 millions, pourrait sans doute, surtout si la métropole ne lui marchandait pas trop son appui, déterminer l'essor de cette colonie de grand avenir qu'est la Guyane, et faire de la Guadeloupe et de la Martinique des pays puissamment prospères.

L'ouverture prochaine du canal de Panama est pour elles une occasion unique, qu'elles ne retrouveront peut-être jamais, de reprendre une place brillante dans le monde économique.

Lorsque nous aurons donné à ces corps robustes le cerveau vigilant et prévoyant qui leur serait nécessaire, sans nul doute, l'opinion aurait un retour de faveur pour nos vieilles colonies américaines, et il serait possible de trouver les ressources pour faire dignement face aux circonstances exceptionnelles qui vont se présenter.

La magnifique rade de Fort-de-France, merveilleusement située sur la route qui va d'Europe à Panama, doit devenir un grand port d'approvisionnement et de relâche. Il serait impardonnable de notre part de nous laisser devancer par d'autres, et de dédaigner le surcroît d'influence et de prospérité que nous assurera l'aménagement de ce « point d'appui » du trafic international. L'heure est déjà tardive pour nous mettre à la besogne. N'abandonnons pas la Martinique à ses seules forces. C'est la régénération de nos colonies d'Amérique qui est en jeu.

*
* *

Notre petite station de Saint-Pierre et Miquelon traverse depuis plusieurs années une crise qui est allée sans cesse s'aggravant. Son commerce, qui était encore de 21.275.155 francs en 1901, est tombé, en 1910, à 14.508.111 francs ; l'armement local du port de Saint-Pierre, qui entretenait jadis une flotte importante de goélettes pour la pêche sur le grand banc de Terre-Neuve, a fléchi dans des proportions considérables ; la population même s'est progressivement réduite, et depuis cinq ans, chaque saison d'hiver a vu émigrer de nombreuses familles vers le Canada ; le budget local, appauvri, a dû faire des appels de plus en plus importants à la générosité de la métropole. De toute évidence, ce pays se meurt ; tous les indices concordent pour accuser une baisse générale de sa vitalité et de son activité ; encore quelques années, il ne subsistera plus qu'un établissement purement nominal, où la métropole entretiendra, à coups de subventions, des fonctionnaires à peu près inutiles.

On a cherché de nombreuses causes à cette décadence. On a mentionné le funeste effet des mesures d'hostilité décidées par le Gouvernement de Terre-Neuve qui, en interdisant notamment l'exportation de la boëtte ou appât à destination de nos établissements, a gravement atteint les intérêts de nos pêcheurs ; on a dit qu'en abandonnant, en 1904, nos droits séculaires sur le French Shore, la côte méridionale de Terre-Neuve, où les traités nous reconnaissaient le droit de pêche et d'établissement à terre, nous avions porté un coup mortel à notre petite colonie ; on a déploré la réorganisation administrative de 1906, qui a supprimé le poste de Gouverneur à Saint-Pierre et Miquelon et a confié le commandement du pays à un fonctionnaire de rang plus modeste, assisté d'un personnel réduit ; on a dénoncé l'exagération des droits de port à Saint-Pierre, droits très lourds et qui éloignent les bateaux du point de relâche qu'on avait voulu précisément leur offrir ; on a enfin incriminé le dernier remaniement de nos lois sur les primes à la grande pêche, et surtout le régime douanier institué en 1892, qui frappe les marchandises étrangères des droits du tarif métropolitain.

Toutes ces critiques contiennent une part de vérité ; mais, à mon avis, la dernière domine tout le débat. Saint-Pierre est un rocher inculte de quelques kilomètres de tour, avec un port ; Miquelon, une petite île agréable, à peine peuplée ; ces terres minuscules, baignées par le courant froid qui longe la côte de l'Amérique du Nord, ne peuvent produire par elles-mêmes de quoi subsister ; à deux reprises, dans l'histoire, elles ont été abandonnées ; la population qui les habite a eu pour premier noyau un groupe d'immigrants amenés par une expédition officielle. Cette station artificiellement créée, à d'énormes distances de toute terre française, est aujourd'hui encerclée de pays puissants, en plein développement : la grande République des États-Unis, le Canada, Terre-Neuve. Comment pourrions-nous espérer qu'elle puisse vivre indépendamment de tels voisins, soutenir contre eux une lutte vraiment trop inégale ? C'est pourtant ce que nous avons pensé. Alors qu'elle diffère de toutes nos colonies par le climat, la position, la nature du sol, la population, l'activité économique, nous lui avons appliqué les mêmes règlements qu'à celles-ci ; nous lui avons donné le même personnel avec les mêmes droits à la double solde et aux congés périodiques ; nous avons voulu que son budget fût organisé sur les mêmes bases et se suffît en principe à lui-même ; nous lui avons, enfin, imposé l'assimilation douanière avec notre territoire national et cette énormité, véritable déjà au bon sens, vient seulement de prendre fin ; pendant vingt ans, nous avons obligé ces malheureux pays à tout acheter dans une métropole lointaine, cher vendeuse, à laquelle ils ne sont même pas reliés par une ligne directe de navigation !

Ouvrons les yeux à l'évidence. Saint-Pierre et Miquelon ne peuvent être qu'un point d'appui pour nos flottes de pêche. Il faut que les navires trouvent plus d'avantages à s'y arrêter que dans les ports étrangers voisins. Ce n'est pas assez d'y diriger une clientèle exclusivement retenue par notre système artificiel de primes. Il faut y attirer les bateaux de toutes nationalités qui croisent dans les environs. Comme l'a excellemment indiqué le Congrès des Anciennes colonies, la logique veut que Saint-Pierre, simple port de relâche sans hinterland, soit un port franc. Et pour commencer, il est indispensable d'y supprimer des tarifs douaniers prohibitifs, qui ne protègent même pas l'industrie métropolitaine, incapable d'approvisionner une station si lointaine et si irrégulièrement desservie. Un projet de loi en ce sens vient d'être enfin adopté bien tardivement, par le Sénat. C'est un premier pas dans la voie du bon sens. Mais pour hâter le relèvement de notre possession, il faudrait qu'un statut politique, administratif et économique nouveau, différent de celui de nos autres colonies et adapté à ses conditions d'existence toutes spéciales, lui fût octroyé sans retard.

*
* *

A travers les immenses étendues du Pacifique sud, depuis les extrémités de la Polynésie jusqu'aux rives du continent australien, la souveraineté de la France s'étend sur d'innombrables terres et îlots ; de cette poussière nous avons fait deux lots administratifs, groupés respectivement autour de nos possessions les plus importantes : d'une part, les Établissements français de l'Océanie, c'est-à-dire Tahiti avec ses dépendances Mooréa, les Touamotou, les Gambier, les Marquises, Rapa et les îles australes ; d'autre part, la Nouvelle-Calédonie, avec les Loyalty, les îles Huon et Chesterfield, et ces autres satellites plus éloignés, rattachés par un lien plus ténu, le protectorat des îles Wallis et Futuna, le territoire d'influence commune franco-anglaise des Nouvelles-Hébrides. La division navale du Pacifique, aujourd'hui réduite à deux navires d'un type ancien, forme le lien entre ces diverses possessions et y effectue des tournées périodiques.

Ainsi constitué, notre domaine océanien ne saurait évidemment supporter aucune comparaison ni avec celui de l'Angleterre, fortement étayé sur les bases grandioses de l'Australie et de la Nouvelle-Zélande, ni avec les magnifiques Indes Néerlandaises de la Malaisie ; il est même inférieur en superficie à celui de l'Allemagne dans les mêmes parages. Il est loin cependant d'être à dédaigner. La Nouvelle-Calédonie, trois fois grande comme la Corse, peuplée de nombreux Français, ne voit plus se renouveler aujourd'hui le flot impur que la transportation y amenait jadis chaque année ; c'est un admirable pays, favorisé par un climat excellent, propre à la culture et à l'élevage, riche enfin de mines incomparables ; les Nouvelles-Hébrides, dont nous possédons moralement une part qu'il faudra bien nous reconnaître tôt ou tard, sont un archipel de toute beauté, comprenant des terres importantes, d'une superficie totale d'environ 17.000 kilomètres carrés, pourvues de ports bien abrités et offrant sur leurs rives un sol où réussissent toutes les cultures ; Tahiti est une grande et belle île, comparable à nos Antilles, sous le ciel le plus merveilleux qui soit ; les indigènes s'y mêlent à nos colons et sont complètement assimilés ; et nos terres polynésiennes présentent les seuls ports naturels, à Tahiti même, à Rapa, à Mangaréva, de toute cette vaste étendue maritime que sillonneront, dans l'avenir, de grands courants commerciaux.

Cependant, le développement de ce bel ensemble est en retard. Le commerce total de l'Océanie française atteignait près de 33 millions de francs, en 1901 ; il a dépassé 34 millions de francs en 1910. Les ressources réunies des deux groupes, abstraction faite des subventions métropolitaines, se sont élevées à 4.313.000 francs en 1901, à 5.216.000 francs en 1911 ; bien que les subsides de la mère-patrie en portent le total à environ 6.101.000 francs, ce chiffre est évidemment tout à fait insuffisant pour répondre aux besoins de possessions aussi nombreuses, disséminées sur une énorme étendue. Nos colonies océaniennes sont donc en langueur, et des mesures décisives seraient indispensables pour stimuler leur vitalité.

Si nous les examinons maintenant d'un peu plus près, cette impression se confirmera. La Nouvelle-Calédonie, tout d'abord, à laquelle revient incontestablement la première place dans ce groupe, tant par son importance territoriale et le nombre de ses habitants d'origine européenne que par le considérable intérêt économique qu'elle présente, a subi depuis dix ans une véritable crise, dont nous voyons heureusement la fin. Son commerce général, de 24.737.811 fr. en 1901, a rétrogradé à 22.420.686 francs en 1910 ; son budget, cependant, qui disposait à la première de ces dates de 3.402.295 francs, dont 675.000 francs de subvention métropolitaine, devait faire face, en 1911, à 3.867.329 francs de dépenses, avec 355.000 francs seulement de subvention. En 1912, ses charges n'ont pas été moins lourdes et la subvention a encore été réduite. Il est vrai que l'activité générale se réveille, et que le mouvement commercial de 1911 marquera une avance sensible ; néanmoins, malgré cette reprise des affaires, le fardeau budgétaire demeure écrasant. Ce fardeau a pour cause principale la dette qu'avait dû contracter la colonie pour essayer, par ses seules forces, de constituer son outillage public, d'aménager le port de Nouméa et de créer une voie ferrée desservant les principaux centres industriels et miniers de l'île. Mais ce malheureux pays, aux prises avec une tâche considérable, dont la métropole lui laissait toute la responsabilité sans même lui abandonner toute l'initiative, qui en est la nécessaire contre-partie, n'a pu qu'obérer ses finances sans venir à bout de son programme. La Nouvelle-Calédonie s'est donc débattue laborieusement au milieu de difficultés graves. Est-il vrai, comme on l'a dit, que la cause première de ce malaise ait été la décision de ne plus envoyer de forçats dans cette belle possession, et d'y supprimer progressivement ce qui subsiste encore de l'ancien bagne ? Cette opinion se fonde sur des raisons assez sérieuses, car il est certain que la présence de l'Administration pénitentiaire, le mouvement d'affaires qu'elle occasionne, était un élément d'activité et une source de profits pour le commerce local. Je suis persuadé cependant que la suppression de la transportation était bonne, et qu'il faut la maintenir ; notre « France Australe » est assez saine, assez riche de merveilleux moyens naturels, pour ne pas vouloir de cette existence précaire que lui faisait la métropole, en y entretenant d'une main la lèpre du bagne, et en lui donnant de l'autre une assistance misérable.

On a incriminé aussi la tentative faite par le gouverneur Feillet pour attirer dans l'île de petits colons français, les installer sur des concessions rurales de faible importance, et donner ainsi un regain d'activité à l'agriculture locale. Il est vrai que ces colons, recrutés à la légère, établis sur des terres souvent médiocres, ont en général échoué, et que leur échec n'a pas peu contribué à la misère générale ; il est vrai que l'avenir de la Nouvelle-Calédonie est plutôt industriel qu'agricole. Mais il serait exagéré d'attribuer à cette expérience malheureuse une portée qu'elle ne pouvait avoir.

Ce qui est certain, c'est qu'après avoir décidé de renoncer à faire de ce pays une colonie pénitentiaire, la métropole devait aller jusqu'au bout de son geste, et lui donner, par une réorganisation politique et administrative, par un appui économique et financier, les moyens de se suffire à elle-même ; en y maintenant des institutions inspirées du plus fâcheux esprit de centralisation, — en continuant à l'accabler sous le détestable régime douanier de l'assimilation, en méconnaissant ce fait que le bagne, supprimé par extinction, occasionne à la colonie des dépenses d'assistance, de gendarmerie, de justice, etc., de plus en plus lourdes, par la libération progressive des condamnés ayant fini leur peine, tandis qu'en raison inverse les bénéfices commerciaux et les ressources en main-d'œuvre qu'il lui procurait jadis s'amoindrissent de jour en jour, — en pratiquant enfin une politique avare et mesquine n'ayant pour seul objet que la prompte suppression de toute subvention, la France a paralysé l'essor de sa colonie et s'est probablement réservé, pour l'avenir, des charges plus considérables.

Les Nouvelles-Hébrides sont, comme on le sait, placées sous un régime d'administration mixte anglo-française. Les Français y sont régis par leur statut national, comme s'ils s'y trouvaient en terre française ; les Anglais y jouissent de privilèges parallèles ; les indigènes sont placés sous l'autorité conjointe des deux nations. Un tel régime ne peut être que transitoire. Il aboutira nécessairement soit au partage, soit à l'annexion par l'un des deux pays intéressés, avec compensation, pour le renonçant, sur quelque autre point du monde. Je crains que cette dernière solution ne soit envisagée beaucoup plus aisément par la France que par l'Angleterre, et que nous ne nous résignions à abandonner notre part, moyennant une obole parcimonieusement accordée en quelque coin de l'Afrique par notre associée actuelle. Je ne saurais trop protester d'avance contre une telle solution. Notre colonisation a toujours été en avance sur celle de nos rivaux aux Nouvelles-Hébrides ; nos colons y sont de beaucoup les plus nombreux, ils y ont créé les plus belles exploitations. Cet archipel, tout voisin de la Nouvelle-Calédonie, en est le complément nécessaire ; c'est là que se sont fixés nombre d'immigrants qui n'avaient pu réussir dans notre colonie, et la richesse de la terre a justifié leurs espérances ; la Nouvelle-Calédonie, industrielle et minière, a besoin des Nouvelles-Hébrides, agricoles et commerçantes. Abandonner les Nouvelles-Hébrides, c'est laisser croire que nous abandonnerons un jour tout notre domaine océanien, c'est nous préparer à le céder au rabais. Complétées par les Nouvelles-Hébrides, nos possessions du Pacifique sont au contraire plus solides, plus compactes, et demeurent pour le rayonnement futur de notre influence un point d'appui stable dans une région du monde qui prend chaque jour plus d'importance.

Je ne dis qu'un mot, en passant, des petites îles Wallis et Futuna, acquises par la France il y a une trentaine d'années, et que nous avons laissées, jusqu'à ces tout derniers temps, dans un désastreux état d'abandon. Il y a quatre ans, quelques mesures sages ont enfin été prises ; les Wallis ont cessé d'être considérées comme faisant partie du territoire de la Nouvelle-Calédonie, dont elles sont séparées par de grandes distances, et avec laquelle elles n'ont pas de communication régulière ; leur résident a été simplement maintenu sous le contrôle supérieur du gouverneur de la Nouvelle-Calédonie ; un budget distinct a été constitué, et l'Etat a accordé une minime subvention. Nous devons au bon renom de la France de tirer la population de ces petites îles de l'état de quasi-hébétude où elle était tombée, sous l'influence de la toute-puissante mission mariste, et de l'amener à l'activité économique, qui sera pour elle un ferment de civilisation. L'archipel est d'ailleurs à mi-chemin entre Nouméa et Papeete, et présente un excellent port ; c'est un chaînon nécessaire dans la chaîne de nos possessions océaniennes, un point de relâche éventuel sur les routes futures du Pacifique.

Quant à l'ensemble de terres, d'archipels et d'îlots dénommés administrativement « Etablissements français de l'Océanie », c'est-à-dire Tahiti et ses nombreuses dépendances, la situation en est, en apparence tout au moins, plus satisfaisante. Le commerce général du groupe, de 8.234.092 francs en 1901, a passé à 11 millions 690.656 francs en 1910 et se sera encore accru en 1911 ; la découverte de gisements de phosphates dans certains îlots secondaires a donné un regain d'activité aux affaires ; des entreprises agricoles s'ébauchent ; le budget demeure modeste, puisqu'il était de 1.860.644 francs en 1900, avec 274.500 francs de subvention métropolitaine, et que nous le trouvons en 1911 de 1.744.550 francs avec 160.000 francs de subvention.

Il ne faudrait toutefois pas se hâter de conclure favorablement. En réalité, toute la vie de la colonie demeure concentrée dans l'île principale, Tahiti, et plus spécialement encore dans son chef-lieu Papeete ; la population s'attarde dans de petites intrigues locales, que la douceur générale des mœurs empêche de prendre beaucoup d'acuité, mais qui n'en sont pas moins un obstacle à beaucoup d'entreprises sérieuses. Les établissements secondaires, Touamotou, Gambier, Marquises, etc., végètent dans la plus complète torpeur ; en dehors des points, très peu nombreux, où des exploitations sont organisées, la plus complète inaction règne ; sur quelques lagons, on pêche la nacre et les perles ; ailleurs, quelques maigres cocotiers sont l'unique richesse d'indigènes désœuvrés, dont le nombre même diminue. Le gouverneur et les administrateurs manquent des moyens nécessaires pour visiter les pays sur lesquels s'étend leur autorité ; naguère encore, l'un de ces administrateurs, préposé au commandement d'un des archipels les plus importants, n'avait-il pas réglementairement sa résidence à Papeete ? Nos établissements français de l'Océanie, tout comme la Nouvelle-Calédonie, ne sont point parvenus au degré de développement et de prospérité dont ils étaient normalement susceptibles.

Il faut secouer cette torpeur. Comment ? En renonçant résolument aux détestables méthodes qui en sont la cause. C'est folie que de vouloir administrer de Paris des colonies perdues aux antipodes ; c'est folie que d'y maintenir la centralisation, et de livrer à une bureaucratie formée à l'école de nos plus vieilles erreurs de colonisation des pays exclusivement riches d'avenir ; folie encore que de prétendre, dans la principale et la plus riche de ces îles, maintenir un régime douanier qui en fait la cliente obligatoire d'une métropole éloignée de milliers de lieues !

Puisque ces pays possèdent une population civilisée assez nombreuse déjà, c'est à celle-ci qu'il faut avant tout faire appel, en lui donnant une participation plus directe à la gestion des intérêts locaux. La souveraineté de la métropole doit être simplement représenétée par un haut fonctionnaire, dont la compétence s'étendrait sur l'ensemble de nos possessions du Pacifique, et qui disposerait des moyens de communication indispensables pour exercer son autorité sur toutes les régions de ce vaste domaine. Appliquons, en Océanie aussi, la formule du Gouvernement général, mais appliquons-la surtout en ce qu'elle est un moyen de décentralisation, un stimulant du régionalisme ; et donnons largement aux colons qui font la prospérité locale, la possibilité de façonner, d'après leur instinct juste et leur expérience très sûre, le statut susceptible de faciliter l'essor spontané de ces pays.

J'ajoute enfin qu'il appartiendrait équitablement à l'État de faire, sans parcimonie, les dépenses nécessaires pour donner au groupe entier de la cohésion, pour constituer son outillage, pour le mettre à la hauteur du rôle qu'il peut jouer dans le monde économique de demain. Il faut, sur les grandes routes du trafic de l'avenir, un port pourvu de toutes les ressources modernes, sur un point à déterminer de la Polynésie, Papeete, Rapa ou Mangaréva ; il en faut un autre à Nouméa ; il en faudra ultérieurement, comme points secondaires de relâche, à Port-Vila (Nouvelles-Hébrides) et à Wallis. Dépenses énormes, dira-t-on ? Soit ! mais bénéfices énormes, matériels et moraux, à escompter dans un avenir prochain !

Et surtout point de politique de renoncement ! Savons-nous ce que sera dans dix ans, dans cinquante ans, le monde océanien ? Et oserions-nous décréter froidement qu'une partie de l'univers sera dorénavant fermée au rayonnement français ?

*
* *

Je dirai peu de choses de nos établissements de l'Inde, Pondichéry et les quatre autres enclaves, débris de notre ancien empire et des rêves glorieux de Dupleix. Nous avons commis, dans ces petites possessions, de lourdes erreurs difficilement réparables ; nous avons accordé des droits politiques étendus à une population encore moins à même d'en profiter que celle des Antilles ; nous avons institué le système administratif de la centralisation. Il semble d'ailleurs que nous ayons comme une sorte d'incapacité à nous représenter l'utilisation possible de ces stations, parcelles perdues dans l'immensité des Indes britanniques, et chaque jour, pour ainsi dire, plus étouffées dans le tumulte d'activité qui les environne. L'idée de les abandonner est donc venue à l'esprit de plusieurs, mais elle se heurte à la piété des souvenirs ; une conception moins radicale a trouvé aussi de nombreux adhérents : elle consisterait à traiter avec l'Angleterre pour lui rétrocéder trois de nos établissements, Chandernagor, Karikal et Yanaon, et pour ne conserver que le territoire de Pondichéry, agrandi, pourvu de limites ne l'enchevêtrant pas, comme il est actuellement, avec le territoire anglais voisin, et un point sur la côte Ouest, Mahé. Les auteurs d'une telle proposition supposent au peuple anglais une mentalité semblable à la nôtre, c'est-à-dire le désir abstrait de faire disparaître des enclaves qui font tache dans l'unité géographique de leur empire. C'est là une préoccupation qui semblerait singulièrement vaine à nos voisins. Ils se soucient fort peu d'acquérir ces parcelles insignifiantes, possédant tout autour un immense pays dont elles ne peuvent être en fait que d'infimes dépendances ; et ils se soucient sans doute encore moins de donner à nos possessions, en les groupant, une individualité plus forte, des frontières qui leur permettraient peut-être de s'isoler économiquement du monde britannique qui les enserre. Il faut donc craindre, de notre côté, qu'un pareil marché n'aboutisse à donner beaucoup pour peu recevoir, et ne soit un simple renoncement platonique.

Le commerce de l'Inde française s'est considérablement accru; de 26.045.867 francs en 1900, il a passé à 45.842.544 francs en 1910; il faut toutefois remarquer que le mouvement des importations est inférieur au cinquième du mouvement total; et si l'on regarde plus spécialement les échanges avec la France, on s'aperçoit que notre colonie nous vend beaucoup et nous achète fort peu. Le tracé des frontières ne nous a permis d'y établir aucun régime douanier; mais notre législation réserve néanmoins certains avantages à ses produits exportés en terres françaises. Le rapprochement de ces conditions et des résultats des statistiques permet donc de supposer qu'il y a, dans l'exportation de nos établissements, une forte part d'exportations d'origine anglaise, qui transitent à travers notre territoire indien en s'y nationalisant abusivement, tandis que l'inverse ne se produit pas. Il y a là bien probablement une situation qui devrait faire l'objet de la vigilance de notre administration, et qui n'est sans doute pas sans remèdes.

Le budget local des Etablissements français de l'Inde s'élevait en 1901 à 2.241.810 francs. Nous le trouvons en 1911 de 2.814.337 francs. A la première de ces dates, la subvention de la métropole était de 205.000 francs; elle était, à la seconde, de 230.000 fr., mais spécialement affectée à des dépenses de travaux publics.

Ces divers résultats ne motivent pas de remarques

spéciales. Aussi bien ne saurions-nous fonder sur notre colonie des espoirs démesurés. Mais elle conserve pour nous un réel intérêt, par le point d'appui qu'elle nous assure dans une des régions les plus importantes et les plus attachantes du monde, et par le jalon qu'elle nous offre sur la route de l'Extrême-Orient. Sans doute, si les rôles eussent été renversés et que Pondichéry se fût trouvé aux mains britanniques, nos voisins en auraient su faire, sur la côte de l'Inde, ce qu'ils ont fait de Hong-Kong sur la côte de Chine. Une telle ambition, — toutes proportions gardées, — nous est-elle définitivement interdite ? Quoi qu'il en soit, nous aurions sans doute avantage, au lieu de diriger de Paris les affaires de ces établissements, d'en rattacher le contrôle immédiat et le commandement supérieur au Gouvernement général de l'Indo-Chine. La distance de Pondichéry à Saïgon et Hanoï est grande, il est vrai ; elle est cependant moindre que de Pondichéry en France ; et surtout l'autorité que nous déléguerions ainsi dans la gestion générale de nos intérêts en Asie, est moins absorbée que le gouvernement par des questions multiples de politique intérieure ; elle est aussi mieux à même de se faire une idée d'ensemble de notre rôle quotidien dans l'activité de l'Extrême-Orient, de discerner les solutions justes et les initiatives utiles.

*
* *

C'est une mesure analogue de rattachement que je préconiserai, avec plus de conviction encore, pour le salut de la Réunion.

La Réunion, à vrai dire, mériterait une place à part dans cette revue rapide de nos possessions. Je n'ai pas à rappeler ici l'antiquité des liens qui l'attachent à la France, ni son passé souvent glorieux. Ce que je voudrais seulement faire remarquer, c'est que nous l'assimilons un peu trop facilement à nos Antilles, classées avec elle, par le sénatus-consulte du 3 mai 1854, dans le groupe des colonies partiellement soumises au régime des lois. L'analogie entre la Réunion et nos deux autres très anciennes colonies, n'est pas aussi profonde qu'on le croit généralement : la population, les mœurs, l'esprit public diffèrent. A la Réunion, la question de couleur n'existe pour ainsi dire pas ; le nombre des créoles blancs est relativement élevé, et la population non européenne, comprenant des noirs, des Hindous, d'autres Asiatiques même, est assez mélangée. La société de race française y a gardé sa prépondérance, ses habitudes, sa mentalité ; c'est un milieu qu'on serait presque tenté de dire provincial plutôt que colonial. C'est en tout cas, par la population, par les traditions, la plus française de nos colonies, celle pour qui les mesures d'assimilation se justifient le plus. Et l'on n'en peut donner une meilleure preuve que la pléiade de fils illustres que cette île favorisée a donnés à la commune patrie.

Jadis prospère, la Réunion a été durement éprouvée dans ces dernières années. En 1900, elle faisait encore assez vaillante figure. Quoique bien tombé déjà, son commerce général était encore de 41.870.219 francs ; ses ressources budgétaires s'élevaient à 5.618.145 fr., dont 440.000 francs fournis par la métropole, et sa situation financière, avec une caisse de réserve dépassant le maximum, était excellente. Dix années plus tard, son commerce total avait reculé à 35.787.804 francs ; ses ressources budgétaires étaient réduites à 4.822.911 fr., dont 100.000 francs de subvention métropolitaine ; la caisse de réserve était vide et un emprunt avait dû être contracté pour liquider les déficits. La situation s'est améliorée depuis, grâce aux hauts cours du sucre, de la vanille et du manioc ; mais ce relèvement sera-t-il durable ? En tout cas, la colonie vient de traverser une crise, et l'on peut s'en demander les causes.

Ces causes, elles sont d'abord, bien entendu, d'ordre économique : comme les Antilles, et plus encore que les Antilles, la Réunion a souffert de la dépréciation du sucre, qui fut longtemps son unique produit d'exportation ; elle a été atteinte plus durement parce qu'elle était plus éloignée de la métropole, son unique débouché, et parce qu'elle a été lente à trouver des produits de remplacement. Les propriétaires créoles, souvent imprévoyants, n'avaient pas assez de réserves pour transformer leurs exploitations ou leur outillage. Mais ces difficultés n'ont pas été les seules. La pauvreté a fait durement apparaître les vices d'un système administratif fondé sur la centralisation et l'assimilation à la métropole ; et la politique est venue compliquer tous ces embarras. La Réunion a connu des gouverneurs qui se croyaient exclusivement appelés à assurer le succès d'un parti politique, c'est-à-dire de certains groupes remuants, car les questions de principe ne sont là-bas que le voile très transparent des questions de personnes, et nos « mares stagnantes » de la métropole paraîtraient des lacs limpides auprès des bourbiers électoraux de nos colonies. Lorsque la haute administration, avec ses pouvoirs exorbitants, s'emploie à exaspérer les passions, à forcer l'opinion, on juge à quels résultats de démoralisation elle peut parvenir ; et comme les places à distribuer sont ses moyens d'action, on conçoit quelle désorganisation elle peut réaliser, en faisant servir le fonctionnarisme à ses desseins, en compliquant la pléthore des emplois par l'incapacité brouillonne des agents.

Pour délivrer notre colonie de tous ces maux, il n'y a qu'un moyen : renoncer à des méthodes administratives détestables, régénérer la vie locale par la décentralisation, relever la dignité de l'autorité en la dégageant des mesquines querelles de clocher.

N'est-ce pas précisément à ces résultats qu'aboutirait le rattachement de la Réunion au Gouvernement général de Madagascar? Sans rien perdre de son statut propre, notre vieille colonie ne pourrait avoir que des avantages à lier son sort à celui de Madagascar ; je l'ai dit d'ailleurs déjà en étudiant cette colonie. Elle n'y abandonnerait aucune de ses prérogatives ; elle y gagnerait des simplifications administratives, se traduisant par des économies — les avantages de la décentralisation et d'une autonomie réelle, — l'appui enfin d'un budget florissant. Cet appui lui serait d'autant plus utile qu'elle ne peut plus guère demander grand'chose à l'Etat, qui a garanti les frais de la création d'un port et d'un chemin de fer, voici quelque trente ans, et qui supporte de ce chef, depuis la déchéance de la Compagnie concessionnaire, et pour un demi-siècle encore, une dette annuelle de deux millions et demi.

A cette combinaison enfin elle gagnerait des facilités de main-d'œuvre, en faisant partie du même groupe que les Comores auxquelles elle emprunte déjà des travailleurs. Enfin elle bénéficierait nécessairement du mouvement d'attention qui se porte vers la grande île voisine. Une simple question d'amour-propre, le désir de demeurer une « ancienne colonie », distincte du jeune pays qui grandit à côté d'elle, doivent-ils faire dédaigner de tels avantages ?

La dernière colonie dont nous ayons encore à dire quelques mots, la Côte française des Somalis, n'est certainement pas la moins intéressante de toutes.

Elle a eu d'obscurs débuts. Ce fut d'abord une simple station de charbon, Obock, que nous mîmes en état au moment de la guerre du Tonkin, pour la commodité de nos flottes, auxquelles Aden refusait ses ressources. Plus tard, Obock fut délaissé pour Djibouti, port mieux situé, aujourd'hui encore chef-lieu de la colonie. De là notre influence s'est étendue sur les environs, et nous sommes entrés en relations avec l'Abyssinie par le Harrar. Un chemin de fer de pénétration, que nous avons eu la sagesse de maintenir aux mains françaises, malgré la mauvaise administration financière et les difficultés de la Compagnie qui en avait assumé la construction, arrivera bientôt en pleine Ethiopie, dans une région où l'influence française s'affirme heureusement. Le territoire, d'ailleurs imprécis quant à ses frontières, où s'exerce notre protectorat, s'étend sur environ 15.000 kilomètres carrés ; une population énergique et intéressante de plus de 150.000 habitants accepte notre tutelle ; l'empire de Ménélick, abondant réservoir d'hommes, prêt à s'ouvrir à l'appel du progrès, est auprès ; notre colonie s'est organisée simplement, suivant les méthodes administratives récentes, sur le modèle des autres colonies d'Afrique : le passé ne nous laisse aucune erreur à réparer, l'avenir ne nous interdit aucun espoir. Les résultats obtenus méritent déjà d'être cités. Le commerce général de notre possession, de 14.179.787 fr. en 1900, s'est élevé sans heurt et sans à-coup, à

54.591.599 francs en 1910, ce qui classe la Côte des Somalis au quatrième rang de nos colonies pour l'importance des transactions, immédiatement après Madagascar. Les ressources propres du budget local, d'environ 714.000 francs en 1900, ont atteint 1.401.000 fr. en 1911, et déjà le pays peut se suffire à lui-même, bien qu'il soit loin d'avoir fait appel à tous les moyens contributifs que d'autres colonies de formation analogue ont mobilisés.

Nous trouvons ainsi la récompense de la sage et loyale politique que nous avons pratiquée dans cette région du monde. L'Abyssinie, ce pays si intéressant qui a su maintenir sa personnalité et faire son unité au milieu de conditions hostiles, est resté jusqu'à présent compact malgré le coup de force direct qu'a tenté contre lui sans succès l'Italie, malgré aussi la pression progressive qu'exerce sur les frontières l'Angleterre, maîtresse de l'Egypte et d'une partie du Somaliland. La France seule s'est montrée amie sûre et sans arrière-pensée, et comme l'empire de Ménélick n'a pas de frontière de mer, c'est notre territoire qui s'est trouvé ainsi un débouché naturel. Nous avons tout intérêt à persister dans cette attitude. Dans les pays africains, l'œuvre politique est toujours conditionnée par l'œuvre économique : celle-ci la motive, la précède et la contient. C'est donc sagement que nous avons écarté toute idée de conquête ou d'annexion, qui n'aurait pu que nous donner, au prix d'un effort considérable, une portion minime de l'Abyssinie démembrée ; tandis qu'en maintenant l'unité de l'empire de Ménélick, c'est sur son ensemble que s'exerce notre influence, c'est l'activité tout entière de ce grand Etat qui s'organise sous notre attraction. La conception qui, dans les pays soumis, nous fait adopter la méthode de protectorat, nous conseille ici une attitude plus libérale encore : le respect de la personnalité du peuple que nous voulons attirer à nous ne doit pas seulement s'entendre de ses mœurs et de ses traditions, mais de ses institutions nationales mêmes.

J'ai la conviction que, d'ici peu d'années, l'essor de nos établissements retiendra l'attention publique. Il suffit pour cela de persévérer dans la bonne méthode. Et si j'ai un vœu à exprimer, c'est que la métropole, qui n'a eu à faire ni les dépenses d'une conquête ni celle d'une occupation armée, qui n'entretient même pas un homme de troupe à Djibouti, — qui s'est bornée à allouer une subvention rapidement décroissante et réduite aujourd'hui à un chiffre infime — fasse demain l'effort financier pour donner à sa colonie le complément d'outillage qui lui est nécessaire. Le chemin de fer du Harrar est un merveilleux moyen de progrès économique ; il faut y adjoindre un port pourvu de toutes les facilités modernes. Djibouti est mieux situé qu'Aden ; il est en communication avec un arrière-pays qui manque totalement à Aden ; il doit concurrencer victorieusement Aden ; sachons le comprendre et nous mettre résolument à la tâche. La porte orientale de l'Ethiopie et du Soudan est entre nos mains ; ouvrons-la donc largement.

*
* *

De cette étude, nécessairement sommaire, je voudrais simplement retenir quelques constatations rassurantes pour l'avenir de notre colonisation. Partout nous trouvons, à l'ombre de notre drapeau, des pays dont la possession est, pour la France, un élément de force et de prospérité ; même les moindres, même les plus éprouvés présentent de singulières ressources. Si nous avons à formuler des critiques, ce n'est point à nos méthodes actuelles qu'elles s'adressent ; et les erreurs mêmes d'autrefois sont utiles, puisqu'elles comportent un sérieux enseignement. Je ne les crois pas d'ailleurs ni absolument désastreuses ni complètement irréparables. Nous sommes aujourd'hui en possession d'une doctrine coloniale ; son succès partout où nous l'appliquons, l'échec de toutes les tentatives inspirées d'un esprit différent, nous prouvent son excellence : il nous suffit donc de l'adapter, avec les changements nécessaires, aux organisations anciennes. Ce serait d'ailleurs une erreur de la croire moins libérale que les idées dont celles-ci s'inspiraient. Quel que soit le degré de culture d'une population, quelle que soit sa maturité politique, il est une vérité incontestable, c'est qu'une colonie n'est pas un département, et qu'à vouloir faire de l'unité au mépris des conditions ethniques et géographiques, on ne peut créer que du désordre et du malaise. Je désire pour les colonies, non des emprunts maladroits à nos institutions, mais un régime qui leur permette avant tout de prendre conscience d'elles-mêmes et de créer leur personnalité ; l'assimilation, par une réaction fatale, conduit au séparatisme ; entre ces extrêmes se place la notion juste de l'autonomie, c'est-à-dire de l'individualité de chacun des pays rattachés à une souveraineté commune ; et l'autonomie ainsi conçue n'est pas seulement la condition de tout progrès, c'est aussi le seul fondement solide de toutes les libertés.

CHAPITRE VI

L'Algérie

L'Algérie est-elle une colonie ? Malgré les tendances nouvelles, elle subit encore les conséquences de l'erreur qui l'a fait considérer comme un prolongement du territoire métropolitain. — Aperçu de l'histoire des institutions algériennes. Le système des rattachements. L'Algérie n'est pas parvenue, malgré les réformes opérées de 1894 à 1900, à un régime simple, clair et cohérent. — Défauts de l'organisation politique ; insuffisance de la décentralisation ; maintien de l'assimilation administrative et économique; division fâcheuse en départements. — Défauts de l'organisation financière. La réforme heureuse voulue par Laferrière, création d'un budget autonome, est restée à mi-chemin. Le budget algérien n'est pas conçu d'après le type colonial. Les institutions représentatives, délégation financière et Conseil supérieur, en sont restées à la première ébauche. — Vices du système fiscal. Insuffisance des ressources; sacrifices de la métropole ; déplorable conservation du système des impôts arabes ; ses vices multiples. — L'esprit d'assimilation n'est pas seulement détestable dans l'organisation administrative, il entraîne l'incompréhension du véritable but de la colonisation, l'œuvre indigène. Nous pratiquons à l'égard des Arabes une déplorable politique de refoulement. — L'essor de l'Algérie, au point de vue commercial et financier, depuis l'abandon du système des rattachements. Il faut aller plus loin dans la voie de l'autonomie. Esquisse des réformes qui s'imposent. — Conclusion.

Il y a quelques années, le Conseil d'État était appelé à délibérer sur cette question : l'Algérie est-elle une colonie [1] ?

1. Le problème administratif posé à la haute assemblée n'était d'ailleurs pas purement spéculatif. Il s'agissait d'interpréter la loi

Après mûre réflexion, la docte assemblée, sans doute inspirée par la grande ombre du maréchal de la Palisse, émit l'avis que l'Algérie, territoire français situé hors de France, était une colonie française.

Ce jugement, aussi sage que fortement motivé, souleva cependant des protestations. Le principe posé par le Conseil d'État entraînait, dans l'espèce considérée, certains avantages pour l'Algérie ; mais ceux-ci s'accompagnaient d'obligations, qu'elle prétendait esquiver. A quelque temps de là, un article subreptice d'une loi de finances lui accordait satisfaction [1].

Cette anecdote administrative est assez suggestive. J'en pourrais citer d'autres. Semblable à la chauve-souris de la fable, l'Algérie change volontiers de personnage. S'agit-il de revendiquer quelque avantage du statut métropolitain : « Je suis partie intégrante du territoire français, s'écrie-t-elle ; voyez mes départements ! » S'agit-il d'éviter les charges correspondantes : « Je suis colonie, reprend-elle aussitôt ; voyez mon Gouverneur général ! »

Et ce qu'il y a de plus étrange, c'est qu'elle est par-

---

douanière du 11 janvier 1892, qui, d'une part, soumet à certains droits les produits coloniaux entrant en France et, d'autre part, dispose que les importations de colonie à colonie sont exemptes de tous droits. Les colonies en concluaient que leurs produits devaient entrer en franchise sur le territoire algérien, à charge d'ailleurs de réciprocité. Mais l'Algérie, qui n'est pas nommément mentionnée dans la loi, se déclarait partie intégrante du territoire métropolitain et en concluait qu'elle pouvait, comme la métropole elle-même, taxer les marchandises coloniales à l'entrée sur son territoire sans pour cela cesser de bénéficier de l'exemption totale pour ses produits expédiés aux colonies. Le Conseil d'État avait à arbitrer ce différend.

1. Sans infirmer les conclusions du Conseil d'État, qui assurent aux produits algériens la franchise à l'entrée dans les colonies, la loi autorisa l'Algérie à continuer *provisoirement* à taxer les importations des colonies sur son territoire.

faitement fondée à tenir ce double langage. Depuis bientôt trois quarts de siècle que nous occupons ce pays, nous n'avons pas su y adopter une politique franche et suivie. Nous avons constamment hésité entre l'assimilation et la décentralisation ; aujourd'hui même, nous nous y accommodons d'un régime incertain, malgré l'expérience, malgré les leçons que les faits, aussi bien là qu'ailleurs nous ont données.

Il se peut que l'Algérie ait obtenu, à ce jeu de bascule, quelques faveurs ; je suis persuadé cependant qu'elle en pâtit plus qu'elle n'en profite.

Je crois qu'il existe, en matière coloniale, une doctrine juste, et qu'on ne gagne jamais à s'en écarter. Cette doctrine, — je l'ai dit dans des études précédentes, — se résume pour moi en un principe essentiel : le respect de la personnalité des colonies. Ses conséquences sont l'autonomie administrative et financière, la décentralisation, la spécialité de législation politique et économique, le souci primordial de l'œuvre indigène.

Je compte montrer aujourd'hui que nous ne nous sommes pas assez inspirés de ces idées dans l'organisation algérienne, malgré l'expérience que nous avions acquise en d'autres régions, bien plus, malgré celle même que nous avons faite dans l'Afrique du Nord.

*
* *

Je ne saurais exposer ici, même à grands traits, l'histoire des institutions algériennes. J'indiquerai seulement l'esprit dans lequel elles ont évolué, et spécialement depuis un quart de siècle.

Comme il est arrivé ailleurs, — en Cochinchine par exemple — notre possession a connu, aussitôt après les premières conquêtes, une période d'administration militaire assez heureuse : la pression même de la nécessité obligeait à donner à l'autorité locale de larges moyens d'action, comportant l'initiative et la responsabilité, ces énergiques stimulants de l'activité humaine sous toutes ses formes. L'intervention ultérieure de l'administration civile se manifesta au contraire par un effort vers l'assimilation.

L'assimilation, c'était d'ailleurs, à ce moment, la théorie couramment admise en matière coloniale. De 1870 à 1880 surtout, cette tendance atteint son maximum : c'est l'époque où l'on songe à faire de nos vieilles colonies des départements, où l'on s'efforce, dans toutes, d'imiter plus ou moins maladroitement le modèle métropolitain. Le but avoué est, sous réserve de tempéraments purement provisoires, d'identifier les colonies à la métropole, politiquement, économiquement, socialement. Les éléments autochtones doivent être absorbés ou refoulés, et l'on entrevoit, dans un avenir prochain, nos territoires d'outre-mer peuplés de Français, métropolitains d'origine ou indigènes transfigurés par la vertu magique d'une philosophie civilisatrice qui considère les différences de race comme des accidents passagers. Les réfractaires se condamnent d'eux-mêmes ; il n'y a qu'à les ignorer. Seuls comptent les Français de naissance ou d'adoption, pareils par l'éducation et bientôt égaux en droits ; et quel régime pourrait mieux leur être approprié que celui qui fait déjà le bonheur des Français de France ?

Ces conceptions exercent, à ce moment, une influence très nette sur l'organisation de l'Algérie. Déjà, son territoire était divisé en départements ; déjà le décret Crémieux, sous le second Empire, avait prononcé l'assimilation en masse des Juifs. Comme les Arabes défendent leur personnalité ethnique, on les juge immuables et imperfectibles. On s'en désintéresse. Tout l'espoir réside dans le peuplement par l'émigration française ; on s'efforce de l'encourager ; on fait appel même aux Alsaciens-Lorrains, exilés de la patrie perdue. Et l'on ferme les yeux sur les insuccès ; on ne veut plus voir au delà de la Méditerranée que trois départements, pareils à ceux qui leur font face sur l'autre bord. Comme ceux-ci, ils recevront leur impulsion du cerveau commun de la France ; Paris sera la capitale de l'Algérie, comme de nos autres provinces abolies par la Révolution ; ses ministères seront les ministères de l'Algérie. C'est le système dit « des rattachements », qui triomphe enfin avec les décrets des 11 mars et 26 août 1881.

La logique du système voudrait que l'on supprimât le Gouverneur général, rouage exceptionnel, en principe inutile, du moment que les administrations locales ne sont que le prolongement des administrations métropolitaines. On hésite cependant à aller jusque-là. Mais ce haut fonctionnaire est cantonné dans les questions d'administration indigène ; son poste a une existence précaire, comme cette population arabe, qui s'entête à demeurer réfractaire, mais qui finira bien par perdre son individualité ou par disparaître.

L'Algérie devait demeurer quinze ans sous cet absurde régime. Est-il besoin d'en dire les vices, que tout le monde connaît, — centralisation abusive, routine et stagnation, incompétence de l'autorité responsable, irrésolution, maladresses, — tous les maux, en un mot, qu'engendre la prétention de gouverner sans le contact quotidien avec les réalités, et d'administrer « sur pièces » ? La population d'origine française, elle-même, réclamait de plus en plus vivement, bien que représentée au Sénat et à la Chambre des députés, le droit d'intervenir plus directement, plus efficacement surtout, dans la conduite des affaires locales ; l'élément européen étranger prenait une attitude parfois inquiétante. Bref, comme la métropole n'avait pas su organiser la saine autonomie administrative, on commençait à souhaiter l'inadmissible autonomie politique.

A la suite de résolutions votées par les Chambres, en 1891, en 1893, en 1896, le système des rattachements se trouva définitivement condamné. Une réforme fut mise à l'étude.

On aurait pu, semble-t-il, s'inspirer, à ce moment, de toute l'expérience récemment acquise, dans le vaste domaine colonial dont la République venait de doter la France. La formule juste de l'organisation était déjà presque trouvée ou allait l'être, grâce à l'éducation de l'esprit public, pour l'Indo-Chine, pour Madagascar, pour l'Afrique Occidentale ; la Tunisie donnait des résultats généralement admirés. Pourtant la réforme algérienne fut étudiée pour ainsi dire en vase clos, et le décret du 31 décembre 1896, qui l'ébaucha, les actes successifs qui la complétèrent, et même les décrets des 23 août 1898, 20 juillet et 7 août 1901, qui l'accentuèrent encore, ne furent que de timides essais pour revenir au régime antérieur aux rattachements. Sans doute l'on disposait que le gouvernement et la haute administration de l'Algérie seraient centralisés à Alger, aux mains du Gouverneur général, qui « représente le Gouvernement de la République » ; mais on maintenait de nombreux services sous l'autorité des « ministres compétents ». Tout au plus, après bien des hésitations, se décidait-on à retirer aux chefs de ces services le droit de correspondance directe avec les administrations centrales de Paris ; l'autorité du Gouverneur général demeurait, en bien des cas, surtout nominale.

Au milieu de tous ces tâtonnements, une seule pensée vigoureuse se détache. Le Gouverneur général Laferrière, cet éminent esprit auquel on n'a pas assez rendu hommage, discerne clairement que tous les essais de décentralisation seront vains, tant que l'Algérie n'aura pas sa personnalité, et que cette personnalité ne peut résulter pour elle que d'une autonomie financière réelle ; il faut que ses ressources et ses dépenses cessent d'être confondues et mêlées avec celles de la métropole ; il faut que son budget cesse d'être noyé dans le vaste budget anonyme de l'État ; il faut qu'il soit délibéré par une assemblée locale compétente, au lieu d'être voté accessoirement par le Parlement, occupé de soucis trop généraux pour s'attarder à l'examen minutieux des intérêts spéciaux de l'Algérie. Le décret du 21 août 1898 et la loi du 19 décembre 1900, instituant les *Délégations financières* et le budget spécial de l'Algérie, réalisent cette réforme essentielle.

Désormais on saurait, selon l'expression même de Laferrière, « qu'il y avait quelque chose de plus en Algérie que le territoire de trois départements, qu'il y avait l'Algérie elle-même, avec sa personnalité propre ».

Et l'auteur de ces mesures, qui entrevoyait tout un statut nouveau approprié aux besoins de ce pays, qualifiait lui-même son œuvre d'« innovations mesurées, qui consacrent un progrès actuel sans interdire le progrès à venir ».

Cependant, depuis douze ans, aucun nouveau pas en avant n'a été fait. Dans nos autres possessions, des essais heureux, des retouches intelligentes ont peu à peu mis au point l'appareil administratif et politique qui répond à leurs nécessités. L'Algérie conserve seulement son ébauche d'autonomie. Malgré les hautes qualités de ses administrateurs, malgré l'esprit de plus en plus juste qui inspire, tant à Paris qu'à Alger, ceux qui dirigent ses destinées, elle demeure toujours dans la même situation incertaine et mal définie. La chrysalide n'a pas achevé son évolution.

*
* *

Le territoire algérien a beau être à proximité de France, c'est folie de continuer à le considérer, dans quelque mesure que ce soit, comme faisant corps avec le territoire métropolitain. D'un bord à l'autre de la Méditerranée, rien n'est semblable, ni le climat, ni le pays, ni les hommes ; et ce qui doit surtout frapper, c'est que l'Algérie,— comme d'ailleurs, à des degrés divers, nos autres possessions,— n'a pas le même âge, socialement parlant, que la métropole. C'est là, je crois, la raison la plus décisive pour laisser à nos territoires d'outre-mer leur pleine individualité : leur organisme jeune ne peut vivre de la même vie que l'organisme déjà vieilli de la mère-patrie.

Or, il faut reconnaître que l'Algérie est loin encore d'être dotée d'institutions qui satisfassent à ses besoins de libre croissance, et qu'elle est, à cet égard, en retard sur des colonies beaucoup moins anciennes.

Le Gouverneur général est, en Algérie, le « représentant du Gouvernement de la République ». Il y a plus de différence qu'on ne le croit tout d'abord entre ces deux formules. Le Gouverneur général de l'Indo-Chine, par exemple, est une émanation de l'Etat français lui-même ; tous les services qui l'assistent dépendent de lui, et de lui seul ; sa subordination vis-à-vis du pouvoir métropolitain consiste à être placé sous le contrôle permanent du ministre des Colonies. Le Gouverneur général de l'Algérie n'a pas un rôle aussi défini ; il n'est que le délégué collectif des différents ministres ; sauf en matière indigène, il n'est guère qu'un préfet régional. En matière de douanes, de postes et télégraphes, de travaux publics, d'instruction, etc., c'est aux administrations de France qu'il doit emprunter son personnel, c'est avec les ministres compétents qu'il doit se concerter. Pour beaucoup de questions d'ailleurs, l'intervention de lois ou de décrets est prévue, et l'initiative du Gouverneur général sera ainsi subordonnée à celle des services parisiens. Ainsi, tandis que nos colonies proprement dites peuvent librement concéder leurs exploitations minières, nous voyons l'Algérie ne pas parvenir à solutionner l'affaire de l'Ouenza, parce qu'elle est soumise à toutes les complications, à toutes les précautions, à toutes les lenteurs de la législation métropolitaine.

Ce régime qui entrave l'initiative locale n'a pas même le mérite d'assurer, par contre, un véritable contrôle. Alors qu'un Gouverneur de colonie est suivi et surveillé dans tous ses actes par un même ministre, le Gouverneur général de l'Algérie est en rapports, selon la question considérée, avec des ministres différents. Il existe bien, au département de l'Intérieur, un service spécial de l'Algérie ; mais, malgré ses efforts, ce service, isolé dans un ministère exclusivement métropolitain, et d'ailleurs pourvu de moyens d'action beaucoup trop restreints, ne peut jouer vis-à-vis de l'Algérie le rôle que joue le Ministère des Colonies vis-à-vis de nos autres possessions.

L'insuffisante décentralisation opérée de Paris à Alger a pour conséquence une décentralisation insuffisante en Algérie même. Là, tout converge vers le

Gouverneur général ; aucun organe provincial fortement constitué ne permet de décongestionner l'organe unique de direction. J'ai déjà signalé, en étudiant l'Indo-Chine, les inconvénients d'une extension excessive des pouvoirs d'administration directe du chef suprême, et j'ai fait ressortir les avantages du système adopté en Afrique Occidentale, où le Gouverneur général est lui-même un agent de contrôle et de haute direction, une sorte de ministre local superposé aux lieutenants-gouverneurs, auxquels appartient une entière responsabilité, chacun dans sa circonscription. Mais les défauts critiqués en Indo-Chine ne sont rien auprès de ceux qu'il faudrait relever en Algérie ; car ici, c'est le système de centralisation et d'uniformité qui est appliqué exactement comme dans la métropole.

L'Algérie n'est pas subdivisée en colonies distinctes, ou en provinces correspondant à des réalités géographiques : elle est partagée en trois départements, bien plus artificiels encore que les départements de la mère-patrie. Ces départements sont dirigés par des Préfets, c'est-à-dire des fonctionnaires purement politiques, des délégués toujours portés à référer à l'autorité supérieure.

A côté de ces trois départements, simples entités administratives, les « Territoires du Sud » ont été réunis en une unité distincte ; mais c'est plutôt là une « marche » militaire qu'une colonie proprement dite : et le Gouverneur général en est également le chef direct. Cette création a d'ailleurs répondu plutôt à des intentions d'expansion qu'à des préoccupations de pure administration.

Ainsi l'effort tenté, il y a une douzaine d'années, pour donner à l'Algérie un statut correspondant mieux à ses besoins, s'est arrêté à mi-chemin. Le système des rattachements avait abstraitement fait de ce pays, au mépris de la nature, un morceau du territoire métropolitain ; la réforme accomplie a consisté seulement à détacher ce morceau de l'ensemble dans lequel il était théoriquement confondu, mais en y laissant intégralement subsister toutes les institutions de l'assimilation. L'Algérie a été rendue moralement distincte de la mère-patrie ; mais elle lui reste pareille dans son organisation. C'était un groupe de trois départements ; c'est maintenant presque une province ; ce n'est pas encore une colonie, c'est-à-dire un Etat complet auquel ne manque que la souveraineté.

Au point de vue économique d'ailleurs, l'Algérie reste toujours soumise à l'assimilation la plus étroite, Ses tarifs douaniers sont ceux de la France même ; il est juste de dire que ce régime ne paraît nullement avoir nui à son développement commercial. Mais il y a plus. Elle est à ce point considérée comme partie intégrante du territoire métropolitain que la navigation d'un port algérien à un port français est réputée opération de cabotage et, comme telle, réservée au pavillon national ; et ce privilège, qui assure le monopole des transports à l'armement français, ne laisse pas que d'être parfois gênant et onéreux pour nos colons. Ainsi, pour l'Algérie spécialement, nous avons fait revivre, dans toute sa rigueur, le système du « pacte colonial ».

Quels progrès ne faudra-t-il pas qu'accomplisse encore notre esprit public, pour parvenir à une conception juste de la colonisation, pour s'accoutumer enfin comme l'intelligence anglaise, vis-à-vis de ce monde de pays divers sur lesquels flotte notre drapeau, à » penser impérialement » !

*
* *

L'organisation financière de l'Algérie ne peut que confirmer l'impression que nous avons jusqu'à présent acquise. Elle n'est d'ailleurs que l'image fidèle des institutions administratives dont je viens de faire la critique.

Sans doute, la création d'un budget spécial a constitué un immense progrès. Mais les finances de l'Algérie se ressentent encore d'avoir été confondues avec les finances de l'Etat. Le budget spécial de l'Algérie, comme au temps où il était rattaché, par sections, aux budgets des différents départements ministériels métropolitains, est un budget de centralisation. Toutes les ressources de quelque importance y viennent confluer ; tous les services s'y alimentent ; il n'y a de vivant dans le pays que le Gouvernement général, ce cerveau administratif qui absorbe en lui-même toute l'activité de l'organisme.

Qu'on en juge par l'examen des chiffres. Si l'on considère les derniers exercices, l'ensemble des budgets de l'Algérie, non compris les budgets des communes, s'élève à environ 174 millions. Sur ce total, 145 millions sont concentrés dans le budget spécial, 26 millions sont répartis entre les budgets propres des grandes circonscriptions territoriales, soit environ 9 millions pour le département d'Alger, 8 pour celui de Constantine, 6 pour celui d'Oran, 6 pour les territoires du Sud. Ainsi le budget d'État absorbe près de 85 % des recettes générales, les budgets régionaux 15 %. Les budgets d'Alger, d'Oran et de Constantine ne sont pas autre chose que des budgets de départements semblables à ceux de la métropole, c'est-à-dire des instruments d'une portée excessivement restreinte, entièrement confinés dans un rôle absolument secondaire ; quant au budget des territoires du Sud, géré directement par le Gouverneur général, — et d'ailleurs presque exclusivement alimenté par une subvention de l'État, — ce n'est qu'un budget annexe du budget d'ensemble, distrait de celui-ci pour des considérations de pure politique, afin de laisser au haut fonctionnaire qui l'établit et l'exécute, sans le concours d'aucune assemblée délibérante, une entière liberté d'action.

L'organisation financière de l'Algérie est donc bien modelée, comme je l'ai dit, sur le type métropolitain. Elle diffère profondément du type colonial, dont l'Afrique Occidentale nous offre l'exemple le plus achevé, avec son budget général d'une part, l'ensemble de ses budgets locaux d'autre part, qui se partagent à peu près exactement par moitié les recettes disponibles. Rien, en Algérie, qui rappelle ce sage et harmonieux équilibre, — les impôts directs de chaque territoire réunis dans la caisse qui les dépensera, sous les yeux mêmes du contribuable, en œuvres d'utilité immédiate, — les impôts indirects affectés à la caisse d'empire, qui en tirera les moyens d'opérer les grandes transformations économiques, indispensables au progrès général. Déjà, en examinant l'Indo-Chine, nous avons regretté le développement excessif du budget général au détriment des budgets locaux, la centralisation abusive qui en résulte, le ralentissement de la vie provinciale, qui, dans un pays neuf, doit être le fond même de son activité ; et les réformes qui viennent d'être accomplies ou qui sont en voie de s'accomplir dans notre grande colonie d'Extrême-Orient ont précisément pour but de faire disparaître ces imperfections. Or, en Indo-Chine, le budget général n'a pas dépassé 65 °/₀ des revenus totaux. A combien plus forte raison n'aurions-nous pas à répéter nos critiques en présence de l'organisation algérienne !

Ici d'ailleurs, il n'existe, à proprement parler, que des services généraux, directement rattachés à l'autorité centrale, et étendant leur action à l'ensemble du territoire ; non seulement les services de haut commandement, les services de perception de l'impôt, les services financiers et les services des travaux publics sont dans ce cas, comme il est normal, mais encore les services d'administration départementale, les services des affaires indigènes, ceux de l'agriculture et de la colonisation, ceux même de l'assistance publique, qu'il serait cependant beaucoup plus naturel de laisser aux mains des autorités locales, connaissant de près les besoins de chaque région.

Certes, c'est avec une vue profondément juste que Laferrière, en inaugurant cette organisation, ne la considérait que comme une étape transitoire vers une décentralisation plus complète. Après avoir rendu à l'Algérie sa personnalité, il aurait fallu donner une vie propre à ses provinces naturelles. On n'immobilise pas dans le moule rigide d'une rigoureuse unité un pays plus grand que la France et sept fois moins peuplé, où tout doit être en perpétuelle transformation, comme dans un organisme jeune en pleine croissance. C'est dans un corps vieilli que le cerveau absorbe en lui toute l'activité. Une colonie doit vivre d'une vie plus saine, plus diffuse, plus animale, si j'ose dire ; il faut que les membres se forment, que toutes les cellules aient leur large et plein fonctionnement. L'initiative doit être partout ; l'organe de direction doit n'être qu'un régulateur et un totaliseur d'efforts.

* * *

Le décret du 21 août 1898 et la loi du 19 décembre 1900 ont réglé les formes dans lesquelles serait préparé, discuté et arrêté le budget spécial de l'Algérie, et ont déterminé la nature et le rôle des corps délibérants qui interviennent dans cette procédure. Le système est, dans son ensemble, assez semblable à celui qui fonctionne dans les colonies pourvues de conseils généraux : le projet de budget, établi par l'autorité administrative, est délibéré par les représentants élus des contribuables ; les votes de ces représentants ne peuvent toutefois modifier certains crédits, inscrits à la section *obligatoire*, et qui correspondent à l'entretien des services essentiels ; les remaniements qu'il peut y avoir lieu d'apporter en conséquence au budget voté sont prononcés par des décrets en Conseil d'Etat, et c'est un décret rendu sur le rapport du ministre de l'Intérieur qui règle définitivement le budget. Les impôts et taxes sont également établis par l'autorité délibérante locale, mais ne deviennent exécutoires qu'après homologation par décret en Conseil d'Etat ; la perception en est annuellement autorisée par la loi de finances, — formalité d'ailleurs superflue, simple rite commémoratif du régime d'assimilation antérieur.

L'originalité du système algérien ne réside pas dans ces dispositions, plus ou moins inspirées des législations métropolitaine et coloniale sur les conseils généraux, mais bien dans la nature et la composition du corps délibérant. Celui-ci, tel un parlement local, comprend deux assemblées, celle du premier degré,

12.

les *Délégations financières*, et celle du second degré, le *Conseil supérieur*. Le Conseil supérieur comprend des fonctionnaires et des membres élus, ces derniers délégués d'une part par les conseils généraux, d'autre part par les délégations financières ; c'est une chambre d'homologation, qui n'a pas d'initiative propre, et qui ne peut que ratifier ou rejeter les votes de la première assemblée. Quant à celle-ci, elle rappelle, par son fonctionnement, les Etats généraux d'autrefois ; les délégations financières sont au nombre de trois ; les deux premières, composées chacune de 24 membres, sont élues respectivement, à raison de 8 membres par département, par les colons français d'une part, et par les autres contribuables français d'autre part ; la troisième délégation, composée de 21 membres, représente l'élément indigène : 9 de ses membres sont élus, à raison de 3 par département, par les conseillers municipaux indigènes ou membres indigènes des commissions municipales ; 6 sont choisis par le Gouverneur général, à raison de 2 par département, pour représenter les territoires de commandement : enfin 6 membres, élus par les chefs de groupes kabyles, forment une section spéciale.

Chaque délégation et la section kabyle délibèrent séparément. L'assemblée plénière statue sur les propositions présentées soit par une délégation, soit par la commission des finances, composée de 4 membres colons, 4 non colons et 3 indigènes, et qui sert d'organe de liaison entre les délégations.

Cette organisation originale représente un très sérieux effort pour donner une part d'influence équitable aux divers intérêts en cause. Elle n'est d'ailleurs pas sans précédent dans notre législation d'outre-mer, et le Conseil colonial de la Cochinchine a une composition analogue. On ne peut toutefois s'empêcher de remarquer que la place faite à l'élément indigène est assez restreinte. Les citoyens français, dont le recensement de 1911 fait ressortir le nombre à 562.931, sont représentés par 48 délégués ; les Arabes et les Kabyles, au nombre de 4.711.276, par 21 délégués. Cette disproportion apparaît d'autant plus sensible que les 562.931 Français comprennent en réalité 304.592 Français d'origine et 258.339 Français d'adoption, dont 70.271 Israélites autochtones. Mais il faut bien reconnaître qu'il eût été difficile de donner la majorité à l'élément indigène, et que, du moment que l'assemblée a un pouvoir propre, il est indispensable que la prépondérance reste aux mains de nos nationaux.

Aucun problème d'ailleurs n'est si ardu que celui de la représentation locale, dans des pays neufs où la population n'est pas homogène. Les élus, quel que soit le collège qui les choisit, ne peuvent représenter que des intérêts particuliers ; et la somme de ces intérêts particuliers est souvent très différente de l'intérêt général ; au-dessus des colons, au-dessus des commerçants, au-dessus des populations indigènes, il y a la personnalité même du pays, faite surtout de ses possibilités d'avenir ; et l'on est conduit à penser que l'autorité supérieure est seule à même de s'en former une idée juste, dépassant les conceptions étroites de groupes sociaux restreints, souvent en compétition.

*
* *

Les finances de l'Algérie se ressentent d'ailleurs de l'esprit général des institutions, et ce qui frappe avant tout, dès le premier coup d'œil, c'est la modicité des ressources et l'extrême défectuosité du système fiscal.

Le budget spécial et les quatre budgets secondaires, ai-je dit, forment un total d'environ 174 millions. Mais il faut déduire de ce chiffre environ 21 millions de subventions accordées par la métropole. C'est en somme 153 millions de ressources propres que l'Algérie prélève sur son activité personnelle ; or, son commerce général approche aujourd'hui de 1.200 millions. Si l'on considère que l'Indo-Chine, avec un commerce moitié moindre, supporte 100 millions de dépenses, et l'Afrique Occidentale, avec un commerce qui est du quart à peu près de ce chiffre, environ 60 millions, on sera frappé de la modicité de l'effort financier accompli dans notre possession de l'Afrique du Nord. Cette modicité est d'autant plus évidente que l'Algérie possède une importante population européenne, — soit, d'après le recensement de 1911, exactement 681.772 personnes [1], — d'une capacité de production et de consommation considérable, et d'un niveau moyen de richesse incomparablement supérieur à celui des indigènes qui forment la presque totalité des populations de l'Indo-Chine et de l'Afrique Occidentale. L'on est donc bien obligé de penser que si les ressources publiques sont faibles, c'est un peu parce que le droit de consentir l'impôt a été entièrement conféré aux représentants élus des contribuables.

Il faut reconnaître, d'ailleurs, que la métropole s'est montrée d'une singulière générosité vis-à-vis de cette possession. Elle supporte d'abord l'intégralité des dépenses militaires, qui s'élèvent pour l'Algérie-Tunisie à 74.137.591 francs au budget de l'État pour 1912 ;

---

[1]. 752.043 en y comprenant les Israélites, assimilés aux citoyens français.

ni l'Algérie, ni la Tunisie, ne lui remboursent rien de ces frais considérables, alors que l'Indo-Chine, l'Afrique Occidentale et même Madagascar paient de lourds contingents à ce titre. Elle accorde ensuite à l'Algérie une subvention de 4.419.974 francs pour les territoires du Sud, — alors que l'Afrique Occidentale paie les frais de son extension saharienne et que l'Indo-Chine subventionne les œuvres de pénétration française en Extrême-Orient. Enfin, elle lui alloue une autre somme de 16.500.000 francs pour ses chemins de fer, tandis que nos autres colonies ont à supporter seules les charges du même ordre [1].

Ces bienveillantes dispositions ont évidemment facilité l'adaptation au régime de l'autonomie financière.

Si nous examinons plus en détail les diverses ressources dont s'alimente le budget spécial, nous som-

---

[1]. La loi du 19 décembre 1900 avait décidé que le budget de l'État continuerait à supporter les garanties d'intérêts des chemins de fer ouverts à l'exploitation avant 1901. Par contre, le Trésor métropolitain devait recevoir le tiers des excédents à verser à la Caisse de réserve de l'Algérie, en fin d'exercice, après constitution d'un fonds de prévoyance de 5 millions. A ce titre, la métropole a encaissé 6.896.967 fr. 50. Mais la loi du 23 juillet 1904 est venue modifier, tout à l'avantage de l'Algérie, cette situation. L'État a renoncé à toute participation dans les excédents disponibles, et a accepté de verser, au lieu des garanties d'intérêt, une subvention forfaitaire, qui, de 18 millions pendant les trois premières années, devait décroître ensuite de 300.000 francs par an. Or, les garanties d'intérêt se sont élevées à 16.941.999 francs seulement en 1905, et ne sont plus prévues, au budget de 1912, que pour 2.912.700 francs. La métropole paiera donc cette année 16.500.000 francs et renoncera à une participation d'environ 3 millions, — pour éviter d'avoir à verser 2.912.700 francs !
Cette libéralité est d'autant plus remarquable que l'Algérie, au terme des concessions aux Compagnies, sera propriétaire de son réseau. Le contribuable français lui aura payé de ses deniers ce cadeau — avec quelques menus subsides en plus.

mes frappés du faible produit de chaque impôt en particulier. Les patentes et la contribution foncière sur les propriétés bâties fournissent environ 5 millions ; les contributions arabes — dont nous parlerons plus loin — environ 8 millions ; le timbre et l'enregistrement, 14 millions ; les douanes proprement dites, 9 millions ; les contributions indirectes, 21 millions. L'ensemble de tous les impôts produit un total de 58 millions. Les revenus du domaine, les postes et télégraphes, la subvention métropolitaine, les recettes diverses de toute nature procurent les 87 millions qui forment le complément des 145 millions auxquels s'élèvent le total du budget. Je ne crois pas qu'il soit aisé de trouver un autre budget d'Etat dans lequel la part demandée à l'impôt représente, comme ici, exactement 40 °/₀ de la dépense globale.

Ainsi, sur un mouvement commercial de 1.200 millions, l'Algérie ne parvient à prélever, en droits de douane, — et ceci à cause du régime de l'assimilation, — que 9 millions, soit 0,75 °/₀ ; et même avec les autres impôts indirects sur les sucres, les tabacs, les alcools, etc., elle arrive tout juste à retenir 30 millions, soit 2,5 °/₀ ! Sur une population européenne de 750.000 âmes, elle demande aux impôts directs et taxes assimilées environ 5 millions et demi, ce qui représente 7 fr. 33 par tête ! A une population indigène de 4.700.000 personnes, elle fait payer 6 millions d'impôts directs, soit, avec les centimes additionnels généraux et la part versée aux départements, 14 millions, ce qui équivaut en moyenne à 3 francs par tête ! Un système fiscal qui produit des résultats si débiles est évidemment défectueux.

Mais il n'est pas seulement défectueux, il motive en outre de plus graves critiques.

Les impôts qui pèsent sur la population indigène sont demeurés, depuis près de soixante-dix ans d'occupation française, exactement ce qu'ils étaient avant la conquête. Nous n'avons pas su faire de progrès sur le régime turc, et le moins qu'on puisse dire de ce régime, c'est qu'il est indigne d'une société civilisée. La base des contributions directes payées par les Arabes, c'est la dîme coranique ; elle revêt diverses formes, et les taxes actuellement perçues prennent les noms de zekkat, achour, hokkor, lezma des palmiers, lezma des feux, lezma fixe, lezma de Grande Kabylie. La place me manque pour exposer ici le système en détail ; je me bornerai donc à des indications sommaires. Le zekkat est une dîme sur les bestiaux, payée selon un tarif conventionnel d'après le nombre de têtes existant au 1er janvier. L'achour est une dîme sur les récoltes, qui se paye dans les départements d'Alger et d'Oran d'après la surface cultivée, évaluée en « charrues »[1], et d'après la nature de la récolte, — notée, comme un devoir d'élève, très bonne, bonne, assez bonne, médiocre ou nulle —, en supposant que l'indigène a ensemencé son champ pour 1/3 en blé et 2/3 en orge, et en lui appliquant des tarifs conventionnels de conversion en argent ; l'achour, dans le département de Constantine, se paie à raison de 25 francs par charrue, *cette fois*, possédée par l'indigène, et sauf dégrèvements. Le hokkor est une sorte d'achour supplémentaire dû par les tribus occupant des terrains dont, *sous l'administration du dey d'Alger*, elles n'étaient pas considérées comme propriétaires. La lezma des palmiers est un impôt de

---

[1]. Superficie que peut cultiver un Arabe avec une charrue, soit environ 10 hectares.

0 fr. 30 par pied de palmier; la lezma des feux, un impôt sur les maisons ; la lezma de Grande Kabylie, un impôt de capitation dont le tarif varie, par catégories, de 5 à 100 francs par tête; la lezma fixe, enfin, un tribut collectif dû par certains groupements.

Selon les régions, ces impôts se superposent, ou ne se superposent pas ; toutes les combinaisons mathématiquement possibles sont réalisées, sans aucun plan d'ensemble, sans aucune autre raison que le respect des traditions ; telle tribu est surtaxée, telle autre exempte ; autant de lieux, autant de façons de compter.

Mais ce n'est pas tout. Les contributions arabes sont dues, non par la chose possédée, mais par la personne qui possède. L'impôt foncier n'existe pas. Il en résulte donc que le champ cultivé par l'Européen ne paie rien, à côté du champ possédé par l'Arabe, qui paie. Que l'Européen achète à l'Arabe son lopin de terre ou ses palmiers, aussitôt plus d'achour ni de lezma sur les grains ou les fruits; mais que, cessant d'exploiter lui-même cette terre qui, entre ses mains, est exempte, il l'afferme à l'indigène, — et aussitôt celui-ci devra de nouveau acquitter l'impôt coranique.

Il suffit d'exposer un tel système pour le condamner. Et rien ne saurait mieux mettre en lumière l'attitude adoptée par l'administration, sous l'influence des idées d'assimilation, vis-à-vis de la population musulmane : cette population qui conserve sa personnalité ethnique, est jugée rebelle au progrès ; on la laisse croupir dans sa barbarie. L'Algérie s'organise ; on s'efforce d'y introduire tout ce qu'on peut emprunter à la législation française, on unifie, on centralise, tout en ménageant la population immigrée ; mais on abandonne l'Arabe à ses coutumes préhistoriques, aggravées seulement pour lui de ce que l'application lui en est faite par des mains étrangères : à quoi bon réformer ce qui doit disparaître ?

⁂

Nous sommes amenés à aborder ici la question certainement la plus délicate de toutes celles qui se posent à propos de l'Algérie, celle qui, à mes yeux, constitue le problème primordial que doit résoudre toute nation colonisatrice : la politique indigène.

Je me suis expliqué, dans d'autres études, sur l'importance essentielle que je lui attribue. Dans les pays où l'Européen ne peut se fixer, il est de toute évidence que rien ne peut être entrepris qu'avec l'aide et par l'intermédiaire des anciens occupants du sol ; nous avons vis-à-vis de ceux-ci une œuvre de protection, d'éducation, de perfectionnement à accomplir ; et nous ne pouvons espérer de résultats utiles que dans la mesure où nous aurons su faire de ces races arriérées des peuples nombreux, disciplinés et prospères. Ce n'est pas l'humanité seulement, c'est notre intérêt qui nous le commande.

En Algérie, le problème ne se présente pas dans les mêmes conditions, — ou du moins l'a-t-on pensé. Dès les premiers jours de l'occupation, on a considéré notre belle possession méditerranéenne comme un territoire de peuplement. L'Européen y peut vivre et faire souche, et, dans une certaine mesure même, s'y livrer à un travail physique. La petite colonisation agricole, malgré quelques échecs, a somme toute réussi ; les chiffres sont là pour le prouver : en 1876, les Français, y compris les assimilés (israélites), étaient 189.677 ; ils passaient à 366.900 en 1896, à 562.931 en 1911 ; si l'on ajoute à ces chiffres ceux des étrangers européens, le nombre total des non-indigènes se trouve avoir été de 344.739 en 1876 et il est aujourd'hui de 752.043 [1] : il a plus que doublé, et atteindra bientôt un million d'âmes.

Avec les idées d'assimilation qui, comme je l'ai dit plus haut, ont exercé une si profonde influence sur le développement de l'Algérie, il était naturel que les progrès du peuplement européen fissent espérer la constitution, dans nos territoires de l'Afrique du Nord, d'une race nouvelle, constituée par le sang français, plus ou moins mêlé d'apports étrangers. On aurait admis volontiers que l'élément autochtone fusionnât progressivement avec les émigrants, en perdant à leur contact son caractère ethnique propre. Mais son concours ne paraissait pas indispensable. On pensait pouvoir se passer de lui, à la longue ; et, s'il se montrait réfractaire, on ne voyait pas la nécessité de multiplier les efforts pour gagner ses sympathies.

Or les Arabes ne nous ont pas accueillis à bras ouverts. Ils nous ont bravement et énergiquement résisté. Ils ont subi notre supériorité de force ; ils ont conservé vis-à-vis de l'envahisseur une constante réserve. Il n'en a pas fallu davantage pour que se formât l'opinion communément répandue, que cette race est foncièrement rebelle à toute action civilisatrice, et, aujourd'hui encore, d'éminents esprits vont répétant qu'il n'y a rien à en espérer : l'Arabe, disent-ils, est un fataliste qui ne s'incline que devant la force ; c'est un religieux pour lequel le chrétien, le roumi, sera toujours l'infidèle dont il faut éviter le contact impur

---

(1) Dans ces chiffres ne sont pas compris ceux de la population dite de résidence obligatoire : militaires, marins, hospitalisés, détenus, etc.

n'essayons ni de l'éduquer ni de l'enrichir ; il méprise au fond de lui tout ce que nous lui apportons ; il est toujours prêt à retourner à sa vie errante, à ses traditions immuables, à son incurie superstitieuse. Résignons-nous donc à l'inévitable : il disparaîtra, comme ont disparu les Indiens de l'Amérique du Nord, comme disparaîtront tous les groupes rebelles au progrès.

Ce jugement n'est-il pas bien précipité, et devons-nous accepter si légèrement la perspective de cette éviction ?

L'Arabe nous a résisté, soit : c'était naturel, et il est d'expérience constante, en matière coloniale, que les peuples les plus difficiles à réduire sont ceux sur lesquels nous pouvons ensuite compter le plus : les races énergiques sont les races de grandes ressources. L'Arabe n'a pas mis d'enthousiasme à nous accueillir, c'est encore vrai : mais avons-nous essayé vis-à-vis de lui cette patiente politique d'apprivoisement qui nous a si bien réussi vis-à-vis des noirs ; avons-nous essayé de respecter son cadre traditionnel pour l'y faire accomplir une prudente évolution ? Non : nous n'avons conservé ses institutions anciennes que pour en faire un moyen de contrainte ; nous avons maintenu les impôts absurdes qui l'écrasent sans lui faire produire ce qu'il pourrait donner, nous avons appliqué contre lui le principe de la responsabilité collective des villages ou des tribus, nous avons prononcé des confiscations de terres ; et en même temps, nous installions dans le pays nos usages et nos règlements métropolitains, qui l'ahurissent, à l'égard desquels il se trouve, sans le vouloir, en perpétuel état de contravention. Et n'est-ce pas à cause de tout cela, n'est-ce pas parce qu'il se trouve étouffé dans un milieu irrespirable pour ses poumons de primitif, qu'il s'est enfoncé dans sa résignation têtue? Son fanatisme n'est-il pas, comme tout fanatisme, la conséquence de sa misère économique?

Dans un beau livre paru en 1902, un enfant de la nouvelle Algérie, M. Van Vollenhoven, aujourd'hui Gouverneur des Colonies, a lumineusement montré la politique de refoulement et d'éviction pratiquée contre « le Fellah algérien ». Par des chiffres irréfutables, il a prouvé que la population indigène a été s'appauvrissant sous notre domination; ses terres, on les lui a confisquées, ou bien on l'en a « expropriée pour cause de colonisation », ou bien on lui en a rendu la jouissance si pénible qu'elle les a spontanément abandonnées pour chercher plus au sud, vers le désert, un peu plus d'air et de liberté; ses troupeaux se sont progressivement réduits, et aujourd'hui les 4.740.256 indigènes qui peuplent l'Algérie possèdent moins de têtes de bétail que les 2.462.936 recensés en 1876.

Et si encore cette éviction bénéficiait à nos colons, il n'y aurait à la déplorer qu'au point de vue supérieur de l'humanité. Mais, quoi qu'on en ait pu penser, elle nuit à nos intérêts. La preuve est aujourd'hui faite qu'en Algérie, comme dans nos autres colonies, c'est surtout sur la grande colonisation, par les capitaux, qu'il faut compter. Là comme ailleurs l'Européen a besoin de la main-d'œuvre indigène. Oublierons-nous du reste que la France a une trop faible natalité pour entretenir un courant puissant d'émigration? Les statistiques déjà citées ne nous montrent-elles pas qu'en face de 304.592 Français d'origine, la population locale comprend 188.068 étrangers naturalisés et 189.112 étrangers (presque tous Espagnols) soit une masse de 377.180 Européens, rivaux naturels de nos nationaux, supérieurs à eux en nombre, et dont la moitié déjà, adoptés dans la famille algérienne, y font sentir profondément leur influence? C'est au profit de ces étrangers que s'opère le refoulement des autochtones. L'avenir de notre colonisation eût été d'asseoir fortement une aristocratie de sang français sur une vivante et prospère démocratie de sang arabe. Ces éléments faits pour collaborer n'ont pas su se rejoindre ; par la fissure qu'ils laissent entre eux se glisse l'invasion étrangère.

Je n'ignore pas que, surtout dans ces dernières années, l'administration algérienne a fait preuve d'une réelle sollicitude envers nos sujets. Les services d'assistance, au budget spécial, sont inscrits pour un chiffre considérable ; les écoles ont été développées ; des œuvres intéressantes de toute nature ont été créées. Je n'aurais garde de méconnaître l'utilité de ces efforts ; mais je ne puis me défendre de penser qu'il vaudrait mieux faire moins de place à la pure bienfaisance, et en faire plus à la bonne administration.

*
* *

Tout d'ailleurs n'est point sombre dans ce tableau, et après avoir critiqué ce que je considère comme les défauts de l'organisation algérienne, je crois pouvoir louer maintenant sans réserve les résultats matériels obtenus dans le domaine économique. J'y trouve, d'ailleurs, une nouvelle confirmation de ma thèse, puisque ces résultats se sont surtout développés dans les dix dernières années, c'est-à-dire depuis que la cause de l'autonomie regagne du terrain.

Le commerce général de l'Algérie a un peu plus que doublé en trente ans, de 1870 à 1900, passant de 259.062.000 francs à 558.559.000 francs. Il a de nouveau presque doublé de 1900 à 1910, s'élevant, pour cette dernière année, à 1.088.116.000 francs. Les chiffres de 1911 et de 1912 sont encore supérieurs ; nous savons en effet déjà, et d'après des évaluations provisoires que les rectifications ultérieures ne pourront que relever, que le commerce spécial (mouvement des marchandises produites ou consommées effectivement en Algérie), qui ressortait en 1910 à 1.025.234.000 francs, a atteint en 1911 environ 1.080 millions et en 1912 près de 1.200 millions. La balance commerciale est normale : en 1910, les importations se montent à 511.967.000 francs et les exportations à 513.267.000 francs ; en 1911, les évaluations provisoires sont, pour les premières, de 565.188.000 fr. et, pour les secondes, de 513.430.000 francs. Le régime de l'union douanière, éminemment favorable à la métropole, lui assure une part considérable dans ces échanges, soit 874.595.000 francs en 1910 et 885.471.000 francs en 1911 ; l'importation de France est supérieure à l'exportation sur France, puisqu'en 1910, — année où le total de l'exportation dépassait celui de l'importation, — l'Algérie a envoyé à la mère-patrie pour 413.082.000 francs de produits et lui en a acheté pour 461.518.000 francs.

Le mouvement de la navigation n'a pas moins vite progressé. Le total du tonnage, entrées et sorties réunies, a passé de 1.646 098 francs en 1870 à 5.080.414 francs en 1900, augmentant ainsi de 4.646.316 francs en trente ans ; dans les dix dernières années, il s'est de nouveau élevé de 5.731.549 fr., atteignant en 1910 le chiffre de 10.811.963 francs. La part de la France est, dans ce dernier chiffre, de 5.418.039 francs, soit environ la moitié. Alger devient un des plus grands ports français, comparable au Havre par l'intensité de son mouvement, et dépassé seulement par Marseille.

Les finances de l'Algérie, gérées de la manière la plus soigneuse, n'ont, depuis 1900, connu aucune année déficitaire. Les exercices successifs se sont réglés par des excédents de recettes variant de 3 à 9 millions de francs. Entre 1901 et 1909, le total de ces excédents a atteint 51.982.813 fr. 53, sur lesquels 10 millions ont été affectés au fonds de réserve, ainsi porté à son maximum, 6.896.967 fr. 50 ont été versés à la métropole, de 1900 à 1904, en vertu de la loi du 19 décembre 1900, — ultérieurement abrogée en ce qui concerne le partage des plus-values, — 4.688.873 fr. 66 ont servi à faire face à des événements imprévus et à des dépenses exceptionnelles, 40.396.972 fr. 37 ont été réemployés en travaux d'utilité générale. L'exercice 1910 a dû fournir un nouvel excédent de près de 9 millions.

Depuis qu'elle a la libre disposition de ses finances, l'Algérie a pu contracter deux emprunts, l'un de 50 millions autorisé par la loi du 7 avril 1902, l'autre, prévu pour 175 millions, autorisé par les lois du 28 février 1908 et du 6 avril 1910, et réalisé actuellement pour une première tranche de 35 millions. Le chiffre de 85 millions ainsi appelé apparaît toutefois comme assez faible par rapport à nos autres emprunts coloniaux. L'Algérie peut faire davantage et donner une puissante impulsion à son essor économique. Mais il faut pour cela qu'elle réforme son système budgétaire et fiscal, dont j'ai dit les défauts.

Le réseau des chemins de fer algériens, déjà considérablement développé en 1900 grâce aux efforts de la métropole, s'est accru depuis cette date de 371 kilomètres, et le total des lignes en exploitation s'élève à 3.277 kilomètres. Le régime de ces chemins de fer est, comme chacun sait, semblable à celui de la métropole ; cinq réseaux partiels sont constitués : P.-L.-M. algérien, Bône-Guelma, Ouest-Algérien, Etat (Est-Algérien) et Etat (Oranais). Les recettes totales, de 27.756.067 francs en 1900, ont passé à 45.810.888 fr. en 1910, et à 51.528.619 francs en 1911.

De quelque côté que nous portions nos investigations, tous les indices de l'activité économique sont en progrès.

Même timidement appliquée, la méthode de décentralisation et d'autonomie a donc été un puissant stimulant de la prospérité algérienne.

*
* *

Ces constatations ne doivent-elles pas être pour la France une raison de persévérer dans la bonne voie et d'accentuer encore l'œuvre de réforme heureusement commencée en 1900 ? Il faut considérer de plus en plus l'Algérie comme une colonie, comme un territoire nettement distinct de la métropole, ayant son statut et sa vie propres. Sans doute, il serait tout aussi arbitraire de vouloir calquer ses institutions sur celles des autres possessions que sur celles de la mère-patrie ; il n'est pas douteux cependant qu'elles doivent se rapprocher plus du type colonial que du type métropolitain.

Une décentralisation locale serait tout d'abord désirable. Les anciennes divisions administratives ne répondent à rien. La réalité politique, géographique et ethnique conduirait plutôt à distinguer une Algérie maritime, très largement pénétrée par l'élément européen, une Algérie du Sud, où la population arabe doit être le principal facteur de prospérité, et des territoires sahariens de pénétration militaire. Chacune de ces régions pourrait avoir son unité administrative, ses institutions propres et son budget ; l'Algérie maritime comprendrait surtout des communes de plein exercice, et l'élément européen permet d'y instituer une représentation de contribuables, exerçant une influence prépondérante sur la conduite des affaires ; l'Algérie du Sud, comprenant des communes mixtes et des communes indigènes, et soumises au régime de l'administration civile, ne comporterait point un statut aussi libéral, mais il serait légitime d'y associer la population aux responsabilités publiques, sous une forme semblable à celle que réalisent les délégations financières ; enfin les territoires sahariens demeureraient soumis au régime militaire.

Entre ces trois unités complètes, le Gouvernement général serait l'organe de liaison, de coordination, de haute direction et de contrôle. Loin d'absorber toutes les ressources du pays dans un budget unique, il disposerait seulement d'un budget de superposition, allégé de toutes les charges locales, supportant les frais des services généraux et les dépenses de perfectionnement économique.

Dans les rapports de l'autorité supérieure locale avec l'autorité métropolitaine, toute trace du système déplorable des rattachements serait supprimée. Le Gouvernement général, pourvu de tous ses organes propres, n'aurait à référer au pouvoir central que dans des cas restreints. Par contre, un contrôle permanent et fort devrait être institué à Paris, et il ne serait point excessif d'en confier le soin à un ministère spécial, qui étendrait son action à toute cette Afrique du Nord dans laquelle l'influence française voit s'ouvrir à elle un si magnifique avenir. Et il ne serait point illégitime non plus de souhaiter que l'Algérie, avec tous les ménagements et toutes les transitions nécessaires, en même temps qu'elle recevrait ainsi en quelque sorte sa « majorité » politique, accepte de supporter les charges d'un pays adulte, capable de se suffire à lui-même.

Cette saine et simple organisation, j'en suis certain, porterait tout naturellement ses fruits. Emancipée, l'Algérie saurait développer ses ressources, faire face à tous ses besoins. L'autorité chargée d'y représenter l'intérêt général comprendrait sans doute la nécessité de travailler activement au relèvement de cette population indigène qui, par le nombre, par l'adaptation au pays et au climat, est le facteur essentiel et indispensable de la prospérité locale. L'attitude du commandement serait tout naturellement plus paternelle ; les rigueurs de l'indigénat ne répondent plus aujourd'hui aux nécessités de notre domination ; l'administrateur, au milieu des groupements arabes ou kabyles, se sentirait surtout chargé d'un rôle de protection et d'éducation ; l'autochtone ne serait plus un étranger dans sa propre patrie. Il n'est pas probable, il n'est pas possible que cette population, issue d'une race qui fut grande par les armes et par l'intelligence, soit incapable aujourd'hui de progrès. Il est invraisemblable de supposer qu'un peuple de race blanche soit plus réfractaire à la civilisation que les nègres du Soudan.

La France, déjà maîtresse de l'Algérie et protectrice de la Tunisie, sera demain prépondérante au Maroc. Elle étendra sa tutelle sur vingt ou vingt-cinq millions de musulmans de race blanche, Elle doit avoir, vis-à-vis d'une telle masse d'hommes, des méthodes sûres, une politique définie ; elle ne peut les ignorer ni les négliger ; il faut donc qu'elle les apprivoise et les amène à elle. Et la récompense de ses efforts sera le surcroît inestimable de force, de puissance matérielle et morale que lui procurera cette œuvre de sagesse, de justice et de lumière.

CHAPITRE VII

La Tunisie

Caractère incertain du protectorat appliqué en Tunisie : le libéralisme est dans la forme des institutions ; l'esprit demeure assimilateur. — La France ne concevait pas bien la politique du protectorat quand elle a voulu l'appliquer en Tunisie. Tâtonnements inévitables. Système du contrôle de l'administration indigène. Comment ce contrôle s'exerce. Tendance à franciser les institutions. Les indigènes eux-mêmes sont attirés vers l'assimilation : on a maintenu leur régime politique, on n'a pas su le faire évoluer — L'esprit d'assimilation dans les institutions judiciaires, l'enseignement, la colonisation officielle : retour à l'erreur du peuplement. — L'organisation financière et fiscale ; l'élément indigène négligé. Timidité dans les réformes. — Développement économique et financier du pays. Prospérité remarquable ; est-elle durable ? — Conclusion.

Les méthodes d'administration que nous avons appliquées dans la Régence de Tunis, jouissent auprès de l'opinion coloniale universelle d'une légitime réputation. Elles représentent notre premier essai sincère de la politique de protectorat ; et bien que nos traditions antérieures ne nous y eussent guère préparés, cet essai a été pleinement couronné de succès : en moins de trente ans un pays que les fantaisies de ses souverains avaient presque ruiné, s'est sous notre influence relevé, réorganisé, admirablement développé.

J'éprouve cependant un certain embarras, après les

études que j'ai précédemment consacrées à l'évolution de nos idées coloniales dans ces quinze dernières années, à formuler sur ce cas particulier un jugement qui me satisfasse complètement. Assurément, si je compare à nos erreurs algériennes les procédés prudents et libéraux que nous avons employés en Tunisie, — ce qui est ordinairement le point de vue des auteurs qui ont écrit sur ce sujet, — je n'ai que des éloges à faire entendre et je comprends parfaitement les opinions favorables énoncées sans restrictions par mes devanciers. Mais si je songe à la doctrine cohérente et réfléchie qui se fait jour dans nos conceptions coloniales, à la faveur de l'expérience acquise dans d'autres régions, je suis obligé de reconnaître que notre œuvre tunisienne manque un peu de cette simplicité, de cette clarté, de ces larges vues d'ensemble que j'ai admirées dans nos œuvres plus récentes; pour tout dire, j'y trouve plutôt une imitation adroite et sage des méthodes anglaises, qu'un premier essai de la méthode proprement française révélée par les efforts de nos grands organisateurs, les Doumer, les Galliéni, les Roume, les Merlin.

Peut-être, il est vrai, la différence des moyens était-elle nécessitée par la différence des conditions; peut-être est-il impossible de conclure, des résultats obtenus dans des pays où tout était à créer, à la ligne de conduite qui s'imposait vis-à-vis d'une civilisation déjà ancienne et d'un État constitué, qui a connu dans le passé ses heures de puissance et de prospérité. Aussi me semble-t-il difficile, en l'absence de tout exemple directement comparable et nettement préférable, d'énoncer des conclusions tout à fait fermes. Je me bornerai donc à des remarques particulières, en m'inspirant des idées générales qui m'ont paru se dégager de mes précédentes études ; j'espère montrer que ce qui fait précisément la supériorité de la colonisation tunisienne sur la colonisation algérienne, c'est le sentiment plus juste que nous avons eu des nécessités de notre action, c'est l'utilisation habile des institutions naturelles du pays, c'est une compréhension plus élevée de la population indigène, de ses besoins, de son rôle indispensable, de ses possibilités d'avenir ; mais aussi, je serai amené à me demander, chemin faisant, si ces principes excellents ont toujours été appliqués aussi largement qu'il eût été désirable, et si l'esprit de notre administration correspondait bien aux méthodes qu'elle s'efforçait de suivre. Pour tout dire en effet, il semble que nous ayons fait en Tunisie de la politique de protectorat un peu artificielle ; une arrière-pensée de peuplement et d'assimilation subsistait sous les mesures en apparence les plus décentralisatrices ; et tout en reniant dans la forme nos anciennes erreurs, au fond nous leur restions secrètement fidèles.

.·.

L'établissement du protectorat français sur la Tunisie date du traité du 12 mai 1881, complété par la convention du 8 juin 1883. Par ces textes, la France s'engageait à maintenir et à défendre contre tout danger le bey et sa dynastie, ainsi qu'à garantir la dette tunisienne ; le bey, par contre, promettait de ne contracter aucun emprunt public sans l'autorisation de la France, et de procéder aux réformes administratives, judiciaires et financières que le Gouvernement français lui indiquerait.

A l'époque même où ces formules étaient adoptées,

on se représentait très mal, en France, le régime auquel elles pourraient aboutir. Le besoin de clarté de notre esprit national le rendait même hostile à un système difficilement définissable, dans lequel la souveraineté locale est maintenue tout en abdiquant partiellement ; la méthode infiniment plus simple de l'annexion et de l'administration directe trouvait donc de nombreux partisans, et ceux-ci avaient d'autant plus beau jeu que les défenseurs mêmes du protectorat étaient quelque peu embarrassés de préciser leurs idées. Gambetta avait bien dit : « La politique du protectorat consiste à agir sur le prince et à trouver avec lui des accommodements. » Mais ce n'était là qu'une idée générale, et il semblait à tous que la souvenaineté ne se partage pas : ou bien le prince conserverait une certaine indépendance qui justifierait son maintien, et il faudrait bien supposer qu'il pût, le cas échéant, user de cette liberté contre la volonté même du peuple protecteur ; ou bien il ne serait entre nos mains qu'un instrument passif, et l'on devrait alors se demander à quelle utilité précise répondrait cet intermédiaire superflu.

Ces idées sont encore aujourd'hui, — on l'a vu récemment à propos du Maroc, — celles de beaucoup de nos compatriotes. L'expérience autant que la réflexion devrait cependant leur faire comprendre combien cette conception qui leur semble *a priori* vague et contradictoire, est en réalité juste et viable.

Lorsqu'un Etat étend sa domination sur un autre Etat, s'il prétend simplement s'incorporer sa conquête et la fondre dans sa propre unité, il s'impose le problème le plus difficile et le plus complexe : c'est chaque individu du peuple soumis qu'il doit gagner, transformer, agréger dans un organisme social pour lequel il n'était point fait. Il simplifie au contraire la question lorsqu'il se borne à établir, entre la collectivité soumise et lui-même, un lien de dépendance et de vassalité; il laisse subsister, comme un tout naturel et vivant, l'Etat dominé, et lui dicte seulement sa politique. Faire de chacun de nos sujets, — malgré les différences de race, de religion, de mœurs et de mentalité, — un citoyen français semblable aux citoyens de la métropole, ou les remplacer tous par une population nouvelle, issue de la nôtre, — telle est l'entreprise formidable et chimérique que se propose la colonisation d'administration directe et d'assimilation. Faire des Etats barbares soumis par nos armes des vassaux obéissants de la France, — tel est l'objectif modeste et sûr de la politique de protectorat.

Les hommes d'Etat qui présidèrent aux débats de notre action en Tunisie ne se le représentaient peut-être pas eux-mêmes aussi clairement; mais persuadés, par nos mécomptes en Algérie, de la nécessité de renoncer aux méthodes du passé, ils eurent le mérite de vouloir fermement innover, et d'attendre de l'expérience l'indication plus précise des mesures à prendre. C'est ainsi que M. Paul Cambon fut, au début de 1882, nommé ministre résident à Tunis, avec mission de *rechercher* l'organisation convenable [1]. L'éminent diplomate, admirateur éclairé des méthodes coloniales anglaises, se montra à la hauteur de cette tâche; l'esprit dont il a animé l'administration tunisienne subsiste toujours et fut le point de départ d'une

---

1. Toute l'histoire de notre colonisation en Tunisie, avec l'exposé du développement progressif des institutions conçues par la France, est présentée d'une façon très juste et intéressante par M. Victor Piquet dans son livre: *La Colonisation française dans l'Afrique du Nord.*

tradition solide. Je ne puis montrer ici comment peu à peu ses conceptions s'affirmèrent et se développèrent ; je me bornerai à donner un aperçu d'ensemble des institutions du pays.

La Régence continue à former, sous notre tutelle, un État en principe distinct et autonome, soumis à l'autorité absolue d'un souverain héréditaire, le bey, dont les indigènes tunisiens sont les sujets. Entre le pouvoir central et les administrés subsistent les deux échelons qui existaient avant notre arrivée ; l'autorité du bey s'exerce, dans les provinces, par l'intermédiaire des caïds, représentants directs du souverain ; chaque caïd a sous ses ordres un certain nombre de cheikhs, ou chefs des collectivités indigènes ; ces cheikhs sont l'émanation des administrés ; ils sont élus, dans chaque fraction de tribu, par les notables, qui sont solidairement responsables de la gestion financière du chef choisi par eux.

L'organisation de source française se juxtapose à cette organisation d'origine locale et traditionnelle ; elle la contrôle et la complète. Auprès du bey, la France est représentée par le Résident général, dépositaire des pouvoirs de la République ; le Résident général est le ministre des Affaires Étrangères du bey et son conseiller politique obligatoire ; il a de plus qualité pour approuver la promulgation et la mise à exécution des actes du souverain, lois et décrets beylicaux. Auprès des ministres tunisiens un haut fonctionnaire français, le Secrétaire général du Gouvernement, assume des fonctions analogues de surveillance ; il collabore avec les Secrétaires d'État du bey, et pratiquement dirige leur initiative ; l'ancien conseil des ministres, ou Ouzara, est d'ailleurs complété par les directeurs français des grands services publics, progressivement institués sous notre influence, directeurs des Travaux publics, des Finances, de l'Enseignement, de l'Agriculture et du Commerce, et, tout récemmeut, des services judiciaires. Auprès des caïds, enfin, le Gouvernement protecteur est représenté par des contrôleurs civils, dont le rôle est de conseiller et de guider les autorités indigènes, sans jamais se substituer à elles. Ainsi, à tous les degrés, l'ancienne administration subsiste, mais sous une tutelle française très caractérisée ; nos agents ont un droit de regard sur toutes les affaires, et en réalité tiennent et dirigent tous les ressorts de la vie publique.

Les citoyens français résidant en Tunisie sont placés sous l'autorité exclusive du Résident général ; celui-ci peut prendre à leur égard, par voie d'arrêtés, les dispositions réglementaires qui les concernent exclusivement. Ils participent à l'administration municipale, concurremment avec l'élément indigène et même quelquefois l'élément étranger, dans les villes et les principaux centres de peuplement européen. Ainsi, dans les sièges de caïdat, le conseil municipal, présidé par le caïd, a un Français pour vice-président, et le contrôleur civil sert d'agent de liaison contre ces organisations et le Résident général.

Ces institutions sont évidemment un peu compliquées d'aspect. On ne saurait cependant leur refuser le mérite de la souplesse et de l'ingéniosité. Tout d'abord, en laissant subsister les anciens rouages de l'administration beylicale, la France a fait une économie de temps, d'efforts et d'argent ; elle n'a pas eu la peine de concevoir et de construire de toutes pièces des rouages minutieux, et en conservant le mécanisme qu'elle trouvait tout prêt, elle a évité de multiplier les fonctionnaires métropolitains, toujours plus coûteux que les agents indigènes. Ensuite elle s'est abstenue ainsi de heurter le sentiment et de bouleverser les habitudes des populations, qu'elle a laissées en contact avec leurs autorités traditionnelles. Restant toujours dans la coulisse, elle s'est abstenue de paraître, et son action y a gagné en sûreté et en efficacité.

Je n'aurai garde de méconnaître tous ces avantages, et cependant j'avoue que cette organisation ne satisfait pas complètement notre goût de la simplicité et de la clarté. L'inspiration anglaise, le désir d'imiter les procédés de nos voisins et devanciers en colonisation, apparaissent ici à chaque pas. Mais le peuple anglo saxon a une mentalité très différente de la nôtre ; il n'éprouve pas comme nous le besoin d'avoir des vues d'ensemble ; son action se modèle sur les circonstances ; il statue séparément sur chaque difficulté à mesure qu'elle se présente, et ne se soucie point de mettre d'accord toutes les solutions partielles, tant que leurs contradictions ne deviennent pas gênantes : ses propres institutions nationales en sont la meilleure preuve. L'intelligence française, abstraite et généralisatrice, a plus d'exigences ; elle veut non seulement dominer les faits, mais les comprendre dans leur ensemble, s'élever à la notion des lois qui les régissent ; et son besoin de perfectionner n'est satisfait que lorsqu'elle est en possession de formules larges et simples dont elle n'a plus qu'à tirer les conséquences pour régler chaque cas particulier. Le défaut de cette tendance est le plus souvent d'oublier la nécessité de l'expérience, et de croire que la seule logique, vide et procédant *à priori*, peut tenir lieu de l'observation et de l'étude minutieuse des réalités. Mais ce n'est là qu'un travers où tombent les petits esprits, et quand l'intelligence française reste en contact avec les faits, attend d'eux l'énoncé même du problème et vérifie sans cesse sur eux le résultat de ses conceptions. elle atteint incontestablement des effets d'une ampleur incomparable.

Notre organisation en Tunisie ne porte pas la marque de ces tendances supérieures d'esprit, qui éclatent au contraire sous l'œuvre accomplie en Afrique Occidentale ou en Afrique Équatoriale. Nous avons bien évité de recourir à une solution assimilatrice d'ensemble, et nous avons, de propos délibéré, maintenu les cadres naturels de la société indigène ; mais chacune des mesures partielles que nous avons prises ensuite demeure inspirée des conceptions mêmes que nous n'osions faire prévaloir une fois pour toutes. Ainsi, l'ancienne administration tunisienne n'a pas été traitée par nous comme une organisation viable, vivante, susceptible d'évolution et de perfectionnement ; nous l'avons respectée, c'est entendu, mais nous l'avons clichée dans sa forme antérieure. Le Résident général auprès du bey, le Secrétaire général du Gouvernement auprès du conseil des ministres, les contrôleurs civils auprès des caïds, les membres français des municipalités auprès des membres indigènes, constituent comme une autre administration, parallèle à la première ; c'est comme un vigoureux parasite qui, sur le corps anémié de la plante ancienne, absorbe sa vie en lui laissant sa forme générale.

Ce qui prouve plus encore cette tendance, c'est que tous les services nouveaux, rendus nécessaires par le développement du pays et son accession à un état de civilisation plus voisin du nôtre, ont été organisés dans un sens exclusivement français. Les « Directions » qui sont venues s'ajouter à l'ancienne Ouzara, sont à proprement parler des prolongements des administrations similaires métropolitaines, avec qui elles correspondent par l'intermédiaire du Résident général.

Ainsi toute une colonie française, juxtaposée à l'ancienne société indigène, se développe auprès de celle-ci, exerçant nécessairement sur elle une attraction puissante. Le pays tout entier tend à prendre une physionomie nouvelle, un équilibre nouveau, et les classes les plus éclairées de l'élément autochtone ne sont pas les moins empressées à réclamer cette évolution vers une assimilation de plus en plus complète à la métropole. Il existe déjà des « Jeunes-Tunisiens », impatients d'accéder à la plénitude des droits dont jouissent les citoyens français ; pour eux, le maintien des institutions anciennes n'est qu'une avare précaution de la nation protectrice, et ils protestent contre un régime suranné, barrière à leurs instincts de liberté, à leurs besoins d'influence et d'action.

*
* *

Plusieurs autres constatations viendront corroborer cette impression, et montrer les difficultés encore latentes, mais demain certaines, que nous prépare une politique qui, malgré sa prudence et malgré les apparences, a été en réalité une politique de francisation progressive.

L'organisation judiciaire de la Tunisie nous sera l'occasion d'une première remarque en ce sens. Avant notre arrivée, les pouvoirs judiciaires, comme les autres, demeuraient concentrés entre les mains du bey, qui jugeait personnellement un grand nombre de causes, et dont les délégués directs auprès des tribus, les caïds, exerçaient des attributions analogues dans les provinces ; les questions concernant le statut personnel et les propriétés foncières étaient déférées à la justice religieuse musulmane, représentée au chef-lieu par le tribunal du Charaâ, et dans le reste du pays par des cadis, dont les décisions pouvaient être portées en appel devant le Charaâ.

Les consuls des différents pays jugeaient leurs nationaux et les *protégés*, c'est-à-dire les indigènes qui s'étaient placés volontairement sous leur juridiction ; le nombre de ces protégés était considérable ; les indigènes trouvaient en effet divers avantages et privilèges à se réclamer d'une tutelle européenne, et les consuls accueillaient volontiers leurs demandes, y voyant un moyen d'accroître l'influence de la nation qu'ils représentaient.

Le premier soin de l'administration française, après l'établissement du protectorat, fut de faire cesser ces inscriptions de protégés, grâce auxquelles les consuls étrangers pouvaient intervenir trop souvent au détriment de l'ordre nouveau que nous prétendions instituer. Puis nous instituâmes des tribunaux français, et il fut décidé que les nationaux des puissances qui supprimeraient leurs justices consulaires, deviendraient justiciables de ces tribunaux dans les mêmes conditions que les Français eux-mêmes. Toutes les puissances progressivement profitèrent de cette facilité, et nos tribunaux connaissent aujourd'hui de toutes les affaires civiles et commerciales, quand le défendeur est européen, et de toutes les affaires pénales, quand le prévenu ou la victime est de nationalité européenne. Les affaires immobilières intéressant des indigènes continuent toutefois à dépendre du Charaâ. Les tribunaux français constitués en Tunisie ont reçu une organisation sommaire, empruntée à l'Algérie ; ils comprennent des justices de paix à compétence étendue et des tribunaux de première instance, les uns et les autres rattachés au ressort de la Cour d'appel d'Alger.

Parallèlement à la création de ces organes, qui, malgré leur caractère simplifié, assurent à la colonie française et aux étrangers la distribution d'une justice satisfaisante et conçue d'après nos idées, il était évidemment nécessaire de mettre également à la disposition de la population indigène un appareil judiciaire conforme à ses traditions tout en étant digne de l'état de civilisation plus perfectionnée que nous voulons réaliser dans le pays. Cette seconde partie de la réforme, — la plus utile et la plus importante puisqu'elle s'adressait à l'élément de beaucoup le plus nombreux, celui dont le développement est l'objet principal de toute entreprise de colonisation, — a été plus négligée ; les initiatives prises dans cet ordre d'idées ont été tardives et peu importantes. L'ancienne Ouzara, déjà pourvue de la compétence judiciaire avant notre installation dans le pays, a conservé ses attributions et est devenue un tribunal d'appel en matière civile et correctionnelle, en même temps qu'une cour criminelle. Un magistrat français, qui a le titre de Directeur des services judiciaires, l'assiste de ses lumières. Des tribunaux comprenant trois juges, et surveillés chacun par un délégué du Directeur des services judiciaires, ont été créés en province pour rendre les jugements de première instance. Les caïds ont conservé partiellement leurs anciennes attributions judiciaires, avec la compétence restreinte de juges de paix et de juges de simple police. La justice religieuse musulmane, rattachée au Charaâ, continue à fonctionner pour les indigènes musulmans.

Les israélistes indigènes sont justiciables, en matière séculière, des tribunaux tunisiens, et en matière de statut personnel, relèvent d'un tribunal rabbinique.

La simple description de ces institutions suffit à faire voir combien nos innovations sont demeurées modérées. Sans doute, une telle manière de procéder valait infiniment mieux que la suppression radicale de la justice indigène, la création de tribunaux français pour tous les justiciables, et l'application indistincte de nos codes à nos protégés. Mais de ce que nous avons évité cette grossière erreur, commise ailleurs, il ne s'ensuit point que les solutions adoptées soient entièrement satisfaisantes. Il eût été plus conforme à notre génie de donner à la justice indigène une constitution plus forte, d'y introduire des méthodes d'instruction plus soignées, d'essayer enfin de développer chez nos sujets, sur la base de leurs croyances et de leurs mœurs, des habitudes judiciaires plus perfectionnées. En présence d'une race aussi affinée, d'une civilisation aussi ancienne, il y avait plus et mieux à faire, semble-t-il, que ce que nous avons fait.

**

Il ne paraît pas non plus que nous soyons parvenus, en matière d'instruction publique, à doter la Tunisie d'un corps d'institutions répondant vraiment aux besoins de la population. Là encore, nous allons trouver deux organisations parallèles : l'enseignement français intelligemment et largement conçu, d'une part, mais fait pour les besoins de nos colons, et capable de devenir, vis-à-vis des indigènes, un fâcheux instrument d'assimilation, l'enseignement coranique, d'autre part, stérilement conservé dans sa forme ancienne et en pleine décadence.

Dès l'établissement du protectorat, la direction de

l'enseignement, constituée en 1883, donna une vigoureuse impulsion au développement des écoles françaises. On installa des écoles primaires, en profitant de toutes les occasions, dans de nombreux centres · c'est ainsi par exemple que l'on organisa, dans des localités peu importantes, ces curieuses « écoles-recettes », où l'instituteur cumulait ses fonctions avec celles de receveur des postes. Des cours payants furent créés dans certaines villes ; une école primaire avec internat reçut les fils de colons isolés. Enfin des classes d'enseignement primaire supérieur, dans les grands centres, donnent un enseignement calqué sur les programmes de la métropole, avec étude obligatoire de l'arabe.

L'enseignement secondaire comprend, à Tunis même, un lycée de garçons et une école secondaire de jeunes filles ; ces établissements, conçus d'après le modèle de ceux de France, mais assouplis de manière à donner une instruction conforme aux besoins d'un pays neuf, où les carrières commerciales et industrielles sollicitent surtout l'activité des jeunes gens, ne méritent que des éloges.

On peut dire, en somme, qu'en moins de trente ans les services de l'instruction publique se sont outillés de la manière la plus satisfaisante pour répondre aux besoins de la population française immigrée.

En a-t-il été de même pour la population indigène ? On ne saurait le prétendre.

L'enseignement musulman au premier degré, qui se donne dans l'école coranique ou *kouitab*, demeure aujourd'hui ce qu'il était avant notre arrivée ; dans des locaux misérables, sous la direction d'un éducateur ignare, le *moueddeb*, les enfants continuent à apprendre tant bien que mal les sourates du Coran. A peine aujourd'hui, grâce à l'initiative de notables indigènes, commence-t-on à concevoir la possibilité de donner, dans des écoles plus convenables, un enseignement un peu plus substantiel, ouvrant l'esprit des élèves à des connaissances moins purement verbales ; un inspecteur de l'enseignement coranique a été créé pour essayer de relever un peu la culture nationale si profondément déchue.

Une medersah, sorte d'école normale destinée à former les moueddebs, a été créée en 1894. Les cours y sont des plus médiocres, et l'étude littérale du Coran prime tout.

Enfin la Grande Mosquée donne l'enseignement supérieur coranique ; mais les méthodes les plus surannées continuent à y être pratiquées, et les élèves ne reçoivent que des connaissances purement formelles, peu propres à ouvrir leur intelligence.

Vraiment, lorsqu'on songe à l'éclat qu'a eu jadis la culture arabe, aux heures de puissance et de prospérité, aux dons d'esprit remarquables qui caractérisent la race sémitique, aux preuves spontanées qu'elle en a données, dans les lettres, les arts et les sciences, on ne peut que déplorer l'état de misère et de décadence dans lequel est tombé l'enseignement proprement national de nos sujets. Il semble qu'il aurait été possible, sous notre direction éclairée, de le relever de ses ruines, de le revivifier au contact de nos méthodes occidentales, et d'offrir au peuple tunisien une instruction tout entière empruntée à ce patrimoine intellectuel commun du monde musulman, quoique infléchie dans le sens de la civilisation moderne. Cela n'a pas été fait ; le jeune indigène n'a que deux alternatives devant lui : ou il ira s'abêtir à l'école coranique, ou il ira se dénationaliser à l'école purement française.

Celle-ci, en effet, s'ouvre à lui de plus en plus largement. Mais elle l'enlève à son milieu et lui donne une culture absolument étrangère à ses antécédents, à sa race, à sa religion. Le jeune indigène apprend avant tout le français et reçoit désormais l'enseignement en français : il ne sait même pas écrire sa propre langue quand il quitte nos écoles.

L'enseignement secondaire indigène, donné au collège Sadiki, ne paraît pas beaucoup plus heureusement conçu.

En somme, pour me résumer, je constate dans l'organisation de l'enseignement tunisien les mêmes défauts que j'ai cru discerner depuis le début de ce travail. Nous avons conservé, sans doute, ce que la civilisation indigène avait réalisé avant notre arrivée ; mais nous ne l'avons pas développé ; nous ne nous sommes donné la peine ni d'en pénétrer l'esprit ni d'en perfectionner les manifestations : la plante naturelle, spontanée, qui avait germé sur le sol tunisien, n'a pas été fauchée, mais elle s'étiole et meurt. Et nous avons créé, pour nous, pour ceux qui veulent se fondre dans notre propre groupement, de nombreuses institutions vigoureuses ; la plante importée, artificiellement cultivée, prospère et grandit.

Ainsi nous ne décidons pas l'assimilation, nous ne l'imposons pas, mais nous la favorisons sans même le comprendre nettement. Car nos établissements d'instruction publique, ouverts aux indigènes, sont un puissant moyen pour les attirer vers notre civilisation, pour les déclasser de leur milieu ; et l'on se demande de quel droit, lorsque nous leur aurons laissé perdre leurs traditions et communiqué les nôtres, nous pourrons les maintenir en dehors de la famille française.

Inéluctablement, la société tunisienne se meurt. Et lorsque nous aurons en face de nous un peuple de déracinés, une foule sans esprit collectif, où les revendications individuelles s'exaspèrent dans le malaise général, nous verrons se poser, dans toute sa gravité, le problème que nous avions cru éluder. Déjà les israélites tunisiens, comparant leur sort à celui de leurs coreligionnaires d'Algérie, s'agitent et se plaignent. Et si nous leur concédons les droits de citoyens français qu'ils réclament d'après le précédent créé par le décret Crémieux, quelle attitude aurons-nous vis-à-vis des indigènes musulmans, déjà traités par nous en associés? Tant est grave et complexe l'œuvre de la colonisation, — former un peuple, sans le transformer, et surtout sans le déformer!

*
* *

Là où le véritable caractère de notre action en Tunisie apparaît peut-être le plus clairement, c'est dans l'œuvre, d'ailleurs remarquable en elle-même, de la colonisation agricole.

L'administration du protectorat s'est efforcée méthodiquement d'attirer en Tunisie des colons français et de les fixer à la terre; malgré les difficultés nombreuses qu'elle a rencontrées dans cet ordre d'idées, elle a poursuivi son programme avec habileté et ténacité.

Lorsque nous occupâmes le pays, il y avait relativement peu de temps que les Européens étaient autorisés à y posséder des biens immeubles, et encore cette faculté ne leur avait-elle été concédée qu'à regret, à l'occasion des emprunts par lesquels les beys s'efforçaient d'échapper aux difficultés financières où ils se débattaient, et sous des réserves formelles, —

maintien du statut indigène sur les terres, — maintien de la juridiction musulmane du Charaâ.

Notre administration jugea que les achats directs de terres par les colons aux indigènes, n'étaient pas un moyen assez sûr, assez efficace pour amener l'établissement d'un nombre important de Français dans la Régence. Elle décida donc d'aliéner, par voie de concessions à titre onéreux, le domaine de l'Etat, ce qui est ordinairement la grande ressource pour attirer l'immigration métropolitaine. Assurément il ne lui était pas possible d'imiter l'administration algérienne, de cantonner les tribus, de procéder à des confiscations, à des expropriations, et de mener une campagne ouverte contre la propriété indigène au profit de la propriété européenne : cette politique insensée du refoulement systématique des anciens habitants du pays eût été impraticable dans un Etat qui conservait ses institutions propres et qui n'avait point été supprimé en droit par une annexion directe ; j'aime à croire d'ailleurs que, même si elle eût été possible, la sagesse de nos administrateurs eût évité une aussi lourde faute.

L'administration tunisienne ne pouvait donc disposer que du domaine de l'Etat, tel qu'il se comportait au moment de notre arrivée. Or les propriétés de l'Etat, qui avaient atteint dans le passé près de 600.000 hectares, n'en comprenaient plus guère que le dixième en 1881, par suite des fantaisies dépensières et des libéralités imprudentes des beys. Pendant une dizaine d'années, notre administration se borna à conserver, à améliorer ce patrimoine, en reprenant les terres usurpées, en supprimant les grands fermages. Bientôt ses efforts s'appliquèrent à faire revivre les droits de l'Etat sur toutes les terres mortes, dont la revendication était autorisée d'ailleurs par les anciennes coutumes des beys, et sur les terres sialines [1]. Deux décrets incorporèrent ces réserves supplémentaires au domaine. Enfin les *habous*, fondations pieuses comportant l'immobilisation de terrains dont les revenus sont consacrés à une œuvre, formèrent un nouvel appoint, car les rites, tout en considérant ces immeubles comme inaliénables, en admettent soit la location perpétuelle, soit l'échange contre argent.

Grâce à ces diverses ressources, réunies avec une remarquable ténacité, l'administration disposa d'une assez grande quantité de terres, et put donner à la colonisation agricole l'impulsion qu'elle désirait.

On a beaucoup discuté sur les conditions dans lesquelles ces terrains ont été aliénés. A vrai dire, il n'y a que des éloges à faire des méthodes appliquées à cet égard par la Direction locale de l'Agriculture et du Commerce. Très sagement, il n'a pas été donné de concessions gratuites. Les lotissements ont été faits dans des conditions judicieuses, les colons ont été heureusement recrutés, et des centres nouveaux ont été créés, qui se sont généralement développés d'une manière satisfaisante.

Il faut aussi reconnaître que l'administration, tout en ne disposant que des moyens en somme assez restreints, a atteint dans une large mesure le but qu'elle s'était proposé, c'est-à-dire l'occupation du sol par nos compatriotes. Fin 1911, on évaluait à 739.021 hectares la superficie possédée par des Français ; la colonisation officielle n'entre, il est vrai, dans ce chiffre

---

1. Terres vendues en 1544 à la famille Siala et reprises en 1870 par Kheireddine à la suite d'exactions commises par les propriétaires.

que pour un tiers environ, les deux autres tiers représentant les propriétés acquises par des transactions purement privées ; mais, même ainsi réduite, l'initiative de l'administration est loin d'être demeurée inefficace.

Enfin il serait injuste de ne pas dire que, tout en poursuivant essentiellement une entreprise de peuplement français, l'administration s'est gardée de nuire aux intérêts des anciens habitants du pays, et qu'elle les a même parfois directement favorisés. Dans plusieurs régions, elle a limité les aliénations domaniales, de manière à laisser à la disposition des tribus des terres nécessaires à leurs besoins, et elle leur consent des locations à des conditions extrêmement bienveillantes. Les indigènes ont fréquemment bénéficié également des lotissements, et beaucoup de parcelles leur ont été cédées.

Il n'en subsiste pas moins que le but de l'administration était d'attirer des Français et de les fixer au sol. Or, c'est précisément cette intention même dont je conteste le bien fondé. La colonisation agricole n'est qu'une des formes, — la plus caractérisée même de toutes, — de la colonisation de peuplement ; et je n'hésite pas à dire que, de notre part et dans le genre de colonies que nous exploitons, la colonisation de peuplement est la plus lourde des erreurs. Je sais bien que pour beaucoup de Français, le phénomène essentiel de la colonisation consiste à essaimer sur des terres vierges ; mais il faut pour cela, d'abord des terres vierges, c'est-à-dire de grandes étendues à peine peuplées, — ensuite des pays et des climats où l'Européen puisse vivre, — enfin une métropole à natalité surabondante. Ces trois conditions ne se trouvent pour nous jamais réunies. Notre population est en décroissance ; comment nous permettrait-elle de fonder encore de nouveaux établissements et d'occuper de nouveaux territoires ? Quant aux vastes régions soumises à notre domination, tantôt, comme en Afrique, nous y trouvons l'espace, mais les conditions naturelles nous interdisent de nous y fixer, tantôt au contraire nous y rencontrons un climat tolérable, mais nous nous heurtons à une population déjà dense et adaptée au pays La raison, l'expérience nous enseignent que la colonisation de peuplement est pour nous une chimère et qu'elle n'aboutit qu'à des échecs. En Algérie, où nous l'avons pratiquée avec obstination, nous arrivons à ce contresens, de refouler les indigènes au profit des étrangers. Partout au contraire où nous avons renoncé à cette folle entreprise, nous avons compris que notre véritable rôle est de guider l'évolution des sociétés indigènes, de développer leur richesse et leur prospérité, et d'offrir simplement à nos nationaux un champ d'activité commerciale et industrielle.

Je suis bien obligé de constater que ces vérités, rendues évidentes aujourd'hui par l'exemple de l'Afrique Occidentale, de l'Indo-Chine, de l'Afrique Equatoriale, n'étaient pas encore comprises quand nous nous sommes installés en Tunisie. Avec des formes et avec des ménagements, nous avons eu le même objectif qu'en Algérie : nationaliser le pays en y fixant nos compatriotes. Nous n'avons pas vu que l'œuvre vraiment intéressante, c'était celle que nous pouvions accomplir par l'intermédiaire de nos protégés. C'est l'indigène qui doit posséder la terre ; lui seul dispose du nombre et des moyens de travail nécessaires pour la rendre productive ; c'est sur sa prospérité que s'appuie la nôtre, et notre intervention n'est utile, comme je l'ai maintes fois répété déjà dans mes précédentes études, que pour diriger et stimuler son effort, l'activer par le commerce, le faciliter par de grandes entreprises publiques, le féconder par une bonne organisation du crédit, le provoquer par nos multiples initiatives.

Sans doute, nous n'avons pas spolié le peuple tunisien comme nous spolions le peuple algérien. Mais nous l'avons laissé à lui-même, à ses vieilles habitudes, à sa civilisation impuissante. Et près de lui, en face de lui, et en dernière analyse contre lui, nous avons voulu constituer un autre peuple, d'origine européenne, sur le même sol. Le résultat était inévitable : c'est pour les étrangers que nous avons travaillé. Entre les colons français, que leur petit nombre rend impuissants à exercer une action profonde, et la masse indigène, abandonnée à son inexpérience native, l'élément européen étranger, indirectement favorisé par des institutions faites pour avantager les immigrés, a largement prospéré, comme en Algérie, et même plus encore qu'en Algérie.

*
* *

L'organisation financière du pays et les institutions représentatives qui s'y rattachent, nous seront une nouvelle preuve que l'administration française, tout en ménageant l'indigène, l'a en réalité négligé.

Lorsque nous avons établi notre protectorat sur la Tunisie, il y avait déjà plus de vingt ans que l'administration beylicale se débattait dans les difficultés financières. Des souverains imprévoyants avaient endetté le pays, accablé leurs sujets sous les impôts, si bien que depuis 1869 les revenus de la Régence étaient sous le contrôle d'une commission financière internationale. Grâce à l'intervention de cette commission, la Tunisie, pratiquement en faillite, avait pu obtenir une manière de concordat avec ses créanciers, et sa dette avait été consolidée en 1870 à 142 millions, produisant intérêt à 5 %[1]. L'administration française prit la suite de la gestion, d'ailleurs prudente, de la commission internationale ; dès le premier jour, elle se trouvait donc en présence d'un budget obéré, manquant d'élasticité, et d'un régime fiscal défectueux.

Si nous considérions seulement ici la question purement financière, nous devrions admirer sans réserve la sagesse et la prudence qui ont permis à cet Etat quasi ruiné de reconstituer et de développer ses ressources, sans jamais connaître de mécomptes ni d'embarras nouveaux. J'indiquerai d'ailleurs plus loin les remarquables résultats obtenus dans cet ordre d'idées. Mais le point de vue auquel je me place quant à présent est assez différent : je cherche ce que la France a fait pour améliorer l'assiette des revenus publics, en rendre le fardeau moins lourd aux populations, et donner à celles-ci un moyen d'exercer une certaine influence dans l'établissement des impôts qu'elles paient.

Le budget tunisien est délibéré par deux assemblées spéciales, la *Conférence consultative* et le *Conseil supérieur du Gouvernement*. Ces institutions, au moins sous leur forme actuelle, sont relativement récentes. La conférence consultative avait d'abord existé comme commission mixte émanée des Chambres de commerce et d'agriculture ; en 1896, elle prit son nom actuel et groupa, à côté de ses anciens éléments, les élus des colons français n'appartenant ni au commerce ni à l'agriculture ; mais c'est le décret du 8 février 1907

---

[1]. Les anciens emprunts des beys avaient été faits à des taux de 12 et 13 %, puis à 7 % mais avec versement en marchandises, c'est-à-dire à des conditions usuraires, de la majeure partie du capital.

qui lui donna enfin son caractère actuel et son organisation complète : elle comprit 36 membres français, élus au suffrage universel par trois collèges, choisissant chacun 12 délégués, et groupant, le premier les commerçants, le second les agriculteurs, le troisième les autres colons, et 16 membres indigènes (15 musulmans, 1 israélite) nommés par le Gouvernement. Un décret du 27 avril 1910 a décidé en outre que la section française et la section indigène, à l'exemple de ce qui se passe aux délégations financières d'Algérie, délibéreraient séparément, examinant chacune le budget en particulier. Le conseil supérieur, créé en 1910, arrête le budget délibéré par la conférence consultative ; il comprend les membres du conseil des ministres, les chefs de service, et trois délégués de chacune des deux sections, l'indigène et la française, de la conférence. Ces délégués ne peuvent proposer des dépenses nouvelles que si elles sont couvertes par des recettes correspondantes, et si les mesures fiscales nécessaires ont été agréées par les représentants des contribuables qui en doivent supporter la charge, c'est-à-dire par les délégués indigènes s'il s'agit d'impôts indigènes, et par les délégués français s'il s'agit d'autres impôts.

Il y a évidemment là un effort pour donner à nos protégés, comme à nos colons, le moyen de se faire entendre, et d'exercer un contrôle utile sur les charges fiscales. On ne peut cependant s'empêcher de remarquer que la représentation indigène n'a été organisée que bien tardivement et dans des conditions bien étroites. On constate en effet que 36 délégués sont accordés à 42.410 Français[1], 1 délégué à 49.245 israé-

---

[1]. D'après les chiffres des statistiques de 1910.

lites et 15 délégués à 1.706.830 musulmans. Mais il y a plus ; le consentement des délégués français étant nécessaire à l'établissement de toute taxe atteignant les contribuables français, leur opposition peut faire échouer toute réforme fiscale qui aurait pour conséquence de leur occasionner des charges nouvelles. C'est vraiment donner à l'élément français une part d'influence tout à fait disproportionnée avec l'importance des ressources qu'il verse au budget, et mettre au service de l'égoïsme des colons une puissance capable de paralyser les efforts mêmes de l'administration.

On en a d'ailleurs eu tout récemment la preuve, ainsi que nous le verrons dans un instant.

Les charges fiscales, conséquence de la mauvaise administration des anciens beys, sont lourdes. L'indigène paie : la medjba ou capitation, l'achour (dîme des céréales), le khanoun (taxe fixe sur les oliviers et dattiers), la caroube (taxe sur la valeur de la propriété bâtie), les mradjas et les khodors (taxes spéciales à certaines régions), les patentes sur le commerce des objets d'alimentation indigène, les impôts indirects en général, enfin les mahsoulats, impôts spéciaux sur la fabrication, la production et la vente d'un grand nombre d'articles. Les impôts directs, collectés par les cheikhs et les caïds, donnent lieu à diverses majorations au profit des agents percepteurs.

Ce système fiscal est évidemment défectueux. Nous avons conservé, — un peu par la force des choses, il faut bien le reconnaître, — tout un ensemble d'impôts issus de la tradition coranique ou des fantaisies des beys. Or c'est en pareille matière que les institutions indigènes s'imposent le moins à notre respect ; et l'un des grands bienfaits dont nous pouvons gratifier nos sujets, c'est l'ordre et l'équité qui règnent dans les finances des Etats civilisés. Nous avons bien fait disparaître quelques mahsoulats, détestables expédients du régime antérieur, et nous les avons remplacés, ce qui n'est pas un grand progrès, par des sortes d'octrois. Mais nous n'avons pas entrepris la réforme générale et l'unification des autres impôts, et ce n'est qu'à une date tout à fait récente que la question a été abordée, sans grand succès d'ailleurs.

De tous les impôts indigènes, le plus fâcheux est incontestablement la medjba, qui frappe tous les habitants mâles, à l'exception de ceux des villes de Tunis, Sfax, Sousse, Kairouan et Monastri. La medjba, à la fin de 1909, s'élevait, accessoires comptés, à 25 fr. 85, taux écrasant pour la population pauvre. Le Gouvernement du Protectorat proposa de la réduire à 15 fr., en créant des taxes de remplacement dont les unes atteignaient les indigènes seuls et les autres les indigènes et les Européens. Ce projet libéral, qui fait le plus grand honneur à l'administration de M. Alapetite, fut repoussé par la conférence consultative ; les délégués français, estimant que la réforme ne profiterait qu'aux indigènes, refusèrent de consentir aux charges qui pourraient en résulter pour les Européens. Grâce à de nouvelles combinaisons, dont les indigènes font d'ailleurs à peu près tous les frais, la medjba a enfin pu être ramenée à 18 francs. Mais on voit, par ce simple exemple, combien, malgré les dehors libéraux du régime du protectorat, les intérêts des indigènes sont en réalité subordonnés à ceux des colons, et combien la grande masse de la population, qui peine et qui paie, est peu défendue par les institutions que nous avons maintenues ou créés.

Je ne voudrais cependant pas terminer ces critiques

sans mentionner une autre initiative très heureuse du Résident général actuel, l'unification de l'achour. Ce vieil impôt coranique, qui comporte en principe le paiement de la dîme sur les récoltes de céréales, était perçu d'après des règles capricieuses, — sans toutefois atteindre aux fantaisies qui subsistent encore en Algérie. L'unité de perception était la mechia, ou charrue, c'est-à-dire la surface qui peut être cultivée avec un attelage en une saison. Mais dans certaines régions, l'impôt était de 30 francs par mechia pour le blé et pour l'orge, tandis qu'il atteignait dans d'autres 65 fr. 50 en moyenne pour le blé. De plus, la mechia était évaluée d'après la quantité de semence qu'elle peut recevoir, et le taux de conversion variait, suivant les régions, de 400 litres dans le sud à 1.920 dans le nord. Désormais l'unité de perception est l'hectare, et le tarif uniforme est de 6 fr. 60 par hectare pour le blé, 3 fr. 60 par hectare pour l'orge. Des perfectionnements sont introduits dans l'établissement des rôles, afin d'éviter les injustices et les fraudes, et des dégrèvements sont prévus en cas de mauvais rendement des récoltes.

C'est là une réforme juste et heureuse, et qu'il y aurait tout intérêt à imiter en Algérie. On peut regretter seulement qu'elle ait tant tardé, et il faut espérer que M. Alapetite ne s'arrêtera pas là : la justice fiscale est un des biens les plus appréciés des indigènes ; il nous reste beaucoup à faire pour la réaliser complètement en Tunisie.

J'ai dit assez librement mon opinion sur les côtés que je crois faibles dans notre œuvre tunisienne, pour pouvoir louer sans réserves les résultats brillants que nous avons néanmoins obtenus.

L'administration financière du protectorat est notamment digne de tous éloges.

Le budget, obéré par les imprudences des beys et surveillé étroitement par la Commission financière internationale, manquait à notre arrivée de toute élasticité. Nous lui rendîmes immédiatement un peu d'aisance en donnant à la Tunisie l'appui de notre crédit ; la dette tunisienne, garantie par la France, put être convertie dès 1883 ; l'intérêt payé passa de 5 % à 4 %. Progressivement, les recettes se developpèrent, tandis que l'activité économique du pays se développait. De nouvelles conversions, en 1889 et 1892, permirent de transformer la dette de perpétuelle en amortissable. Les ressources, qui se montaient en 1884 à 19 millions, atteignaient en 1895 le total de 25 millions environ. Elles n'ont cessé de croître, passant à 28 millions en 1900, à 37 millions en 1905, à 47 millions en 1910. Les budgets, prudemment établis, se sont constamment clôturés en excédent depuis vingt-trois ans. Le fonds de réserve, limité à 5 millions par décret du 25 avril 1900, demeure intact. Le total des excédents réalisés atteignait fin 1910 près de 140 millions, intérêts compris, qui ont été employés à l'exécution de travaux publics. Les cinq derniers exercices complètement réglés ont fourni les excédents suivants :

1906	6.571.000
1907	10.030.000
1908	7.661.000
1909	6.446.000
1910	3.541.000

Grâce à cette solidité, le Protectorat a pu non seulement affecter des sommes importantes à des œuvres d'utilité publique. notamment à des chemins de fer, mais encore contracter dans le même but des emprunts : 40 millions en 1902, 75 millions en 1907, et enfin 90.500.000 francs, ce dernier emprunt en voie de réalisation.

On ne saurait toutefois s'empêcher de remarquer que la Tunisie, ainsi chargée, avec ses dettes anciennes, d'un passif de 430 millions environ, aura quelque difficulté à faire avant longtemps un nouvel effort. Plus que jamais, une gestion prudente s'impose à ses administrateurs ; en tout cas, elle a jusqu'à présent largement fait face à ses engagements et accompli une œuvre importante, sans cependant recevoir, comme sa voisine l'Algérie, les subsides de la métropole.

* * *

La principale entreprise économique du gouvernement du protectorat a été l'établissement d'un important réseau de chemins de fer. La construction en a été quelque peu coûteuse et a laissé quelques mécomptes. Le résultat est néanmoins considérable.

Au 31 décembre 1910, la longueur des lignes s'élevait au total à 1.537 kilomètres. dont 1.232 kilomètres concédés à la Compagnie Bône-Guelma et 305 kilomètres exploités par la Compagnie Sfax-Gafsa. 335 kilomètres étaient en construction et 367 kilomètres en projet. L'achèvement du programme portera donc la longueur totale à 2.239 kilomètres. Une somme d'environ 240 millions aura été consacrée à cette œuvre.

Le réseau est d'ailleurs heureusement conçu ; les lignes desservent des régions agricoles ou minières en se dirigeant vers les ports de la côte orientale. Les résultats de l'exploitation sont excellents dans l'ensemble.

Les ports, complément indispensable de cet outillage économique, n'ont pas été négligés. Une Compagnie a obtenu en 1894 la concession des ports de Tunis, Sousse et Sfax ; une autre celle du port de Bizerte en 1889 ; ces conventions ont eu jusqu'à présent d'heureux effets.

Mais l'on peut regretter que le Gouvernement du Protectorat n'ait pas jusqu'ici trouvé le moyen de consacrer des ressources un peu importantes à l'œuvre si nécessaire de l'hydraulique agricole. Peut-être aurait-elle plus naturellement porté ses efforts de ce côté, si, moins préoccupée de moderniser et de franciser le pays, elle avait accordé surtout son attention aux besoins des populations indigènes, et compris que la véritable manière d'asseoir la prospérité générale, c'est de constituer et de développer la richesse indigène.

*
* *

Le commerce de la Tunisie, depuis notre arrivée, a pris un magnifique essor. De 44.793.000 francs (importations et exportations réunies) en 1882, il a passé à 76.525.000 francs en 1892, à 123.652.000 francs en 1902, et il a atteint 225.898.000 francs en 1910.

Dans ce dernier chiffre, les importations comptent pour 105.497.000 francs et les exportations pour 120.401.000 francs ; la balance commerciale est donc admirablement saine.

La part de la France dans ce mouvement s'élève à 118.634.000 francs, dont 59.255.000 francs aux importations et 59.379.000 francs aux exportations.

Le nombre d'entrées et de sorties de navires dans les ports de la Tunisie, s'est élevé en 1910 à 24.508 représentant un total de 2.590.016 tonneaux et un mouvement de 150.313 passagers. Le trafic total du seul port de Tunis, pour cette même année, s'est élevé à plus de 1.300.000 tonnes, dont 300.000 environ à l'importation et 1.000.000 à l'exportation.

*
* *

Évidemment, à considérer tous ces indices d'activité économique, on doit reconnaître que l'œuvre de la France dans ce pays a produit de grands résultats. Et lorsque nous comparons la politique prudente et souple dont nous avons usé en Tunisie à nos méthodes d'administration maladroites et rigides en Algérie, nous devons conclure à la supériorité du système du protectorat sur celui de l'administration directe. Rattachée au ministère des Affaires étrangères et considérée en principe comme un pays indépendant, la Tunisie a connu un sort plus heureux et une fortune plus rapide que l'Algérie, rattachée au ministère de l'Intérieur et considérée comme un prolongement de la métropole. Entre ces deux types cependant se place une autre conception, celle qui a prévalu dans nos grandes colonies, rattachées au ministère des Colonies, et considérées très judicieusement comme des pays dont nous dirigeons l'évolution, sans les laisser échapper à l'attraction de la métropole et sans cependant effacer leur personnalité propre.

La méthode suivie en Tunisie est inspirée d'un excellent esprit ; elle a un peu manqué, dans l'application, de cette adresse avisée que peut seule donner l'expérience. Le pays a pris un magnifique essor ; mais saura-t-il le maintenir ? De très graves problèmes peuvent surgir demain. Comme je l'ai indiqué, la population tunisienne n'a été qu'imparfaitement maintenue dans ses cadres traditionnels ; ceux-ci ne vont-ils pas se trouver trop étroits ? l'œuvre latente d'assimilation ne va-t-elle pas dissoudre ce qui subsiste encore de l'ancien lien social, et nous placer en présence d'une société hybride, incapable et de rester elle-même et d'entrer vraiment dans la famille française ?

La composition de cette population n'est pas faite pour nous rassurer. Les musulmans sont au nombre de 1.706.830 (statistiques de 1910) ; mais d'après les données, encore incertaines il est vrai, de l'état civil indigène pour les trois années 1909, 1910 et 1911, le chiffre des décès l'emporte sur celui des naissances : ainsi l'élément le plus important et le plus solide, celui qui fait le fond de la population, celui avec lequel nous devons travailler, serait en régression, — symptôme grave, preuve d'imprévoyance de notre part. Les israélites, en progression au contraire, sont 49.245 ; ils forment un élément remuant, désireux de voir disparaître les anciennes institutions et de voir s'établir, à la faveur de la domination française, le cosmopolitisme où prospère la race juive. Les Français sont au nombre de 42.410, — une poignée en face de 124.732 étrangers sur lesquels on compte 107.905 Italiens et 12.258 Maltais. Ne sont-ce pas là encore d'autres éléments de déséquilibre, dont l'action doit fatalement rompre cette stabilité du régime beylical et de la civilisation autochtone, que nous avions rêvé de maintenir ?

La Tunisie s'est outillée, elle a mobilisé ses ressources, elle a fait surtout de grands progrès dans ses exploitations industrielles et minières. Mais elle a tendu à la limite les ressorts de son crédit, et employé l'intégralité de ses moyens. Je n'aurais pas d'inquiétude si toute cette prospérité avait pour base le développement, l'enrichissement de la société indigène, attachée au sol, tirant de lui des revenus sans cesse croissants. Mais est-ce bien là le tableau que nous avons sous les yeux ? C'est l'immigration européenne qui a fait presque tout le surcroît d'activité que nous nous plaisons à constater ; et son effort s'est porté vers les résultats immédiats.

Il nous faudrait, pour envisager l'avenir avec une complète confiance, l'entière certitude que la population native n'est pas à la veille de l'anémie définitive et de la déliquescence anarchique. Cette certitude, l'avons-nous ? C'est là la question la plus grave, celle qui devrait, en tout cas, préoccuper avant toute autre notre administration. Je souhaite que l'homme éclairé qui préside aux destinées de la Tunisie, y donne une réponse décisive.

CONCLUSION

J'ai essayé, dans les études qui précèdent, d'appeler l'attention de mes compatriotes sur la grandeur et la complexité de l'œuvre qui se poursuit dans nos colonies. Je crois fermement, quant à moi, que l'avenir tout entier de notre pays est désormais outre-mer, et que non seulement sa prospérité, son prestige, sa force matérielle dépendent et dépendront de plus en plus du sort qu'il aura su donner à ses possessions, mais même que ses principes politiques, sa conscience morale et sociale sont appelés à évoluer sous l'influence de ce grand fait nouveau, la colonisation.

La France, dont la natalité se réduit et dont la richesse ne cesse d'augmenter, la France, toujours éprise de beauté et d'intelligence, présente dans l'histoire du monde le phénomène exceptionnel d'une nation qui devient une aristocratie. Dans toutes les classes de notre société s'affirment ce goût de l'aisance, ce besoin du luxe et de l'élégance, ce désir du savoir qui caractérisent d'ordinaire les castes supérieures ; et la vivacité d'esprit qui se rencontre jusque dans les éléments les plus modestes de notre population montre bien que cet élan général vers une culture supérieure répond à l'instinct naturel de la race tout entière. Cet affinement de tout un peuple n'irait pas sans quelque danger, si cette nation devait employer sur elle seule ses facultés de direction, son aptitude universelle au commandement ; une élite n'est une élite que si elle trouve en face d'elle la matière humaine qui lui donne son prix et lui offre l'occasion d'exercer ses dons supérieurs ; et j'ai souvent pensé que la nervosité de nos mœurs politiques, la fièvre d'idées dans laquelle nous nous agitons, et où tant de savoir, tant d'énergie, tant de talent sont dépensés pour un résultat souvent médiocre, sont le fait d'un peuple où les fonctions cérébrales s'exagèrent aux dépens des autres fonctions. La France devient de plus en plus un cerveau, et ce cerveau, pour ne pas user sur lui-même son activité débordante, a besoin d'un corps à diriger et à vivifier. Ce corps, c'est notre empire colonial. Là, nous trouvons des populations en enfance, des humanités qu'il faut conduire, animer, toute une armée à laquelle il faut des cadres ; notre expérience, notre force, notre richesse ne sont plus à l'étroit dans cet immense domaine : nous donnons une aristocratie dirigeante à des races qui n'avaient pas su tirer d'elles-mêmes ce levain de progrès.

Mais il faut aussi que notre nation sache se faire une mentalité de commandement. La haute philosophie démocratique qu'elle a fait prévaloir dans ses propres institutions est un aliment que son intellectualité peut supporter, mais qui compromettrait l'existence même de races moins affinées, moins souples, moins vives. Certes nous avons des devoirs envers nos sujets, mais ces devoirs ne sont pas ceux que nous avons envers nous-mêmes. Et c'est par un légitime scrupule de conscience, par un respect éclairé de l'individualité propre des races soumises à notre domination, que nous devons craindre de devenir chez elles des éléments de trouble, des dissolvants de leurs liens sociaux naturels.

La colonisation est une coopération. Comme toute coopération, elle implique la division du travail. Nous trouvons dans nos possessions des occasions d'activité que ne nous offrait pas notre propre sol ; nous y trouvons aussi des groupements humains qui complètent le nôtre, et qui ne le peuvent compléter qu'à condition de demeurer distincts de lui. Dans une association, il faut que les deux contractants trouvent leur avantage ; ils échangent des services dont tout le prix est précisément de pouvoir être échangés ; et, leur groupe forme un ensemble plus puissant et plus utile, socialement parlant, que la simple somme de leurs forces propres. Nous avons donc le devoir, autant envers nos sujets qu'envers nous-mêmes, d'augmenter la valeur humaine de ces associés que nous nous sommes volontairement donnés ; et l'homme vaut en raison de son degré de prospérité et d'aisance, en raison de sa capacité de bonheur et de désir. Il faut créer aux populations de nos colonies un milieu qui stimule leurs énergies vitales ; nous ne pouvons le leur créer que si notre domination est bienveillante, tutélaire, sympathique. Nous n'y parviendrons qu'en faisant effort pour comprendre et développer leur personnalité, au lieu de leur demander de s'en dépouiller pour prendre la nôtre.

Toute la philosophie de notre action tient dans ces principes de bon sens. A quoi bon discuter sur la théorie du protectorat et la théorie de l'administration directe ? Un protectorat peut être mal inspiré, s'il ne comporte pas l'intelligence exacte, le respect avisé des institutions que l'on prétend conserver ; une administration directe peut être bienfaisante et féconde, si elle est exclusivement conçue dans l'intérêt des populations administrées, si elle s'efforce de s'adapter à leur degré de civilisation, à leurs instincts sociaux, à leurs facultés d'évolution.

L'exemple de plusieurs de nos grandes colonies est à cet égard réconfortant et plein de promesses ; nos grands administrateurs ont prouvé que, tout en restant dans la tradition française de l'ordre, de la simplicité, de la clarté, ils étaient capables de donner à des pays neufs une organisation originale, souple et forte, aussi éloignée de la barbarie native d'où ils les avaient tirés, que de la complication métropolitaine. Assurément, les méthodes doivent différer selon les régions ; nos sujets comprennent des populations extrêmement diverses, les unes arriérées et à peine dégagées de la sauvagerie primitive, les autres cultivées, parvenues à se constituer un idéal de race et à prendre conscience de leur individualité ; le nègre misérable du Congo n'est pas le nègre commerçant du Sénégal ; le Hova n'est pas l'Annamite, et l'expérience acquise au contact des noirs ou des jaunes ne peut être utilisée telle quelle lorsqu'il s'agit des populations blanches de l'Afrique du Nord. Mais si les cas diffèrent, le principe doit demeurer le même ; après les résistances inévitables que rencontre toute conquête, notre domination doit être acceptée, parce que comprise, et ce résultat n'est possible que si nos sujets trouvent sous la protection française leur atmosphère politique et sociale naturelle, simplement assainie, purifiée, élargie.

Je ne sais encore quelles seront les suites du grand effort que nous accomplissons en ce moment au Maroc ; les uns demandent que l'on y applique le régime algérien, ce qui serait une erreur néfaste ; les autres réclament le régime tunisien, qui vaut incomparablement mieux ; nous avons en réalité plus à faire : il nous faut trouver la formule exacte qui, sans maintenir avec une sorte de timidité craintive jusqu'aux moindres détails de l'organisation antérieure, aide à la constitution d'une société nouvelle, modernisée, mais marocaine dans son esprit et ses tendances. Il ne faut ni refouler ni cristalliser une population vigoureuse, ardente, qui impose l'estime par son énergie combative et ce fanatisme même, qui ressemble beaucoup à un véritable patriotisme ; il faut lui donner son assiette normale au milieu des peuples civilisés, utiliser à la perfectionner la force qu'elle a dépensée à nous résister. Ce que nous savons déjà de l'action de l'éminent Résident général, le général Lyautey, nous donne bon espoir ; nous nous rappelons volontiers que l'Algérie n'a jamais connu de meilleurs administrateurs que les militaires qui l'ont d'abord organisée ; et nous savons en outre que le soldat qui commande aujourd'hui au Maroc a su allier, à l'expérience directe des choses coloniales, la réflexion philosophique, qui compose et rapproche les faits pour en dégager des principes.

De plus en plus, j'en suis convaincu, il se formera dans notre pays une tradition coloniale ; nous n'allons plus au hasard ; nous avons des précédents sur lesquels s'établit une théorie, encore incomplète parce qu'elle n'embrasse pas tous les cas particuliers, mais qui ne peut qu'aller s'enrichissant d'année en année. Nos administrateurs de demain, formés à une excellente école, iront plus loin que leurs maîtres ; ils poursuivront jusque dans les détails l'application des idées que leurs prédécesseurs ont pu dégager seulement.

Et j'ai confiance aussi que cette école de sagesse politique que deviennent nos colonies, contribuera largement à l'éducation morale de la nation tout entière ; plus grave, plus sérieuse. plus pondérée, elle comprendra toute l'étendue de ses responsabilités, elle se jugera mieux elle-même ; l'exercice du commandement moralise les hommes ; il moralise aussi les peuples. La France a toujours cru à sa mission dans le monde ; aux plus nobles heures de son histoire, elle s'est conçue comme le porte-drapeau d'un idéal dont la grandeur et la beauté dépassaient infiniment le cercle étroit de ses propres destinées ; aujourd'hui, ce n'est plus seulement dans des minutes héroïques et dans des sursauts d'enthousiasme qu'elle doit assumer ce rôle de conductrice de peuples ; c'est dans sa vie quotidienne, dans ces humbles nécessités du devoir de chaque jour. Sa pensée, dont les brusques éclairs, ont jadis illuminé le monde par d'intermittents éclats devient le phare vers qui naviguent, du fond des ténèbres de l'ignorance et de la misère, les plus oubliés de tous les peuples, afin qu'aucun membre de la famille humaine ne manque au grand ralliement des temps futurs.

TABLE DES MATIÈRES

	Pages
Préface	1
Chapitre I. — L'Afrique Occidentale Française.	9
Chapitre II. — L'Afrique Équatoriale Française.	41
Chapitre III. — L'Indo-Chine.	83
Chapitre IV. — Madagascar	123
Chapitre V. — Les anciennes et les petites colonies.	159
Chapitre VI. — L'Algérie	195
Chapitre VII. — La Tunisie	227
Conclusion	263

LIBRAIRIE Émile LAROSE

11, rue Victor-Cousin, Paris (vᵉ). *Téléph. Gobelins 32-70*

Extrait du Catalogue (1).

Ouvrages généraux

Notre Œuvre Coloniale, par A. Messimy, député, ancien ministre des Colonies (1910), in-12 de 437 pages, tableaux graphiques statistiques . . . . **5 fr.**

L'Œuvre Française aux Colonies, par Charles Humbert, sénateur de la Meuse (1913), in-12. . . . . **3 fr. 50**

Aux Colonies, *Impressions et Opinions*, par Ch. Hoarau-Desruisseaux, inspecteur-général des Colonies (1911), in-12 . . **3 fr. 50**

Vingt-cinq années de Politique Coloniale, par Henri Mager, membre du Conseil supérieur des Colonies (1910), in-12 . . **2 fr.**

Le Guide des Carrières Coloniales, par G. François, sous-chef au Ministère des Colonies, in-12 . . . . **3 fr. 50**

Manuel de Législation Coloniale, par G. François, sous-chef au Ministère des Colonies, et F. Rouget, sous-chef au Ministère des Colonies, in-18 avec 16 tableaux synoptiques et cartes . . **6 fr.**

Le Budget local des Colonies, par G. François, sous-chef au Ministère des Colonies, préface de M. Lucien Hubert, député. Troisième édition, revue et augmentée et mise au courant de la législation, in-8°. . . . . **6 fr.**

Publications de la **Société de l'Histoire des Colonies Françaises:** Revue trimestrielle, 1ʳᵉ année 1913, chaque n°. . . **3 fr. 50**

Premier voyage fait à la Côte d'Afrique en 1685 par La Courbe publié pour la première fois avec une introduction et des notes par M. P. Cultru, chargé de cours à la Faculté des Lettres de l'Université de Paris, 1 vol. in-8° (1913). . . . . **12 fr.**

(*Cette société dont le but est de publier des documents inédits, des réimpressions d'ouvrages rares et coûteux, une Revue trimestrielle, reçoit des adhérents à partir d'un versement annuel de 25 francs, donnant droit à toutes les publications ; une notice explicative est envoyée sur demande faite à notre librairie.*)

Les Chemins de fer et Tramways des Colonies, *historique organisation, administrative et financière*, par Charles Rotté, docteur en droit, diplômé de l'école des Sciences politiques, rédacteur au Ministère des Colonies, in-8°, 1911. . . . . **6 fr.**

---

(1) Indépendamment des livres portés sur ce catalogue, la librairie Émile Larose fournit avec la réduction habituelle tous les ouvrages de librairie : *Droit, Littérature, Philosophie, Sciences, Cartes*, etc. ; sa situation au centre des principaux éditeurs assure un envoi rapide.

Législation minière des Colonies et Pays de protectorat. — *Afrique Continentale Algérie et Tunisie exceptés).* Une brochure rédigée par les soins du Comité central des Houillières de France.
2 fr. 50

Questions coloniales 1900-1912. par Charles Régismanset, sous-chef au Ministère des Colonies, in-12 . . . . . . **3 fr. 50**

Le projet français de chemin de fer transafricain, étude des régions sahariennes ; carte au 1/10.000 000 dressée par Barralier, cartographe au Ministère des Colonies (1912. . . . **2 fr. 50**

Les Etats d'âme d'un Colonial, par Maurice Delafosse (1910), in-16. . . . . **3 fr.**

La Culture du Café, son avenir dans les Colonies françaises, par Jacotot, docteur en droit, in-8° . . . . **3 fr. 50**

Le Péril de l'Islam, par L. G. Binger (1906), in-16. . . . **2 fr.**

La production du caoutchouc dans les Colonies françaises, par Chartier, docteur en droit, in-8° . . . . **3 fr.**

L'Islam et la politique musulmane française en Afrique occidentale, par Robert Arnaud 1912), in-16 . . . . . . **2 fr.**

Monroïsme ? Notes-études sur la politique continentale américaine à l'égard de l'Europe, par Capella y Pons, docteur en droit, Secrétaire honoraire de la Légation de l'Uruguay à Berlin (1913), in-18. **2 fr. 50**

Ouvrages sur le Maroc

Mission scientifique au Maroc, par MM. Segonzac, Malet, Geoffroy de Saint-Hilaire, Pouyer, Thobie, Le Dantec, 2 vol, (ouvrage publié par les soins du Comité du Maroc) paraîtra en juin 1913.

Au Cœur de l'Atlas, Mission au Maroc (1904-1905), par le marquis de Segonzac, préfaces de M. Eug. Etienne, vice-président de la Chambre et du général Lyautey, commandant la division d'Oran. *Notes de géologie et de géographie physique,* par Louis Gentil, maître de conférences à la Faculté des Sciences de Paris (1910). *Ouvrage couronné par l'Académie Française. Prix Montyon.* Un fort vol. in-8°, 177 reprod. photog. 15 cartes . . . . . **20 fr.**

Recherches de Géologie et de Géographie physique (*Extrait de la Mission au Maroc*), par Louis Gentil, maître de conférences à la Faculté des Sciences de Paris (1910. Une brochure de 78 pages, 14 reprod. photog. 2 cartes d'itinéraires et une carte géologique..
3 fr. 50

Le long des pistes Moghrébines (voyage au Maroc, par Mme Reynolds de Ladreit de Lacharrière, préface du marquis de Segonzac (1913), in-12 avec gravures et carte, ... **4 fr.**

Les Confins Algéro Marocains, par Augustin Bernard, professeur à l'Université d'Alger, chargé de cours à la Sorbonne, ouvrage publié sous le patronage de M° Jonnart, Gouverneur général de l'Algérie et du Comité du Maroc (1911), in-8°, photogr. et cartes. **12 fr.**

Le Programme de la France au Maroc, L'Organisation du protectorat, les affaires du Maroc, par Couilliaux, ancien élève de l'Ecole Polytechnique 1912. Un vol. in-8°. . . . **7 fr. 50**

Etude sur l'Organisation financière de l'Empire Marocain, par Taleb Abdesselem, docteur en droit, avocat à Orléansville (1911), in-8°. . . . . **5 fr.**

L'Œuvre française en Chaouia, par Ladreit de Lacharrière, secrétaire général adjoint du Comité du Maroc, in-16 . . . **3 fr.**

Le Tafilet, d'après Rohlfs, 1 vol. in-16 de 47 pages. . . . **1 fr.**

Les Intérêts de la France au Maroc, par Georges Jary, avocat à la Cour d'appel, avec une carte du Maroc (1911), in-12 . **3 fr. 50**

Le Tafilet, d'après M. W. Harris, 1 vol. in-16, avec une carte. **2 fr.**

Dans l'Ouest de la Saoura, rapport de tournée du capitaine Flye-Sainte-Marie (1905), in-16, avec une carte . . . . . **2 fr.**

Mission dans le Maroc Occidental, par Paul Lemoine (1905), in-16, avec cartes et gravures. . . . . **2 fr.**

La région du Guir-Zousfana, par le lieutenant Poirmeur (1906), in-16, avec cartes et gravures . . . . **2 fr.**

Le Commerce et l'Industrie à Fez, par Ch. René-Leclerc (1905), 1 vol. in-16, avec cartes . . . . **2 fr.**

Les conditions d'existence à Tanger (1906), brochure in-16. **0 fr. 50**

La Propriété dans le droit musulman, particulièrement au Maroc, par Daniel Saurin (1906), in-16. . . . . **3 fr.**

Sur la Côte Ouest du Maroc, par E. Pobeguin (1908); in-16. **1 fr.**

Notes sur Mogador, par E. Pobeguin (1905), in-16. . . . **1 fr.**

Le Maroc septentrional, par Ch. René-Leclerc (1905), in-16, avec cartes et gravures . . . . **3 fr. 50**

La Réorganisation marocaine, par le commandant E. Ferry (1905), in-16. . . . . **1 fr.**

Ouvrages sur l'Afrique Occidentale

Annuaire du Gouvernement Général de l'Afrique Occidentale Française. — Contenant des notices concernant chaque Colonie du groupe, accompagnées de 10 grandes cartes en couleurs, liste des commerçants, personnel, etc. (1912), fort volume in-8° de 1.360 pages. . . . . **6 fr.**

L'Afrique Occidentale Française, par G. François (1907). Un vol. in-8, 140 reprod. photog. et carte. . . . . **7 fr. 50**

Etat actuel de nos Connaissances sur la Géologie de l'Afrique Occidentale, par Henri HUBERT, docteur ès-sciences administ.-adjoint des Colonies : carte géologique au 1/5.000.000 et en couleurs, avec notice explicative (1911), in-8°. . . . . **6 fr.**

Chemins de fer de l'Afrique Occidentale (1906), 3 volumes in-8°, cartes, illustrations, chaque volume (sauf le tome Ier épuisé). **3 fr. 50**

Enseignement en Afrique Occidentale, par LEMÉE (1906), brochure in-8°, illustré . . . . **2 fr.**

Service Météorologique en Afrique Occidentale (1906), brochure in-8°. . . . . **1 fr.**

Postes et Télégraphes en Afrique Occidentale (1906), in-8°, illustré . . . . **3 fr. 50**

Assistance Médicale Indigène (1906), brochure in-8° . **1 fr. 50**

Le Gouvernement Général de l'Afrique Occidentale Française, par G. FRANÇOIS (1908), brochure in-8° illustrée . . . **3 fr. 50**

Trois années d'Assistance médicale aux Indigènes et de lutte contre la variole (1905-1907), par le docteur GALLAY, médecin principal de 1re classe des Troupes coloniales (1909), in-8°, 12 cartes, 2 croquis, 5 graphiques . . . . **7 fr. 50**

La France en Afrique Occidentale Française (1910). — Conférence faite à l'Exposition de Bruxelles, par Georges WIDAL, avocat, brochure in-8° . . . . **1 fr. 50**

L'OEuvre de la Troisième République en Afrique Occidentale **L'Expansion Française et la formation territoriale** 1870-1910, par A. TERRIER, secrétaire du comité de l'Afrique Française et Ch. MOUREY, chef de section à l'office colonial, 2e édition (1913) *Ouvrage couronné par l'Académie Française. Prix Thérouanne*, in-8°, avec portraits et cartes, sous presse.

Le Commerce extérieur de l'Afrique Occidentale Française, par HERVET, docteur en droit (1911), in-8° . . . . . . **3 fr.**

L'Industrie des pêches sur la côte occidentale d'Afrique (du Cap Blanc au Cap de Bonne-Espérance), par A. GRUVEL, directeur du Laboratoire de productions coloniales d'origine animale (1913), in-8°, illustré. . . . . **10 fr.**

Atlas des cartes ethnographiques et administratives des différentes colonies du Gouvernement Général de l'Afrique Occidentale Française (1911), in-8°, cartonné . . . . . **7 fr. 50**

Une Région aurifère dans l'Afrique Occidentale Française, par Eug. ACKERMANN, ingénieur (1906), in-12 . . . . . . **3 fr. 50**

L'Organisation des troupes indigènes en Afrique Occidentale Française, par PASQUIER, docteur en droit, in-8°. . . **3 fr. 50**

Organisation judiciaire en Afrique Occidentale Française, par HILD, docteur en droit (1912), un vol. in-8° . . . . . . **3 fr.**

Mauritanie

A travers la Mauritanie Occidentale (de Saint-Louis à Port-Etienne), par A. Gruvel, maître de conférences à la Faculté des Sciences de Bordeaux et R. Chudeau, docteur ès-sciences, chargé de missions en Afrique Occidentale :

Tome Premier : *Parties générale et économique*, 82 reprod. photogr. et cartes (1909), in-8°. . . . . **10 fr.**

Tome II : *Partie scientifique*, avec figures et planches hors texte (1912), in-8° . . . . **12 fr.**

La Pacification de la Mauritanie, par le colonel Gouraud (1911). Ouvrage couronné par *l'Académie Française. Prix Montyon*, in-16, avec cartes et figures . . . . **3 fr. 50**

Mauritanie (1906), in-8° illustré. . . . . **3 fr. 50**

Sénégal

Le Sénégal, par M. Olivier (1907), in-8°, 45 reprod. photog. **7 fr. 50**

Les Origines de l'Afrique Occidentale, **Histoire du Sénégal du XV° siècle à 1870**, par P. Cultru, maître de conférences à la Sorbonne (1910), in-8° . . . . **7 fr. 50**

Dakar, ses origines, son avenir, par G. Ribot, méd.-major des troupes col. H. C. et R. Lafon, adjoint des affaires indigènes (1908), in-8 avec reprod. photogr. et plans. . . . . **6 fr.**

Le port de Dakar en 1910. Renseignements historiques, description du port de Dakar, exploitation, trafic et développement du port, brochure in-8°. . . . . **1 fr. 50**

Sur la Côte, Ville, brousse, fleuves et problèmes du nord-ouest africain, par le Dr d'Anfreville de la Salle (1912), in-18 illustré. **4 fr.**

Côte d'Ivoire

Côte d'Ivoire (1906), un vol. in-8° illustré et une carte. . *épuisé.*

La Fondation de la Colonie française de la Côte d'Ivoire, par Bullock. *Fellow of the royal geographical Society* (1912), in-16. **1 fr.**

Dahomey

Notre Colonie du Dahomey, *sa formation, son développement, son avenir*, par G. François, rédacteur principal au Ministère des Colonies, préface de M. Lucien Hubert, député ouvrage honoré d'une souscription officielle du Ministère des Colonies). Illustré de 52 reprod. photogr Un vol. in-8°. . . . . 6 fr.

Mission scientifique au Dahomey, par Henri Hubert, docteur èssciences, administ. adjoint des Colonies. Illustré de 49 reprod. photogr. et accompagné d'une carte géologique (1908), in-8° . **15 fr.**

L'ancien royaume du Dahomey, *Mœurs, Religions, Histoire*, par A. Le Hérissé, administrateur des Colonies, 23 planches hors texte (1911), in-8°. . . . . **12 fr.**

Dahomey (1906), in-8°, illustré, carte . . . . **7 fr. 50**

Guinée

La Guinée Française, par Ternaux, directeur du journal de l'Afrique Occidentale Française (1908), in-8°, cartes. . . . . . **6 fr.**

Guinée Française, par Rouget (1906), in-8°, illustré. . . *épuisé.*

Au Fouta-Diallon, par Paul Guébhard (1910), in-16 . . . **2 fr.**

Les Tomas, par le lieutenant Bouet, de l'Infanterie Coloniale, in-8°, cartes (1912). . . . . **2 fr.**

Haut-Sénégal-Niger

Haut-Sénégal-Niger (Soudan Français). — *Séries d'études publiées sous la direction de M. le Gouverneur Clozel* :

1re Série : Le pays, les peuples, les langues, l'histoire, les civilisations, par Maurice Delafosse, administrateur en chef des Colonies, chargé de cours à l'Ecole coloniale et à l'Ecole des langues orientales (1912), 3 vol. in-8°, 80 illustrations photogr. 22 cartes dont 1 carte d'ensemble au 1/5.000.000, *l'ouvrage complet.* . . . . **25 fr.**

2e Série : Géographie économique. Voies de communication, faune sauvage, productions forestières, productions agricoles, élevage des

A LA MÊME LIBRAIRIE

Annuaire du Gouvernement Général de l'Afrique Occidentale française, 1912. Notices géographiques, historiques, économiques sur chaque Colonie, 10 cartes en couleurs, 10 plans; fort vol. in-8° de 1.360 pages. . . . . 6 fr.

Le Haut-Sénégal-Niger (Soudan français), publié sous la direction de M. Clozel, gouverneur. Première série : *Le Pays. Les Peuples. Les Langues. L'Histoire. Les Civilisations*, par Maurice Delafosse, administrateur des Colonies, chargé de cours à l'Ecole des Langues Orientales, 1912. 3 vol. in-8° avec illustr. et cartes . . . **25 fr.**

Deuxième série : *Géographie économique* : Voies de communication. — Faune sauvage. — Productions forestières. — Productions agricoles. — Elevage des bovidés et des ovidés, etc. — Question des mines d'or. — Commerce intérieur et extérieur ; par Jacques Méniaud, chef de bureau des affaires économiques, 1912, 2 vol. in-8° avec 200 phot. et cartes . . . . 20 fr.

Histoire du Sénégal du XV° siècle à 1870 (*Les Origines de l'Afrique Occidentale*), par P. Cultru, maître de conférences à la Sorbonne. 1910 Un vol. in-8° . . . . 7 fr. 50

L'Œuvre de la Troisième République en Afrique Occidentale. **L'expansion française et la formation territoriale**, par A. Terrier, secrétaire général du Comité de l'Afrique française, et Ch. Mourey, chef de section à l'Office colonial (*Ouvrage couronné par l'Académie*), 2° édit. 1913, 1 vol. in-8° avec figures et cartes. *Sous presse.*

Annuaire du Gouvernement Général de l'Afrique Équatoriale française, 1912. Notices géographiques, historiques, économiques, moyens de transport ; arrêtés, décrets, règlements ; cartes en couleurs, 2 forts volumes in-8° . . . . 12 fr.

L'Indochine sud centrale. — Les Jungles Moï. Par H. Maitre, préface de St. Pichon, sénateur, ministre des Affaires étrangères 1912. Grand in-8°, 145 reprod. phot. et cartes . . . . . 25 fr.

La Tunisie. — Pays de colonisation, de mines et de tourisme, par Émile Guillot, petit in-8°, avec cartes . . . . 6 fr.

Le programme de la France au Maroc. L'organisation du protectorat, par Couillieaux, 1912, in-8° . . . . 7 fr. 50

Le long des pistes Moghrébines, par Mme Ladreit de Lacharrière, 1913, in-18, avec reprod. photogr. et carte . . . . 4 fr.

Sur la Côte d'Afrique. — Villes, brousse, fleuves et problèmes du Nord-Ouest africain, par le D^r d'Anfreville de la Salle, 1912, in-18, avec fig. et carte . . . . 4 fr.

Notre Œuvre coloniale, par Messimy, député, ancien ministre, accompagné de tableaux, graphiques, statistiques, etc., 1910. Un fort vol. in-18 . . . . 5 fr.

Questions Coloniales, 1900-1912, par Ch. Régismanset, sous-chef au Ministère des Colonies, in-18 . . . . 3 fr. 50

Aux Colonies. *Impressions et Opinions*, par Ch. Hoarau-Desruisseaux, inspecteur général des Colonies (1911). In-18 . . 3 fr. 50

www.ingramcontent.com/pod-product-compliance
Lightning Source LLC
Chambersburg PA
CBHW070823170426
43200CB00007B/878